中國哲學視域下的耶儒互動研究

李細成 著

臺灣 學生書局 印行

中國哲學視域下的耶儒互動研究

目　次

前 言

一、中國耶儒互動的研究綜述

作為起源、內容與影響都與中國文化有很大不同乃至異性異質的基督教文化，在中國這樣一個文明古國與人口大國傳播時和儒家文化的衝突與融合廣泛涉及到政治、經濟、文化、宗教、哲學、科技、外貿、歷史、文學、藝術等社會各個方面，對於這一主題，近現代以來國內外的研究可謂浩如煙海[1]，尤其是在宗教、政治與歷史三大領域，針對明末清初與清末民初這兩個時段，國內外產生了不少具有影響力的著作。上世紀八九十年代以來，受改革開放與經濟（市場、資源、資訊、規則）全球化的巨大影響，再加上本世紀初關於文明衝突與文明對話全球熱論的推波助瀾，國內外從思想文化的角度對中國歷史上耶儒互動的研究專著與論文也已汗牛充棟，大體上說，研究者的立場可以分為以儒為本、以耶為本、以學為本三種，持客觀學術立場的占絕大多數，為直觀起見，我們可以從研究方式上將這些著作大致分為三個方面進行簡要介紹：

---

[1] 相關介紹可參看陶飛亞、楊衛華：《基督教與中國社會研究入門》（上海：復旦大學出版社，2009 年）。

1、橫向比較型的研究

　　首先，耶儒互動宏觀主題的整體性橫向比較。這方面的研究成果國外主要有：法國漢學界耶儒互動的代表人物謝和耐享譽海內外的著作《中國與基督教：中西文化的首次碰撞》；美國波士頓神學代表人物白詩朗的《普天之下：儒耶對話中的典範轉化》與南樂山的《在上帝面具的背後：儒道與基督教》；基督教神學家孔漢思；秦家懿的《中國宗教與基督教》；新加坡現代新儒家傳人龔道運的《近世基督教和儒教的接觸》等；國內主要有：孫尚揚的《基督教與明末儒學》；莊祖鯤的《契合與轉化：基督教與中國文化更新之路》；杜小安的《基督教與中國文化的融合》；顧彬、劉小楓的《基督教、儒教與現代中國革命精神》；高旭東的《孔子精神與基督精神：中西文化縱橫談》、《生命之樹與知識之樹：中西文化專題比較》、《中西文學與哲學宗教：兼評劉小楓以基督教對中國人的歸化》；蔡德貴的《孔子 VS 基督》；董小川的《儒家文化與美國基督新教文化》；楊慶球的《成聖與自由：王陽明與西方基督教思想的比較》等。

　　其次，耶儒互動重要主題的微觀性橫向比較。這方面的研究成果有：(1)人物比較類的研究有孫尚揚的《利瑪竇與徐光啟》；鍾鳴旦的《楊廷筠：明末天主教儒者》；黃一農的《兩頭蛇：明末清初的第一代天主教徒》；毛瑞方的《王徵與晚明西學東漸》；李韋的《吳雷川的基督教處境化思想研究》；唐曉峰的《趙紫宸神學思想研究》《謝扶雅的宗教思想》等；(2)觀念比較類的研究有蔡仁厚、周聯華、梁燕城的《會通與轉化：基督教與新儒家的對話》；姚新中的《儒教與基督教：仁與愛的比較研

究》；郭清香的《耶儒倫理比較研究：民國時期基督教與儒教倫理思想的衝突與融合》；林濱的《儒家與基督教利他主義比較研究》；李天綱的《中國禮儀之爭：歷史、文獻和意義》；吳莉葦的《中國禮儀之爭：文明的張力與權利的較量》；賴品超、林宏星的《儒耶對話與生態關懷》等；(3)經典比較類的研究有劉耘華的《詮釋的圓環：明末清初傳教士對儒家經典的解釋及其本土回應》；胡端琴的《晚清傳教士與儒家經典研究》；李天綱的《跨文化的詮釋：經學與神學的相遇》；岳峰的《儒經西傳中的翻譯與文化意象的變化》；楊克勤的《孔子與保羅：天道與聖言的相遇》等。

2、縱向貫通型的研究

這方面的研究也可以分為宏觀性和微觀性兩種類型。宏觀性的縱向研究成果主要有：孫尚揚、劉宗坤的《基督教哲學在中國》；孫尚揚、鍾鳴旦的《一八四〇年前的中國基督教》；顏炳罡的《心歸何處——儒家與基督教在近代中國》；何俊的《西學與晚明思想的裂變》；趙樹好的《教案與晚清社會》；顧衛民的《基督教與近代中國社會》；鄧恩的《利瑪竇到湯若望：晚明的耶穌會傳教士》；趙林的《中西文化分野的歷史反思》；段琦的《奮進的歷程：中國基督教的本色化》等。

微觀性的縱向研究主要有：謝和耐的《明清間耶穌會士入華與中西匯通》；鍾鳴旦的《禮儀的交織——明末清初中歐文化交流中的喪葬禮》；柯毅霖的《晚明基督論》；張鎧的《龐迪我與中國：耶穌會「適應」策略研究》；王慶成的《太平天國的歷史和思想》；夏春濤的《天國的隕落：太平天國宗教再研究》；馬

勇的《1900 年中國尷尬》；楊天宏的《基督教與民國知識分子：1922-1927 年中國非基督教運動研究》；姚興富的《耶儒對話與融合：教會新報（1868-1874）研究》等。

3、縱橫交錯型的研究

這方面的研究主要是指廣泛涉及中國社會與思想的史學類著作和論文集。史學類的著作主要有：顧長聲的《傳教士與近代中國》；董叢林的《龍與上帝：基督教與中國傳統文化》；張力、劉鑒唐的《中國教案史》；夏春濤的《教案史話》；張成權、詹向紅的《1500-1840 儒學在歐洲》；趙士林、段琦主編的《基督教在中國：處境化的智慧》等。

編著類的論文集主要有：張西平、卓新平主編的《本色之探——20 世紀中國基督教文化學術論集》；劉小楓主編的《道與言——華夏文化與基督文化相遇》；賴品超、李景雄主編的《儒耶對話新里程》；羅秉祥、謝文郁主編的《耶儒對談——問題在哪裡？》；李志剛、馮達文主編的《文明對話：儒學與基督教》；何光滬、許志偉主編的《對話：儒道釋與基督教》、《對話二：儒道釋與基督教》；羅秉祥、趙敦華主編的《基督教與近代中西文化》；許志偉、趙敦華主編的《衝突與互補：基督教哲學在中國》；林治平主編的《基督教在中國本色化論文集》；卓新平、伯玲、魏克利主編的《信仰之間的重要相遇：亞洲與西方的宗教文化交流國際學術研討會文集》；卓新平主編的《相遇與對話：明末清初中西文化交流國際學術研討會文集》；羅明嘉、黃保羅主編的《基督宗教與中國文化——關於處境神學的中國：北歐會議論文集》；吳梓明、吳小新主編的《基督教與中國社會

文化：第一屆國際年青學者研討會論文集》等。

　　本書為了方便研究者對耶儒互動領域的研究成果有一個比較直觀的感受，簡單作出以上三種區分，事實上，由於耶儒互動主題重大，不僅每一種微觀研究都帶著宏觀背景，而且涉及到耶儒互動的每一部專著與論文從研究內容與研究思路上來看都是縱橫交錯的，只是有些更加側重於橫向比較、以橫攝縱，文章結構比較清晰，哲學性較強，而另一些則更加側重於縱向貫通、以縱束橫，文章主旨比較明確，歷史性較強，還有一些則主題與結構都比較宏大，汪洋恣肆、亦縱亦橫，主要是從哲學史、宗教史、社會史等各學科角度所作的一些通論性研究與論文集。大致說來，以「中國哲學」為主題背景所作的整體性研究專著並不多，其中龔道運的《近世基督教和儒教的接觸》、顏炳罡的《心歸何處──儒家與基督教在近代中國》、孫尚揚的《一八四○年前的中國基督教》《基督教與明末儒學》、杜小安的《基督教與中國文化的融合》、姚新中的《儒教與基督教：仁與愛的比較研究》、郭清香的《耶儒倫理比較研究：民國時期基督教與儒教倫理思想的衝突與融合》等堪稱其中代表，但總體上仍然存在很大的問題：第一，整體不全，沒有一部專著系統揭示耶儒互動各個歷史發展階段的哲學特點；第二，主幹不清，沒有一部專著明確指出耶儒互動整個歷史發展過程的主流動向。還不能較好地回答一個對中國歷史上耶儒互動有興趣的外國或本國知識分子抑或哲學系、宗教系、社會系剛入學的大學本科生向我們研究耶儒互動的學者提出的這樣一個基本問題：佛教自漢代傳入中國以後到唐宋時期便已成為中國文化主幹之一，全面滲透了整個中國社會，至今仍然還在拓展深化，相比之下，從唐代開始便已在中國境內傳

播的基督教思想到底對中國文化主幹構成了什麼影響？如果說它至今仍然未能在中國主流思想占據重要的一席之地，那麼，將來會有怎樣的命運？同樣都包含普世價值的基督教與儒家在未來的中國與未來的世界將會產生什麼樣的互動？應當發揮什麼樣的作用？

　　這些問題雖然看似過於功利，實則非常基礎，它不過是在要求、呼喚一種對耶儒互動整體性、主幹性的宏觀研究，也許很多研究者都會說，耶儒互動目前在中國雖然已成顯學，但要回答好這一問題各方面的研究積澱與資料整理還遠遠不足，信而有徵、細緻入微地以概念、人物、事件、階段為核心的主題性研究仍然是當務之急，不可好高騖遠。但這並不能作為阻擋宏觀研究起步的藉口，也不應當成為阻擋宏觀研究推進的障礙，因為不僅任何真正意義上的宏觀研究本身都是一種主題性研究，而且宏觀研究與微觀研究也是互啟互發、相輔相成的。有鑑於此，雖然筆者學識與學力都非常有限，對耶儒互動領域也僅僅只有兩年左右粗淺入門的大致瞭解，但仍然能鼓起勇氣踏入這個原本屬於「學術大家」的工作領域，為的就是能夠給一直處於思想困擾中的自己一個交代，同時，如果能夠對時賢起到一個拋磚引玉的作用，引起耶儒互動宏觀領域的大思考與大整頓，即便身為眾矢之的，也甘之如飴。

二、本書的研究思路與致力方向

1、宏觀與微觀的結合

　　基督教作為一種綿延兩千多年的西方文明，大量的第一手文獻都是外文資料，尤其是耶儒互動的大量第一手文獻資料，也都存檔於歐美各國，要全面接觸、收集、利用好這些原始文獻對於「初來乍到」的筆者來說是一件非常困難的事；儒家作為一種綿延五千多年的華夏文明，大量的基礎資料都與中國歷史、政治、民俗錯綜糾結、難捨難分，但本人也並沒有中國史學的研究功底與社會學的系統知識，因此，要研究耶儒互動這一主題，筆者不僅沒有任何基礎優勢，而且可以說是舉步維艱。然而，實事求是地說，不僅在選題之初這些局限都未曾進入筆者的思考範圍，而且即便是在研究之中它們也並沒有成為筆者的困擾與憂慮。因為作為一名天性對於觀念結構與思維方式的邏輯分析情有獨鍾並自為自足的哲學專業研究生來說，筆者自始至終所關注的問題都牢牢地鎖定在基督教哲學與儒家哲學衝突與融合的歷史進程與主要內容之上，目光與心思自始至終都落在歷史上耶儒互動中最有影響的大哲學家及其哲學體系之上，心無旁騖。因此，審察耶儒互動中東西政治、經濟、文化各領域的各種衝撞、交流與融合，非我所能，而深思耶儒互動中「哲學家的哲學體系」及其耶、儒哲學背景，實我所願；現階段妄圖在全面瞭解耶儒互動的思想史、教會史、社會史、政治史、文化交流史的基礎上，思路清晰地寫出一部「中國耶儒互動哲學大綱」，亦非我所能，而試圖探尋並勾畫出「中國耶儒互動哲學史綱」中的「主構架」與「主動

脈」，實我所願。

　　周振鶴先生在〈誰是黃嘉略？〉一文中說，「黃嘉略這個名字相信對任何人來說差不多都是陌生的，但卻有位學者能對這樣一個名不見經傳的『小人物』連續關注二十年，使他從一個影影綽綽的模糊形象，逐漸到鬚眉畢現，最後成為一個活生生的人物站在我們面前，並因此而揭示了一段早期的法國漢學史。這位學者就是許明龍，他剛剛出版了一本書，書名是《黃嘉略與早期法國漢學》，讀完全書，不禁讓人佩服他對歷史研究的執著。……漢學研究與其他歷史研究一樣，也有集中在大人物與大事件上的偏向，就像近代思想史研究大都聚集在康、梁、章、嚴身上一樣，對來華天主教傳教士的研究也多偏向於耶穌會的羅、利、湯、南等人，對這些人物，誰都可以說上兩句，但有時說了跟沒說一樣。對其他修會如多明我會、方濟各會、奧斯丁會的研究幾乎還是空白，五大卷的西班牙文的多明我會在華傳教史，已經出版多年，至今還沒有中文譯本。而像黃嘉略這樣的小人物，像早期漢學這樣比較隱晦的歷史事實，更是要花大功夫去闡幽燭隱，才能得到充分的揭示，尤其希望有專長的學者去重視去努力，這樣整個歷史的原貌才可能得以重建，我們對歷史進程也才能有更深刻的認識。」[2]筆者以為，雖然史學研究與哲學研究有所不同，但周先生的評論對於耶儒互動這一哲學與史學縱橫交錯的研究領域也是非常適用的，目前學界對耶儒互動的研究雖然已經朝這個方向發展了，但總體來說，大量微觀性的案例分析與人物研究仍然剛剛拉開序幕。2009 年，牟宗三先生入室弟子龔道運的

---

[2]　周振鶴：〈誰是黃嘉略？〉，《文匯報‧讀書週報》，2004 年 4 月 1 日。

《近世基督教和儒教的接觸》由上海人民出版社出版，可謂其中的典型代表，嚴壽澄先生在該書序言中說，「道運先生秉棲霞之教，自新加坡國立大學退休以後，用力於儒家與基督教接觸及會通的研究，屏絕人事，孜孜不倦。十年間，相關資料大體已收集齊備，並撰成論文數篇，以馬禮遜、米憐、麥都思、理雅各諸傳教士為例，探討儒教與基督教在十九世紀的接觸。先生治學，不尚空談，一以文獻為準，言必有據，同時又能以哲學家的思理密察作深入而細微的論析，借用中國昔時術語，可謂兼具漢宋兩學之長。原期以十年時光，對近代基督新教入華以來儒、耶兩教的交往互動，作全面而透徹的研究。此書若成，當為漢學界一大事。惜乎昊天不弔，甫及七十之年，癌生於腸，藥石無效，遽歸道山。未竟之業，只得留待於後來者了。」[3]讀其書，想見其為人，思其人、鑒其文，而自慚形穢，可以說，龔道運先生給筆者的耶儒互動研究樹立了一個很好的治學榜樣。

在耶儒互動的研究領域，只有越來越多的人都像許明龍、龔道運這樣，一部「中國耶儒互動史」或「中國耶儒互動思想史」的集大成之作才能儘早面世。由此看來，無論是在資料的收集與分析上，還是在內容的全面與深刻上，不僅老一輩學者王治心的《中國基督教史綱》《中國歷史的上帝觀》、謝扶雅的《基督教與中國思想》等著作沒能達到這種高要求，新一代學者中孫尚揚的《一八四〇年前的中國基督教》《基督教哲學在中國》（分別與鍾鳴旦、謝宗坤合著）、趙士林、段琦主編的《基督教在中

---

[3] 龔道運：《近世基督教和儒教的接觸》（上海：上海人民出版社，2009年），嚴壽澄：〈序〉，頁4。

國：處境化的智慧》以及顏炳罡教授的《心歸何處——儒家與基督教在近代中國》等著作也未能全面回應這一時代呼喚。陳鐘凡先生在為王治心《中國宗教思想史大綱》的序言中評價該書：「係貫通古今，作綜合的系統的研究，一掃從前某宗某派零碎記述的缺點，而又能馭繁就簡，綱舉目張，來說明歷史的演化，使我們翻閱一遍，便可了然中國宗教思想的大概情況。」[4]筆者不才，對儒家尤其是對基督教思想發展史瞭解鄙陋粗淺，萬不敢與著名基督教神學家相比，但也誠願以此評價作為自己未來研究的致力方向，希望首先從耶儒互動浩如煙海的或繁重、或零碎的各種研究中超拔出來，宏觀與微觀並重，純粹從哲學家與哲學體系的角度對中國哲學視域下耶儒互動的歷史進程與主要內容「作綜合的系統的研究，……綱舉目張，來說明歷史的演化，使我們翻閱一遍，便可了然耶儒互動思想的大概情況。」當然，也正如當今學者對「中國基督教史綱」撰寫之難所言：「新的資料的發掘、個案研究的深入、研究視角的擴大、研究範式的湧現、『補償史學』的發展等，在時間和空間上均極大豐富了中國教會史的內涵。……在史學研究和批評如此發達的今日，非積數十年之功，或聚眾人之力，誰敢貿然啃中國基督教會通史這塊硬骨頭？……『能夠含括中西史料與研究觀點，又能保持平衡及公允論斷』。」[5]書寫一部「中國耶儒互動哲學史綱」更是難上加難，因為他不僅需要面對文獻、思想與影響更為繁雜的「中國儒學・儒教史綱」、「基督教神學・哲學史綱」的「道問學」、

4　轉引於王治心：《中國基督教史綱》（上海：上海世紀出版集團，2007年），徐以驊：〈前言〉，頁21。

5　王治心：《中國基督教史綱》，徐以驊：〈前言〉，頁20。

「致廣大」之難，而且還要面對耶儒互動過程中兩大異質文明義理衝突與現實衝突因果難分、輕重難權、真假難辨的「尊德性」、「盡精微」之難，作為專業基礎與研究積澱都極為薄弱的研究者來說，在將所有這些難處有一個全面接觸與深刻認知的基礎上還能「保持平衡及公允論斷」──「極高明而道中庸」，更是「難中之難、無過此難」。因此，本書「知其不可而為之」，與其說只相當於拉開筆者平生持之以恆地研究耶儒互動學術生涯的一個小序幕，還不如說是將筆者狹隘視野與鄙陋認識中所選擇性吸收的相關研究成果壓縮打包之後便面向學界大海「拋磚引玉」時所濺起來的一朵轉瞬即逝的小浪花來得恰當。

2、歷史與邏輯的統一

　　既然本書的研究主題與致力方向已經定位在試圖探尋、勾畫出「中國耶儒互動哲學史綱」的「主構架」與「主動脈」，那麼，在研究思路與書寫範式上首先要作的工夫便是避重就輕、去繁從簡。如果將中國歷史上的耶儒互動比喻為一顆根深蒂固、枝繁葉茂的參天大樹，本書便是將目光僅僅聚焦於對這棵樹最中間的主幹作上下打量，而無意、無力於逐層、逐個地打量主幹與枝幹之間的相互關係。

　　從研究內容上，本書避重就輕、去繁從簡的方法是，在對耶儒互動歷史進程作出階段劃分的基礎上，僅僅選取耶儒互動中各個階段富有影響力的哲學人物及其哲學體系進行研究，進入本書研究範圍必須全部符合以下三個條件：一、其人其思必須與耶儒同時深度相關；二、其人其思必須自成體系；三、其人其思必須對後世影響深遠。一方面，「選取時」力求突出重點而非照顧全

面，另一方面，「選取後」旨在總體把握而非深耕細作。比如重
點選取利瑪竇、康有為、譚嗣同、洪秀全、孫中山、趙紫宸、謝
扶雅、徐松石、何世明其人其思之後，將其分為耶儒互動的「適
應哲學」、「改良哲學」、「革命哲學」、「本色神學」四個發
展階段，在縱橫雙向比較中進行綱維性、輪廓性地研究。

　　從書寫範式上，筆者避重就輕、去繁從簡的方法是，在對耶
儒互動主要原因與主要內容作出全面思考的基礎上，僅僅選取研
究內容中所涉及到的哲學人物及其哲學體系中「對儒」或「對
耶」最有影響力的代表性觀點，而非對其進行全面介紹與整體批
判，比如介紹利瑪竇的「適應哲學」時，重在彰顯其人其思「以
耶為體、以儒為用」；介紹康有為、譚嗣同的「改良哲學」時，
重在彰顯其人其思「以儒為體、以耶為用」；介紹洪秀全、孫中
山的「革命哲學」時重在彰顯其人其思「雜糅耶儒、非儒非耶」
或「兼取耶儒、亦儒亦耶」；介紹趙紫宸、謝扶雅、徐松石、何
世明等人的「本色神學」時，重在彰顯其人其思「以耶為體、以
耶合儒」或「以耶為體、以儒合耶」；總體來說，都重在為耶儒
進一步自為自足或互助互補的發展疏理出富有建設性的觀點，在
「立」不在「破」，在「合」不在「分」。這種作法看似有鄉愿
之嫌，實則全部本意並非在於顯善隱惡地「為尊者（如耶穌、孔
子）諱」，而是因為以筆者目前的素養與積澱要「全面批判」
耶、儒這種具有強大自我修復能力與再生能力的世界性偉大文明
實在力所不逮。筆者完全同意這一觀點：「儒耶對話不應該是尋
求『教義間最大公約數』的鄉愿式的對話，因為這樣的對話不僅
掩藏了各自最根本的原則立場，而且回避了儒耶之所以需要對話
的政治、法律、宗教、文化等一系列複雜因素。在儒耶對話中承

認自己是以儒為本或以耶為本，是儒耶對話的真正起點，而處理
好儒教和基督教的關係，將在很大程度上影響今後中國文化的發
展格局。」[6]本書大小標題與關鍵論述處處都指稱「耶儒」而非
「儒耶」，乃是出於二者互動歷史中幾乎一直都是「耶」主動而
「儒」被動的對話形態考慮，相信凡是認真審閱本書的讀者都能
很真切地感受到筆者字裡行間的情感所繫與意旨所歸是「以儒為
本」，絕非耶儒並重、莫知所從的「兩頭蛇」。

　　眾所周知，與基督教哲學崇尚以神為本、因信稱義等義理相
比，儒家哲學最基本的特質是以人為本、和而不同。因此，「以
儒為本」的研究意向重在包容中國境內的基督教，成人之美，主
旨上重在解決今世人生問題，成己之美，然而正如《中庸》開篇
所言，「天命之謂性，率性之謂道，修道之謂教」，要從有關耶
儒思想衝突與融合的浩如煙海的觀點中發現並提煉出「成己」、
「成人」的主幹之論，深刻揭示出耶儒互動中存在的主要問題、
哲學矛盾與化解之道，必然要上升到「天道」「天命」的層次。
為了行文方便，並給讀者一個更加清晰直觀的全面認知，筆者反
其道而行之，在論述耶儒互動主要內容時，首先從宏觀上將基督
教與儒家在哲學義理（天道、天命）上的異同進行系統分析，按
照邏輯順序分為上中下三篇，在「內在批判」、「內在比較」的
基礎上作出「外在比較」與「外在批判」，一方面全面揭示出中
國歷史上耶儒互動的整體思想背景，以便對於具體的互動內容有
一個高屋建瓴的理解與把握，另一方面全面評判中國歷史上耶儒

6　羅秉祥、謝文郁編：《耶儒對談——問題在哪裡？》（下冊）（桂林：
　　廣西師範大學出版社，2010 年），頁 435。

互動內容的優點與不足，以便對下一階段的互動內容有一個繼往開來的啟發與功效。然後再從微觀的角度，對耶儒互動主要內容的三大方面都選取代表人物與哲學體系展開較為精細的研究，一方面查看、印證是否能「以一滴水折射太陽的光輝」（或者說「一葉知秋」），另一方面也便於以後進一步研究時在對「主構架」與「主動脈」自身規律宏觀把握的基礎上，對耶儒互動已經出現的各種問題進行具體的審視與診治，對將來可能面臨的各種問題作出宏觀性的前瞻和預防。

3、理論與實踐的兼顧

本書從中國哲學的角度對耶儒互動進行歷史與邏輯相統一、宏觀與微觀相結合的系統研究，最主要的目的是為了引起國內社會的群體與個體在以下「理論與實踐」問題上的重視與投入。

(1) 對於群體來說

在理論方面，首當其衝的便是中國哲學的書寫範式與學科建設。本世紀初，中國學界關於中國哲學的合法性問題從評判標準、方法選擇、問題意識、話語系統等各個方面進行了曠日持久的大討論，大量學者的傾心投入與大量傳媒的熱情報導最終收結為對「中國哲學」的表述方式、《中國哲學史》的書寫範式以及中國哲學學科建設的系統規劃，緊接著「重寫中國哲學史」又開始成為中國哲學領域學者集群努力的方向。正如上文所述，一部好的「中國耶儒互動哲學史」的出臺必須建立在對人物與事件全面深入的大量微觀研究基礎之上，一部好的《中國哲學史》也同樣如此。本書以「耶儒互動」為問題意識，對中國哲學史進行「主幹式」地系統疏理，希望能夠在將來學界重寫《中國哲學

史》時對相關人物的評述貢獻一己之見，同時以此為鑒，引起學界同仁以類似的研究方式對「中國哲學史」各個發展階段與代表人物展開多面體的研究，同心同德、群策群力，在學術發展與學科建設的進程中，讓中國哲學各個階段的人物與思想更加豐滿起來，對「照著講」與「接著講」有一個更加全面深刻的把握認知與批判繼承，更好地培養中國哲學專業學生的思維創新精神與實踐創造能力。

在實踐方面，首當其衝的是世界文明的對話模式與機制建設，本世紀初，世界學界關於世界各種文明的衝突與對話從衝突原因的分析與預防、對話方式的探索與建構等各方面也進行了至今仍然愈演愈烈的全球大討論，海量論著的出版與海量機構的合作都在悉心引領時代精英對這一重大人類問題進行殫精竭慮的思索與奮發有為的工作，雖然在對話模式與機制建設上已經取得了不少一致認同的多元一體化評判標準與多邊共贏性長效機制[7]，但由於這一問題之廣、大、深、難史無前例，即便是以「國」為單位進行的宏觀研究也不過是在其中充當微觀案例的角色而已。因此，本書對「中國耶儒互動哲學史」的主幹進行系統研究，並將新一輪耶儒互動擴展到與道家、佛教、猶太教、伊斯蘭教等世界各種宗教倫理的互動，探討彼此在思維方式上的相互關聯，探討中國文化與基督教文化的良性互動對當前與未來有益的發展模

---

[7] 比如約翰・希克《信仰的彩虹——與宗教多元主義批評者的對話》、保羅・尼特《宗教對話模式》、雷蒙・潘尼卡《人的圓滿》等著作中廣泛影響世界的多元化價值觀念，以及從 2001 年聯合國「文化對話年」的發佈到 2012 年「中歐文化對話年」的開幕等持續導航社會的制度化交流模式。

式與經驗教訓，將整篇論文作為案例分析給全球化大移民背景下的二十一世紀世界宗教對話與世界倫理共建提供參考借鑒。

（2）對於個體來說

在理論方面，主要表現為當前弘揚聖賢精神、回應時代問題而熱切呼喚的思想創作，正如《法華經》所言，「諸佛世尊，唯以一大事因緣故出現於世。……欲令眾生開佛知見使得清淨故出現於世，欲示眾生佛之知見故出現於世，欲令眾生悟佛知見故出現於世，欲令眾生入佛知見道故出現於世。」（方便品第二）在這個前所未有的全球化大時代中，我們每個人都輕而易舉就獲得了軸心時代蘇格拉底、孔子、釋迦牟尼等偉大教主們夢寐以求的真正遍及全球的教育對象與風化傳媒，這個正在逐漸進入「第二軸心時代」的人類發展階段，「唯以一大事因緣故出現於世」的慈悲博愛、自強不息至少在思想創作上對每個人來說都是可欲可求的，「為天地立心、為生民立命、為往聖繼絕學、為萬世開太平」的「四為之學」在世界文明對話、全球化資訊資源分享的今天更應該成為每個思想者的最高理想。如陳寅恪先生所言，「『佛為一大事因緣出現於世』，中國自秦以後，迄於今日，其思想之演變歷程，至繁至久。要之，只為一大事因緣，即新儒學之產生，及其傳衍而已。」（〈馮友蘭《中國哲學史》上冊審查報告〉）宋明理學的產生與發展也正是佛教傳入中國以後儒佛互動的產物，它已經全方位、深層次地影響了中國一千多年，而今，在本書的研究結論中，耶儒互動經歷了「適應哲學」——「改良哲學」——「革命哲學」[8]——「本色神學」這一完整的

8　從耶儒互動或中國哲學的角度來看，真正意義上的革故鼎新乃是發生在

邏輯演進之後，已經進入世界文明平等對話的新時期，基督教傳入作為「一大事因緣」的意義在當前亦得以全面凸顯，儒佛互動產生了宋明理學，儒耶互動將產生何等之學？只有在我們像宋明理學家一樣回顧歷史、開啟未來的思想創作中才能得到真正的答案。套用牛頓的話，「如果說我們看得比時人更遠些，那是因為我們站在歷史的肩膀上」，本書致力於疏通耶儒互動哲學內容與歷史進程的「主構架」與「主動脈」，初衷即在於此。

在實踐方面，主要表現為志聖慕賢者的悟道修行與左右為難者的常識掌握，在對中國歷史和現實中耶儒互動的瞭解或參與中，前者為主動實踐，後者為被動實踐。身處全球化文明對話的大時代，儒者、基督徒或其他宗教倫理的信徒或修行者，在自己悟道修行的過程中往往難以避免多種異質異性的偉大文明意趣同歸卻求索殊途對自己的認知與選擇所造成的身心困擾，尤其是在中國這樣一個儒、道、釋、耶、回等多教並存信仰自由的文明古國與人口大國，如果任意一種宗教倫理的悟道修行者對其他宗教倫理修行者知行兩方面能有一個全面而深入的親切認知與合理判斷，對於個體的身心和諧與社會的繁榮穩定都將起著至關重要的作用[9]。雖然一個真正的悟道修行者乃是出於「非功利性」的理

孫中山而非洪秀全的思想中，因此雖然洪秀全的「革命」在康有為的「改良」之前，但筆者卻將其與孫中山的「革命哲學」一起，總體上置於「改良哲學」之後。

[9]　正如本色神學家謝扶雅所言，中國基督教會「要幫助中國人做好一個中國國民，幫助儒教徒、道教徒、佛教徒做一個上乘的儒教徒、道教徒、佛教徒。」（謝扶雅：《巨流點滴》，轉引於唐曉峰：《謝扶雅的宗教思想》（北京：宗教文化出版社，2007 年），頁 232）耶儒互動及其研究更應如此。

性訴求，但這並不妨礙他們在具體悟道修行過程中迷惑困頓時暫時「功利性」地借鑒其他宗教倫理在相關問題上更為細緻易行的悟道理論與修行方式，如宋明時期許多理學家一樣，早年出入佛老，最後復歸於儒，實現一個更高程度、更高境界的「非功利性」目標。耶儒互動方面更是如此，「君子的基督徒」、「儒家基督徒」、「儒化基督教」、「基督化儒教」等等富有內涵、富有爭議的流行概念對儒者、基督徒都造成了不少困擾，本書希望能從理論方面對於這些困擾的化解提供一己之見。與主動實踐的悟道修行者相比，在這個全球化資源分享、資訊大爆炸的多元價值已經全面滲透世界各行各業的移動夢網時代，作為工作與生活過程中人際交往的常識認知與分寸把握來說，出於「功利性」的現實目的，他們也不得不學習、瞭解一些「非功利性」的知識，比如影視傳播、書刊編撰、禮品銷售等涉及大眾生活領域的從業者，他們都非常有必要瞭解儒、道、釋、耶、回等不同宗教倫理，在具體的工作中作出他們自己的 SWOT 分析（Strength：優勢；Weakness：弱勢；Opportunity：機會；Threat：威脅），最終在更高平臺上實現一個「功利性」的目的。對於基督教與儒家這種早已滲透大眾生活的普世性宗教倫理來說，中國耶儒互動歷史進程和思想內容的主幹顯示與義理疏通顯得尤為重要。

第一章　耶儒互動的歷史進程

　　唐代以後，基督教[1]三大派別天主教、東正教與新教先後傳入中國，從歷史上來看，康熙時已傳入中國的東正教與中國主流文化並未產生深度互動，新中國建國以後，其信徒的主要成分俄國僑民大批撤離中國，在華力量急劇下降，到文革前夕，東正教會已不復存在[2]。因此，學界所謂與中國文化在歷史上互動的基督教，通常只包括天主教與新教，本書的耶儒互動研究也是如此。

---

[1]　本書「基督教」「耶」皆泛指整個基督宗教，行文涉及到天主教、東正教、新教時將具體指稱。另外，從基督教三大教派的教義形態來看，東正教與以儒家為主幹的中國文化最為親近，新教最為疏遠，天主教在經院哲學之前的教父哲學時期，也與儒家相通性較大。因此，新一輪的耶儒互動中，中國學者完全可以通過新教──天主教經院哲學──天主教教父哲學──東正教──猶太教的探本溯源，進行疏理會通。由於當前國內各種基督教觀念與研究主要是新教傳統，筆者的粗淺理解也受限在這一範圍之內，因此，本書重點論述的「耶儒互動的主要內容」中所謂的基督教觀點也多為新教思維，並不能真正代表整個「基督宗教」，好在新教恰巧與儒家最為異質異性，探索由此打開大門，天主教、東正教可魚貫而入，有望先難而後獲。

[2]　具體介紹參見樂峰：《東正教史》（北京：中國社會科學出版社，2005年），第十七章「東正教在中國的興盛與衰落」、第十八章「東正教在中國的主要教會」、第十九章「20世紀中國學界的東正教研究」。

　　基督教在中國的傳播有四個時期,分別為唐代的景教、元代的也里可溫教、明清時期的天主教與十九、二十世紀的新教。雖然與儒家的義理互動真正開始於第三時期、深化於第四時期,但唐元時期中國基督教的傳教活動在成功與失敗兩方面都給隨後的耶儒互動留下了平實而深刻的經驗教訓(稱得上明清時期耶儒互動大型交響樂的前奏),直到世界文明對話已然成為時代潮流的今天,那個「古老而低沉的聲音」對於在耶儒互動領域胸懷宏偉願望、銳意進取的「年輕人」來說,仍然顯得非常珍貴。因此,本書對耶儒互動歷史進程的疏通,從唐元時期開始,就已將其定格為「歷史與邏輯的統一」,尤其重在邏輯展開(發現問題,總結經驗),而非單純的歷史敘事(發現材料,描述過程)。

一、唐元時期基督宗教的傳教活動

　　關於唐元兩代基督教的輸入,學界一般都認為是失敗的,主要表現有三:一、沒有彰顯出基督教作為世界性大宗教的真實面目;二、沒有對中西文化、社會產生實質性的影響;三、沒有能夠在中華持續傳播與發展。主要原因有三:一:政教關係對古代中國基督教的影響;二、傳播對象局限在皇室公卿與少數民族或外國人;三、外部有佛、道、回各教的抵制,內部又有景教與天主教的紛爭,且部分教徒生活腐化,自毀形象。尤其是政教關係這一重要原因,有研究者深入分析認為,不能停留在與政治關係過於緊密、政興則教興、政亡則教亡的籠統分析上,而是要深入中國政治文化的基本結構,「一方面它缺乏從人格神那裡追求其統治正當性、合法性的超驗來源這樣一個超驗的維度,另一方面

它又追求臣民思想高度統一。前者使得崇奉人格神的宗教在本質上成為政治統治不太需要的東西，後者則使得一切文化形態（包括宗教）都必須臣服於主流的正統意識形態，不可能在政教之間形成一種二元結構性的張力。這使得外來宗教在中國面臨著一種兩難困境：如果過分依附於主流政治文化傳統以及代表這種政治文化傳統的政權，那麼，它也就將自己的命運交付給了在時間長河中變動不居的俗物，隨之升降沉浮。如果謀求獨立之發展，它不僅會喪失掉最強大、有生殺予奪之權的保護傘，而且會因走向民間而被主流文化的代言人（士大夫）目為妖術，民間宗教的命運大抵如此。」[3]這些分析皆可謂鞭辟入裡，引人深思。筆者通過一些思想性較強的文獻作出進一步解讀，在學界已有研究成果的基礎上，認為唐元兩代基督教傳教活動的成功經驗可以歸納為兩個方面：一、自上而下的傳教路線；二、由外詮內的表達方式；失敗經驗同樣可以歸納為兩個方面：一、補充性不明，教理之獨特性不彰；二、人格性不清，教行之光輝性不顯。

1、成功經驗之一：自上而下的傳教路線

從出土於明代天啟三年（1623）、刻於唐代建中二年（781）的《大秦景教流行中國碑》中可以明顯看出，景教東來，一開始就是走自上而下的傳教路線，這固然與貞觀朝開放的宗教政策與領導階層求道大治的急切心情相關，但更重要的是它暗合了中國文化內聖外王「本天道以立人道」所固有的自上而下

---

[3]　孫尚揚、鍾鳴旦：《一八四○年前的中國基督教》（北京：學苑出版社，2004年），頁98。

禮樂風化的基本結構。所以唐太宗在詔書中說：「道無常名，聖無常體，隨方設教，密濟群生。大秦國大德阿羅本，遠將經像，來獻上京。詳其教旨，玄妙無為。觀其元宗，生成立要。詞無繁說，理有忘筌。濟物利人，宜行天下。」[4]在以唐太宗為代表的執政者看來，因為「道無常名，聖無常體」，所以景教與中國本土的儒、道、釋在同為「至道體現」這一神聖價值與「隨方設教，密濟群生」這一世俗價值上都沒有本質的不同，只要「濟物利人」，便「宜行天下」。可見，當權者這種「以人為本」而非「以神為本」的宗教觀與執政觀才是「以神為本」的外來宗教得以立足中華弘法宣教的根本支撐。雖然當時的阿羅本、景淨等人是否在主觀上已洞察這一點並以此作為在中國傳教的指導思想我們沒有史料足以明證，但從碑文「赫赫文皇，道冠前王。乘時撥亂，乾廓坤張。……百福偕作，萬邦之康」、「高宗纂祖，更築精宇。……真道宣明，式封法主。人有樂康，物無災苦」、「玄宗啟聖，克修真正。……庶績咸熙，人賴其慶」、「肅宗來復，天威引駕。……止沸定塵。造我區夏」、「代宗孝義，德合天地。開貸生成，物資美利」、「建中統極，事修明德。武肅四溟，文清萬域」[5]等對唐太宗、高宗、玄宗、肅宗、代宗、德宗的贊文來看，表現更多的也是人文化成而非宗教信仰的精神。另外，我們雖然也沒有史料證明阿羅本、景淨等人有中國本土明確的道統、政統觀念，但贊文中他們將歷代皇帝都視為「德合天地」的聖王，並且自太宗以下代代頌揚，而省略了其中朝綱混亂

---

[4]　轉引於莫爾，郝鎮華譯：《一五五○年前的中國基督教史》（北京：中華書局，1984年），頁44圖片內容。

[5]　轉引於莫爾：《一五五○年前的中國基督教史》，頁46-47。

的武后、中宗、睿宗三帝，不惟知心地顧惜了天朝聖王的美好形象[6]，而且也知趣地隱吞了武后執政期本教發展不利的怨言，這種繼往開來的陽光思維與中國文化中返本開新、健行不息的神聖價值非常契合，同時也與中國文化中崇尚祖宗崇拜、隱惡揚善、光耀門楣的世俗價值如出一轍。惟其如此，才是真正「自上而下」的傳教路線，並非只要先從皇室公卿社會名流入手便可謂「自上而下」。

那麼，基督教在並未融入漢族主流文化的元代又如何呢？自成吉思汗以來，蒙古統治者對各種宗教採取「一視同仁，皆為我用」的政策[7]，元世祖忽必烈曾對馬可波羅說：「基督徒說他們的上帝是耶穌基督，回教徒說他們的是穆罕默德，猶太人說他們的是摩西，偶像崇拜者說他們的是釋迦牟尼，這是偶像中的第一神；而我這四位先知皆敬奉，由是其中在天居長位而更真實者，受我敬拜可保佑我。」[8]由此可見，元世祖與唐太宗的基本立場完全一致，對於他們來說，宗教的神聖價值都必須體現在治理社會的世俗價值上，以人為本而非以神為本。再加上蒙古許多部落的景教世族彼此通婚，這種神人合一的價值體現也早已滲透了皇室公卿日常生活的方方面面。不過這種自上而下的傳教路線由於傳教對象過於單一，多為少數民族或外國人，並未與漢族高級知

6　「為傳教佈道的保護方便，簡直接受了為封建社會統治階級服務的『尊君』的儒家思想，以代替天主教之教皇至上主義。」朱謙之：《中國景教》（北京：人民出版社，1998 年），頁 140。

7　周燮：《中國的基督教》（北京：商務印書館，1997 年），頁 44。

8　轉引於莫爾：《一五五〇年前的中國基督教史》，頁 155。

識分子深入融合[9]，整體上處於中華文化的邊沿，而上層推行的宗教政策若不經過漢族知識分子這一「主流媒體」的仲介傳播，便很難在以漢人為主體的中國人群中深深扎根，「高而無民」，勢必「亢龍有悔」。所以，雖然唐元時期景教與也里可溫教都曾盛極一時，所謂「法流十道」、「寺滿百城」，但整體上還處於一種漂浮無根的虛榮狀態，是以「其興也悖焉」，「其亡也忽焉」，也就是情理之中的事了[10]。

2、成功經驗之二：由外詮內的表達方式

景教東傳，也迎合了大唐王朝以道為宗、儒道釋三教相容並重的社會意識形態，現存七篇重要景教文獻都表現了這一點：

《大秦景教流行中國碑》「粵若常然真寂，先先而無元，窅然靈虛，後後而妙有。總玄樞而造化，妙眾聖以元尊者，其唯我三一妙身無元真主阿羅訶歟？判十字以定四方，鼓元風而生二氣。暗空易而天地開，日月運而晝夜作。匠成萬物，然立初人。

9　唐時景淨雖然參與了佛經翻譯，但交流的又是作為弘教敵對方的佛教知識精英；元時蒙高維諾雖然在華傳教 30 年，並將《新約》與《詩篇》都翻譯成了蒙文，但不能為漢人理解與流傳；另外，像元朝初年的馬祖常、趙世延等人雖然都是當時富有影響的知識精英，也都是景教世家，但卻都是蒙古人，因此，對漢人的影響也非常有限，元朝滅亡後，更是難以為繼。

10　誠如教會史學家方豪所言，「宗教雖不能與政治無關，然關係過密，必將隨國家政策而轉移。骨當時景教士以為榮寵者，而不知宗教之莊嚴已因是失墜。趙孟之所貴，趙孟能賤之，景教之隨唐宋易代而銷聲匿跡，其主要原因，即由於其依附政治也。」轉引於顧衛民：《基督教與近代中國社會》（上海：上海人民出版社，2010 年），頁 21。

別賜良和,令鎮化海。渾元之性,虛而不盈。素蕩之心,本無希嗜。洎乎娑殫施妄,鈿飾純精。間平大於此是之中。隟冥同於彼非之內。」[11]開篇完全是一整套道家道教的話語系統,中間對歷代帝王的贊文則契合儒家雅頌王化的士人傳統,正文之後附錄的歷代傳教長老都冠以僧名,又顯示出與佛教不相違背。

《尊經》起首的「敬禮妙身皇父阿羅訶,應身皇子彌施訶,證身盧訶甯俱沙,已上三身同歸一體。」[12]這一段便以佛教的「三身」說表詮景教的「三位一體」觀,其下所列歷代傳教長老均稱法王,所尊《常明皇樂經》、《宣元至本經》、《志玄安樂經》、《渾元經》、《通真經》、《寶路法王經》、《牟世法王經》、《遏拂林經》等諸經經名都貌似佛經與道經。

《三威蒙度贊》「無上諸天深敬歎,大地重念普安和。人元真性蒙依止,三才慈父阿羅訶。一切善眾至誠禮,一切慧性稱讚歌。一切含真盡歸仰,蒙聖慈光救離魔。……惟獨絕凝清淨德,惟獨神威無等力。惟獨不轉儼然存,眾善根本復無極。……願舍群生積重罪,善護真性得無繇。……大師是我等法王,大師能為普救度。……大聖謙及淨風性,請凝法耳不思議。」[13]從文辭來看已經很好地將儒道釋三家的話語系統融通為一,其表詮能力堪與鳩摩羅什後的中國歷代佛教高僧媲美。

《宣元至本經》「時景通法王,在大秦國那薩羅城,和明宮寶法雲座,將與二見,了決真源。應樂咸通,七方雲集。有諸明淨士,一切神天等妙法王,無量覺眾,及三百六十五種異見中

11　轉引於莫爾:《一五五○年前的中國基督教史》,頁 42。

12　轉引於莫爾:《一五五○年前的中國基督教史》,頁 63。

13　轉引於莫爾:《一五五○年前的中國基督教史》,頁 61-62。

民。如是族類，無邊無極。自嗟空昧，久失真源。罄集明宮，普心至仰。時景通法王，端嚴進念，上觀空皇，親承印旨，告諸眾曰：善來法眾，至至無來。今柯通常，啟生滅死，各圖其分，靜諦我眾。如了無元，礙當隨散。即宣玄化，匠帝真常。無元，無言，無道，無緣，妙有，非有，湛寂常然。」開篇卷首十行在形式上完全模仿佛經，在語言上又故意彰顯道教色彩，並且在卷末三十行中還特別提出：「妙道生成萬物，囊括百靈，大無不包，故為萬物靈府也。善人之寶，通道善人，達見真性，得善根本，復無極，能寶而貴之。」「依信之方，妙契以源，不失真照妙理，真宗不乖舛，雖涉事有，而即有定體，內真雖照而無心，外真雖涉而無事也。」[14]強調道家崇本舉末無為而治的全體大用，以博得時人上至達官顯貴下至普通知識分子的尊重與趨從。

如果說《宣元至本經》更多地具有道教色彩的話，《志玄安樂經》則基本上都是佛教的韻味，佛法廣大無邊，隨機施教，若非深得其中（或基督教或佛教）三昧者，很難將這部經的意旨與其他佛經區分開來[15]。當然，從客觀上來說，這種因言附和的表詮方式也是景教入華之初所不得不借助儒道釋三家話語系統的結果，「景教不但採取道家慣用的詞彙，模仿佛教經典的形式，而且強調儒家思想之忠孝二道以為其傳教張目。」[16]但我們從各種殘存的幾篇經文來看，其「漢化」程度不一，比如《三威蒙度

14　轉引於莫爾：《一五五〇年前的中國基督教史》，頁 321-323。

15　再加上景教的十字架整體造型中頻繁使用諸如蓮花、飛天、龍等佛教標誌性元素，以至於唐宋以來人們都以為景教為佛教的支派，也就不足為怪了。

16　朱謙之：《中國景教》，頁 143。

贊》與《志玄安樂經》就在形式上比其他諸經更為純粹，這個發展過程也從側面上反映出了當時景教徒有意向儒道釋三家更為靠近的主觀願望。儘管基督教在教義、教行和語言上都與儒道釋三家有很大的不同，但阿羅本、景淨等人一開始並未照本宣科、頑固不化，而是直接選擇了「由外詮內」而非「由內主外」的表達方式，一方面誠然是懾於大唐王國高高在上的天朝氣象，另一方面它也確實有利於解決外來宗教因水土不服而導致的過早夭折等問題。

3、失敗教訓之一：補充性不明，教理之獨特性不彰

中國文化在經歷兩漢經學、魏晉玄學、魏晉南北朝隋唐佛學三個階段的發展與充實之後，本土的先秦諸子之學與印度傳入的佛學已經構成了儒道釋三教互補互動、自為自足的格局，洋洋大觀，博大精深，無論是在修身修心還是在治家治國方面都有無窮的寶藏可待挖掘可資利用，可謂「虛而不屈，動而愈出」。基督教在此時傳入中國，不能與傳入任何文化貧弱之國之地相比，要想有一個長足的可持續性發展乃至大放光彩，首當其衝的問題便是要極力彰顯出基督教文化的獨特性對於華夏文化的補充性，而絕非僅僅只是關注彼此的相通性或一致性。反觀殘存的景教文獻，基督教教義的獨特性模糊不清，甚至有完全為道教、佛教所掩蓋所吞噬的跡象，若非今人通過西學的系統訓練，明瞭基督教的基本教義與獨特精神，我們很難想像唐元之際的公卿士大夫們如何能將其與佛學、道學徹底區分開來。比如，基督教最是反對偶像崇拜，但景教卻以佛教的三身說來解釋比附三位一體說而又語焉不詳，這就不僅間接地承認了佛教多神崇拜的合理性，而且

還變相地承認了佛教的崇高性，景教不是高它一截，而是矮它一截了。但如果景教要力圖說明耶穌比佛陀高明，又勢必遭到佛教徒的嚴厲打壓，因此這是景教生存哲學的一個悖論。真正的問題還遠遠不止於此，我們今天都已經知道，基督教的道成肉身說自傳教之初，便受到猶太教與其他宗教倫理的高度質疑，直到二十世紀，基督教神學家們如約翰・希克等也都明確表示反對，相比之下，理論結構近似的佛教三身說卻因其義理圓融、力主慈悲喜捨不僅很少遭到世人質疑而且還引領一代又一代大德高僧與普通世人走上了幸福的定慧之路。可以說佛教在教理上對基督教形成的挑戰，到現在還沒有能夠獲得哪怕是初步的解決，更何況是遠在一千多年前的唐代。另外，基督教最獨特的原罪學說也未能在與道家真妄之性、佛教空假之性比附時曉暢於世人面前，作為基督徒最大品性的神愛也未能與儒家的仁愛與佛教的慈愛區別開來，這三方面都是基督教最核心最獨特的教義，從現存史料看來，在唐元之際它們都沒有能夠回應中國本土的思想挑戰，甚至連一個系統而簡明的闡發都沒有[17]，其博大精深與獨特魅力自然也就不可能在知識分子中流傳開來。那麼，不管是從執政者「隨方設教，密濟群生」的弘教初衷來看，還是從普通世人對其「濟物利人」的美好寄望來看，景教都不是「宜行天下」的無可替代

---

[17] 現存景教文獻七篇中篇幅較長的《一神論》、《序聽迷詩所訶經》雖然貌似系統，但卻缺乏基本的簡明性。即便時至今日，對於坐集中外千古之智的我們來說，模棱兩可之處仍然所在皆是，大多不知所云。再加上各教派（比如元代景教與天主教之間）之間相互紛爭、相互排擠的內部耗損與借助儒道釋話語系統所受的外部吞噬，其教理就更加難以為外人所理解與掌握了。

者，由此可見，景教在宗教思想開明的唐元之際之所以能夠盛行一時，便與其他方術或民間信仰為時人趨之若鶩並無根本不同，這一赤裸裸的教訓十足令人汗顏。

4、失敗教訓之二：人格性不清，教行之光輝性不顯

　　眾所周知，中國文化最重此岸世界而非彼岸世界的理想人格與道德行為，無論是其中的儒家還是佛教、道教，都只不過是具體的側重內容與表達方式有所不同而已。對於唐代的知識分子來說，儒家自有孔孟以下歷代大儒為光輝榜樣，道家近代則有魏晉風度令人仰慕，佛教傳入後，無論是外來的還是本土的大德高僧都以其美善的人格魅力感人至深，大智大慧大慈大悲的古道熱腸與魏晉名士風度一樣屢屢為士林傳為佳話，引人入勝。對於景教徒來說，要想在中國這樣一個「未能事人焉能事鬼」、「未知生焉知死」深入民心的國度傳教，可以說首當其衝面臨的重大問題不在教義方面，而在教行方面。換言之，除非景教徒們的人格與德行能夠「學為人師、行為世範」，否則，中國人不可能相信耶穌基督的至善至美、全知全能。因此，如果從有利於長遠傳教的角度來謀劃，景教徒們更應該做的並不是用儒道釋的話語系統去闡述頌揚基督的美德，而是要想盡辦法走自上而下的路線，在與儒道釋各界名士交往的過程中「以德服人」，將基督的美德與獨特魅力首先光顯在自己身上，為他人所仰慕，吸引他人前來問學求教，自然便能達到傳教的目的，如此經過一代又一代景教聖徒的感召與滲透，景教自然便能在儒道釋三教合一的中國開出一條光明大道來，廣為公卿大夫、三教九流人士所贊、所服、所記、所傳，自然便能在博大精深而又開明包容的華夏文化深深地扎下

根來。

因此，基督教內部的教派紛爭必須退居其次，絕不能像元代天主教方濟各會修士蒙高維諾來華後受到蒙古景教世族的打壓那樣，景教徒也絕不能像史料記載中為世人謠傳抑或真有其事那般地道德腐化[18]，在教行上大大毀壞基督教的形象，為極力追求完美、追求卓越的中國士人所鄙棄。雖然，唐元時期基督教在教行方面確實遠遠不如儒道釋三家來得豐富而實在，但果真一代又一代的基督徒都能夠與儒道釋三家深入交流與互動，也未始不能個別性地樹立起人格典範來為儒道釋三家所共同瞻仰。有完善的教義與修行系統並不必然導致聖徒養成聖德，反過來說，教義與修行系統不夠完善的宗教，一樣有可能產生出修德圓滿光照千古的聖徒來，何況是基督教這樣一個早已發展成熟了的世界性大宗教。因此，唐元時期，基督教傳教活動之敗，在「人」不在「教」，我們看到，明清時期天主教的傳入傳播便深諳此道。

二、明清時期天主教與儒家的互動

明清時期天主教與儒家的互動大致可以分為融合與衝突兩個方面，基督教方面占據主動，以利瑪竇與龍華民為代表，形成了在時空上彼此交錯的兩條傳教路線，儒家則表現得比較被動，大體上在利瑪竇生前與基督教融合較多，在利瑪竇死後與基督教衝突較多。

---

18 參見朱謙之：《中國景教》，頁 211。

1、「利瑪竇路線」的耶儒融合

「利瑪竇路線」主要表現為耶儒之間的融合，主題是「補儒」、「合儒」，原因是「東海西海，心同理同」。

天主教方面的代表人物是利瑪竇、龐迪我、艾儒略、湯若望、南懷仁等。面對中國的儒家文化主流或儒教意識形態，他們的傳教活動都採取了適應策略：為了迎合中國官方治世的現實需要，他們參與朝廷政事，採取自上而下的傳教路線，重視科技傳教，比如修訂曆法、繪製地圖、翻譯西學等，在此基礎上逐漸延及天主教信仰，深諳「禮聞來學，不聞往教」之道，並非一開始便一味地向人灌輸上帝造人、基督救人等核心教義；為了迎合士大夫的文人雅趣，他們重視修身養性，以文會友、以友輔仁，在廣泛結交儒家知識分子的同時，力圖通過自己意誠心正的高尚品德與格物窮理的中文著述產生廣泛而持久的影響，比如利瑪竇的《交友論》、龐迪我的《七克》等採用儒家主題、儒家話語寫成的著作都風靡一時、廣受讚譽，博得「泰西儒士」、「西來孔子」的美名；力圖通過自己的人格魅力與修行之道來樹立天主教徒的光輝形象，感化他人，而非通過他們一貫擅長的口才論辯去說服別人入教。顯然，他們不僅很好地繼承發展了唐元時期傳教活動「自上而下的傳教路線」、「由外詮內的表達方式」這兩點成功經驗，而且還吸取了「人格性不清，教行之光輝性不顯」這一失敗教訓，可謂「人格性高清，教行之光輝性丕顯」！可惜，由於利瑪竇時期天主教入華伊始，受各種條件局限，唐元時期傳教活動「補充性不明，教理之獨特性不彰」這一失敗教訓仍然未能很好地吸取並有十分明顯的改善效果，換言之，他們在補儒合

儒適應策略成功之後「以耶為本」的超儒工作效果並不明顯，歷史證明，這一點正是利瑪竇身後龍華民路線下導致「禮儀之爭」等重大矛盾衝突的根本原因。

儒家方面的代表人物是徐光啟、李之藻、楊廷筠、王徵、李贄、葉向高、鄒元標等。由於利瑪竇路線下的傳教士們相對來說「教理之獨特性不彰」而「教行之光輝性丕顯」，此消彼長，受其影響的儒家士大夫們自然便將整個身心的注意力都集中在他們「補儒」、「合儒」而非「超儒」的天學之體與天學之用上，主要是想學習他們的實用科技與心性修養，對他們了脫生死的出世信仰並不熱心，用研究者的話說，他們是將「天學聖學化」、「天學實學化」了[19]，即便是後來被譽為明末天主教「教內三大柱石」的徐光啟、李之藻、楊廷筠，雖然他們與利瑪竇有著持久而深入的交往，都皈依了天主教，但縱觀他們的入教原因與護教目的，顯然都不是為了死後能夠復活、蒙受天主恩典這一純粹宗教上的考慮，除了友情與實用兩方面的因素之外，更多地還是為了身心在今生今世能有一個更好的安頓，這種安頓與儒家的人文精神並無根本區別，他們最高的理想是「以耶補儒」基礎之上的「天儒合一」而非「以耶易儒」前提下的「天儒相分」[20]。總體

---

[19] 具體內容參見孫尚揚、鍾鳴旦：《一八四〇年前的中國基督教》第四章「皈依者的類型及其對天學的理解」。

[20] 「徐光啟強調，神父們所言一切，『凡事天愛人之說，格物窮理之論，治國平天下之術，下及曆算、醫藥、農田、水利等興利除害之事』，盡『與儒家相合』。以耶補儒，這不僅使徐光啟的儒家經世濟民之志在科學上得以落實，而且在教化上得以落實。」（何俊：《西學與晚明思想的裂變》（上海：上海人民出版社，1998 年），頁 154）「利瑪竇最著名和造詣最深的弟子翰林徐光啟所宣揚的，不是純粹的基督教教理，而

來說，他們的心態是儒家的以人為本，而非天主教的以神為本，重理性而非重信仰，重今世而非重來世，這一點我們在同樣自幼深受儒家教育而最終卻受洗入教的王徵身上看得更加清楚，「王徵在處理傳宗接代的問題上，因娶妾問題出現天儒之間的重大矛盾，後雖妥協以改用過繼侄子的途徑回避衝突，但仍難掩蓋他是儒家忠孝觀念信徒的本質。然而當他面對國亡的殘酷事實時，王徵不再擁有任何可以回避的空間，他必須在『大節』和『十誡』之間做出抉擇，於是，王徵毅然選擇了自殺盡節，這更印證了他骨子裡儒家士大夫的血統」[21]。同樣的情況也發生在看似離經叛道、「不以孔子之是非為是非」的李贄身上，雖然他也被利瑪竇的品行與學識折服，盛讚他是一個「中極玲瓏，外極樸實」的「極標緻人」、「我所見人未有其比」，但在慮及耶儒關係時卻說，「我已經三度相會，畢竟不知到此何干也。意其欲以所學易

是一種儒教和基督教的大雜燴，與 16 世紀在儒教和佛教之間的混合物相類似。」（謝和耐：《中國與基督教：中西文化的首次碰撞》，頁49）「中國護教士在試圖解決兩種文化的關係問題時仍然是『儒家中心主義者』，歸根到底，他們的目的是把西學吸收到中國傳統中來，由此發現先儒的真實意義。他們把天主教的信仰主要當作一種道德改良的工具，而非人類思想的根基。他們相信天主教對中國人的道德修養是一種有益的補充，崇拜上帝可以使整個社會重返輝煌年代。當徐光啟呼籲人們接受天主教的時候，他強調的不是接受天主教的基本思想體系，而是它的倫理道德功能。他認為天主教可以使人們趨善除惡、盡忠盡孝，可以喚醒人們的良知，改善整個社會的道德風尚。」（王曉朝：《基督教與帝國文化》（北京：東方出版社，1997 年），頁 240-241）

21　李聚剛：《明末清初儒家基督徒會通儒耶的人文精神——以徐光啟為個案》，陝西師範大學碩士學位論文，2011 年，頁 45-46。

吾周孔之學，則又太愚，恐非是爾。」[22]李贄這種觀念決不能簡單地扣上「裔不謀夏、夷不亂華」這頂尊華攘夷的大帽子，事實上，即便是在中原文明先進於禮樂、四夷文明後進於禮樂的中國古代社會，孔子也曾深深地警醒時人：「夷狄之有君，不如諸夏之無也」，「居處恭，執事敬，與人忠，雖之夷狄，不可棄也」。徐光啟、李之藻、楊廷筠、王徵等人也從未從帶著「夷夏之辨」的有色眼鏡去看傳教士，所以，李贄這種觀念也只是「印證了他骨子裡儒家士大夫的血統」，希望「以耶補儒」而非「以耶易儒」。同樣，與艾儒略過從甚密的葉向高、鄒元標等東林黨領袖也是這種態度，「正是因為思想上的共性，促使了東林學者與天主教的友好往來，以及東林人士對天主教的接納。……一是突破對道德話語的沉迷，要使儒家思想回到開物成務、經世致用的論域中；二是在道德論域中，要將懸空談論心性的風氣改變成切實的道德實踐。而利瑪竇自進入中國腹地與晚明士林密切交往始，科學與道德便是他樹立形象的手段，……傳教士被東林學者引為同道，天主教得到東林學者的肯定，便都成了很自然的事情。……然而必須指出的是，儘管東林人士因思想上的共性接納了天主教，並且保持友好的交往，但天主教並沒有影響到東林思想的發展。因為東林人士眼中的天主教，如鄒元標所說，不僅是『與吾國聖人語不異』，而且『吾國聖人及諸儒發揮更詳盡無餘』。」「與其說東林學者接納了天主教，毋寧說是接納了另一種形式的儒學。正如李贄對利瑪竇的肯定，絕不是肯定利瑪竇引

22　李贄：〈與友人書〉，《續焚書》卷一（北京：中華書局，1975年），頁35。

入中國的西學，而只是儒學化的利瑪竇這個人。」[23]所以東林黨人的基本觀點與李贄一樣，都認為傳教士們「欲以天主學行中國，此其意良厚」、「欲以所學易吾周孔之學，則又太愚。」並且，這也絕不僅僅只是傳教士們單方面「教理之獨特性不彰」所導致的不良後果，而是一個偉大民族主流知識分子群體在精神傳承與思想創造上返本歸根、返本開新的自然流露；不僅是「以耶穌之是非為是非」與「以孔子是非為是非」之爭的理論問題，更首要、更重要的是「基督本位」與「中華本位」之爭的實踐問題。明清時期耶儒接觸伊始「互動性」之強之深，於此可見一斑。

2、「龍華民路線」的耶儒衝突

「龍華民路線」主要表現為耶儒之間的衝突，主題是「神權」、「皇權」，原因是「名不正則言不順，言不順則事不成」。

與天主教相關的代表人物是龍華民、羅馬教宗克萊門十一世、本篤十四世等。利瑪竇以非常開放的心態對待中國的思想文化與風俗習慣，在很好的人格魅力與人脈關係的基礎上，處處都極為審慎地採取靈活的適應策略，成功開創了天主教在華傳教事業[24]。但他卻並未因此而對繼續開拓傳教事業的艱難處境掉以輕心，據記載，去世之前，他就曾對守護其旁的修士們說：「我給你們打開了一扇大門，從這扇門進去，可以建立許多大的功勞，

23　何俊：《西學與晚明思想的裂變》，第三章「以耶易儒或以耶補儒」，頁116、118。

24　具體內容請參閱本書第二章第二節「利瑪竇補儒合儒的適應哲學」。

當然你們要煞費苦心，也有許多的危險。」[25]果然，在利瑪竇去世不到六年（1616），便發生了南京禮部侍郎沈漼策動的南京教案，隨後（1659 年）又發生了北京欽天監楊光先所策動的第二次聲勢浩大的排教運動。可悲的是，耶穌會繼利瑪竇之後負責在華傳教事業的龍華民並沒有利瑪竇洞察世事、與主同工的大智大慧，不僅沒有聽從利瑪竇憂慮深重的勸誠，反而對利瑪竇生前的適應策略進行發難：反對借用中國經典中「天」、「上帝」的名稱指代「天主」，明確指出其內涵不配為「天主」；反對中國天主教徒參與傳統的祭孔祭祖活動，明確將其定性為偶像崇拜。認為利瑪竇的傳教政策繼續下去，必將會導致異端，罪無可恕，所謂「名不正則言不順，言不順則事不成。」在他的主持與堅持下，再加上兩次排教運動中傳教士們積累起來的怨憤，耶穌會、方濟各會、多明我會等在華修會態度上很快達成一致並上報羅馬教廷，促使羅馬教廷頒佈禁止使用「天」、「上帝」指代「天主」、禁止中國天主教徒參與祭孔祭祖活動的諭令，從而挑起了羅馬教廷、天主教徒與中國朝廷、士大夫們之間大範圍、長時間的嚴重正面衝突，即所謂「禮儀之爭」[26]，最終導致清政府驅逐

---

[25] 雲先、克魯寧：《西泰子來華記》（香港：香港公教真理會，1967年），頁 241。轉引於顧衛民：《基督教與近代中國社會》，頁 47。

[26] 「這次爭論中至少涉及了不同態度的四方：1、為中國禮儀辯解的耶穌會士；2、強烈反對耶穌會的其他修會，如多明我會、方濟各會、奧斯丁會、巴黎外方傳教會；3、對在華傳教士的糾紛難下判斷而又必須作出裁決的羅馬教廷；4、因外國教士和教皇干涉中國事務而終於惱怒的康熙皇帝。」「18 世紀的歐洲基督宗教處於大分裂之中，……在北京，不同國家背景的傳教士都是分堂傳教的。……他們在中國傳教問題上看法有很大差別。既然不同國際背景導致了不同的傳教表現，我們就

不肯遵守「利瑪竇路線」的傳教士，並果斷採取禁教國策，傳教事業一度中斷[27]。

　　與儒家相關的代表人物是沈㴶、楊光先、康熙、雍正等。很顯然，這一階段由天主教主動發起的「禮儀之爭」，粗暴對待華夏民族幾千年的文化傳統與風俗習慣，看似為了防止異端的危險傾向抑或覲見禮儀三跪九叩對天主的褻瀆，本質上乃是各派修會為了維護它們天主教神權的專制性。同樣，康熙、雍正果斷採取的禁教國策，看似為了維護儒家的正統抑或天朝上國皇帝一貫的尊嚴，本質上則是為了維護其皇權統治下社會的穩定性[28]，其後一直延續 300 多年曠日持久的「禮儀之爭」真正嚴重衝突的對立方乃是世俗價值中的「皇權與神權之爭」，並非神聖價值中的天

　　應該特別重視他們在到達中國以前的經歷，就可以看出他們在華的所作所為並不是偶然的。」（李天綱：《跨文化的詮釋：經學與神學的相遇》（北京：新星出版社，2007 年），頁 277、248）「方濟會士和道明會士在皈依文盲大眾時，不考慮任何適應問題。他們認為任何先於福音到來之前的東西都是迷信和偶像崇拜，是福音化的勁敵，是無可救藥的，所以在確立基督教真理之前只能摧毀它們。」（柯毅霖著，王志成、思竹譯：《晚明基督論》（成都：四川人民出版社，1999 年），頁 91）

27　「禮儀之爭」綿延 300 多年，其豐富內容當然遠遠不止本書所剪裁的幾個關鍵部分，全面評介可參看孫尚揚《一八四〇年前的中國基督教》第十章「禮儀之爭始末」、鄧恩《從利瑪竇到湯若望——晚明的耶穌會傳教士》第十七章「禮儀問題」兩篇專論，以及李天綱《中國禮儀之爭：歷史、文獻和意義》、吳莉葦《中國禮儀之爭：文明的張力與權利的較量》兩部專著。

28　「如果正統的儒家意識形態發生了偏離，必將引起政治、經濟體制的變動和危機，最終造成整個社會結構的解體和根本性變革。」趙林：《中西文化分野的歷史反思》，頁 131。

主教信仰與儒家倫理之爭：假設當時作為官方意識形態的是也有一整套全民安之若素的中國禮儀的佛教或道教（儘管它們與儒家相比更具出世性與偶像崇拜），假設當時傳入的也是有著各種教派明爭暗鬥而國外教宗又鞭長莫及的猶太教或伊斯蘭教（儘管它們與基督教相比更重現世性與倫理行為），本質上完全相同的一場世俗爭奪同樣不可避免。因此對立雙方都不能算作基督教與儒家基本精神的真正代表[29]，這一點我們在沈㴐與楊光先策動的兩次排教運動中看的更加清楚。概而言之，兩次教案中給傳教士安置的罪名主要有三個：「（一）潛謀造反，（二）邪說惑眾，（三）曆法荒謬。」[30]從學界已有的眾多研究成果來看，這三條主要罪狀都難逃「欲加之罪、何患無辭」的「莫須有」之責，大多是出於政治原因的私心，集結朋黨、謀取私利，真正有德行的天主教徒大可「嗤之以鼻」、「不屑一顧」，唯有「邪說惑眾」中以崇尚孝道來反對天主教禁止祭孔祭祖一條，雖然也被排教者作為冠冕堂皇的理由恣意利用，並且從西方天主教的純粹信仰來看，祭孔祭祖也確實難逃偶像崇拜的嫌疑，但被譽為「泰西儒士」「西來孔子」的繼承者們心中在享其美名之時終究不能對友好的中國人沒有虧欠與負疚。由此反觀利瑪竇對中國文化傳統的尊重與適應，是何等的英明果斷與深謀遠慮。尤其是當我們聯繫到橫亙 300 多年的禮儀之爭直到 1939 年教宗庇護十二世簽署的

---

[29]　因此，不管是回顧歷史還是開創未來，我們都完全不必為下面這種常見的學術觀點而傷感與悲觀：「談論儒耶對話，『中國禮儀之爭』是一件令人沮喪的事情。」李天綱：《跨文化的詮釋：經學與神學的相遇》，頁 297。

[30]　王治心：《中國基督教史綱》，頁 93。

通諭《眾所周知》才宣告結束，而通諭的態度與內容竟然與利瑪竇「補儒」「合儒」的策略並無本質區別的時候，相信任何從事文明交流領域的工作者在對歷史變遷更深地唏噓不已之時對利瑪竇更高的敬意也會油然而生。誠如研究者所言，「歷史的發展給問題的最終解決提供了契機，20 世紀初，在外力和內部變遷的交互作用下，中國的社會制度、文化都在蘊育著激劇變化。1905年科舉制度的廢止，使敬孔成為歷史（雖然後來還有反復），1911 年，封建王朝的覆滅使祭天不復存在；啟蒙話語的輸入和勃興使一些迷信活動成為科學的對立面，祭祖雖然遠未消失，但已不像以前那樣成為個體身分認同的絕對條件；信教自由亦載於民國憲法。同時，羅馬教廷雖然仍持守其傳統，但由於近現代神學思潮的衝擊以及現代社會本身對天主教的影響，也不得不改變以前那種宗教裁判所的獨斷，而顯得較為寬容，尤其是對異族文化的態度，已不像以前視一切異教為魔鬼。雙方面的變化，使得『禮儀之爭』的最後解決成為勢所必然。」[31]

　　總結來說，這一階段耶儒融合的成功經驗可以簡單概括為：互動雙方應該「求同存異」，互相尊重、互相包容，在成人之美的同時成己之美[32]。耶儒衝突的失敗教訓也可以簡單概括為：成

---

[31]　孫尚揚、鍾鳴旦：《一八四○年前的中國基督教》，頁 363-364。

[32]　正如研究者所言，「虛涵對方，尊重對方……這次前無古人的中西文化對話，雖有幾多曲折，幾多縈回，卻最終建構起溝通的管道，達成某種程度上的共識，……歷史上著名的西學東漸、東學西傳才成為可能，對世界文明進程起到了不可或缺的推動作用。……為異種文化之間的溝通提供了最早的範本。」馬琳：〈《三山論學記》中關於「天主」觀念的文化對話〉，《世界宗教研究》1997 年第 4 期。

教之美，橫向上看，在神不在形（在內不在外、在人不在禮、在聖不在俗），所謂「人而不仁如禮何，人而不仁如樂何」；縱向上看，過猶不及，事緩則圓，應當超越世俗功利與派系之爭，與時偕行，事窮自變，變則求通，通方可久。耶穌冒猶太教之大不韙在安息日治病救人，甘心捨命流血，而後基督教大行於世，不也正是仁者反求諸己──直契天命、超越世俗禮制、在成人之美的同時成己之美並成教之美的好榜樣嗎？！

三、近現代基督新教與儒家的互動

顏炳罡教授在《心歸何處──儒家與基督教在近代中國》中認為：「自 1807 年馬禮遜抵中國始至 20 世紀 40 年代末，這是基督教傳入中國之第四期。……在這一時期中國共發生了三次大規模的反基督教運動。其一，以曾國藩為代表的儒家知識分子，與以洪秀全為代表的以基督教教義武裝起來的太平軍之間的武力衝突；其二，起於山東，席捲中國北方的義和團反洋教運動；其三，20 世紀 20 年代知識分子的『非基運動』。第一次衝突是儒家與基督教之間的直接衝突，第二次衝突與儒家有關係，第三次衝突與儒家關涉最少。其間，儒家與基督教之間的融合也出現了三次高峰：第一次發生在太平天國時期，第二次出現在戊戌變法時期，第三次出現在 20 世紀三四十年代。第一次儒家與基督教融合是洪秀全站在基督教立場，融合儒家思想某些因素乃至中國民間信仰的某些成分，力圖實現基督教的中國化，創立一種適合自己造反需要的新基督教──拜上帝教。而某些傳教士有感於儒家知識分子對基督教的情緒化反抗和民間社會對基督教的厭惡與

憎恨，力圖調和儒家與基督教，化解矛盾。這一次儒家與基督教融合的主動者為基督教人士。第二次是康有為、譚嗣同等人力圖借鑒基督教的組織形式，實現儒學的宗教化以達保教之目的。這次儒家與基督教融合的主動者是儒家人士。第三次是發生於「非基運動」之後的中國基督教人士努力從事『本土化』或『本色化』運動。」[33]筆者在此基礎上，進一步將這個時期的耶儒互動時間延伸至 20 世紀末，大體上細分為四個發展階段：太平天國運動時期、變法維新改良運動時期（包括洋務運動、義和團運動、戊戌變法運動）、辛亥革命運動與民國前期（包括孔教運動、新文化運動、非基督教運動）、基督教本色化運動與現代新儒家活動時期。

1、太平天國運動時期（約 1840-1860）

　　這一時期的耶儒互動看似既有融合，又有衝突，實則既未融合，也未衝突，而是主要表現為洪秀全的專制皇權思想與民間宗教信仰分別和儒家學說與基督教學說的衝突，在根本上背離乃至糟蹋了儒家「修己以安人」與基督教「三位一體」的真精神。既然洪秀全並不能代表儒家，與其接觸的基督教方面代表羅孝全、艾約瑟、富禮賜等人也就談不上與儒家發生真正意義上的互動了。同樣，作為鎮壓太平天國運動一方深受儒家影響的曾國藩等人，也並未與洪秀全等人主張的所謂基督教信仰和義理發生互

---

[33]　顏炳罡：《心歸何處——儒家與基督教在近代中國》（濟南：山東人民出版社），頁 35-36。

動[34]。

　　作為科考儒生的洪秀全其實並沒有真正理解儒家王道。1837
年洪秀全一度以為自己將不久於人世，在病榻上對父母說：「我
的日子不多了，我快死了。父母啊！我不能報答大恩，不能一舉
成名顯揚父母了。」[35]所謂「人之將死，其言也善」，這句話將
其思想中最核心最根本的內容展露無遺。這種在中國漢唐以降歷
代讀書人的家庭中非常普遍的孝觀念往往被視為儒家的代表思想
之一，因為不僅《論語》中孔子曾經說過「君子疾沒世而名不稱
焉」、「四十五十而無聞焉，斯亦不足畏也已。」孔子的學生有
子曾經說過：「其為人也孝弟，而好犯上者，鮮矣；不好犯上，
而好作亂者，未之有也。君子務本，本立而道生。孝弟也者，其
為仁之本與！」而且以《春秋三傳》、《三禮》為代表的儒家經
典及其歷代注解中，將「揚名」與「孝親」聯繫起來的可謂比比
皆是。殊不知，不管是在《論語》《春秋三傳》《三禮》中，還
是在歷代大儒的注解中，強調揚名與孝親都有一個共同的基礎與
正道——「立身」「修身」、「盡性」「成性」，正如《論語》
所言：「富與貴，是人之所欲也；不以其道得之，不處也。貧與
賤，是人之所惡也；不以其道得之，不去也。君子去仁，惡者成
名？君子無終食之間違仁，造次必於是，顛沛必於是。」「子
曰：『飯疏食飲水，曲肱而枕之，樂亦在其中矣。不義而富且
貴，於我如浮雲。』」「子路問『君子』。子曰：『修己以

---

[34]　另外，洪仁玕雖然對太平天國的基督教觀念有所修證，但並非基於儒
　　　家，也未對耶儒互動產生影響。

[35]　轉引於夏春濤：《天國的隕落：太平天國宗教再研究》（北京：中國人
　　　民大學出版社，2006年），頁12。

敬。』曰：『如斯而已乎？』曰：『修己以安人。』曰：『如斯而已乎？』曰：『修己以安百姓。修己以安百姓，堯舜其猶病諸。』」可是漢唐以下，揚名與孝親的這種基礎與正道被獨裁君主明顯或不明顯的皇權專制與市井小民自覺或不自覺的個人私欲所架空、所扭曲，從而使得「揚名」與「孝親」之間聯繫的紐帶從「君子喻於義」「君子求諸己」向著「小人喻於利」「小人求諸人」畸形變態，尤其是在君主自上而下明顯的思想專制與小民自下而上自覺的功利私欲聯手打造下，「揚名」與「孝親」之間的紐帶被片面化、狹隘化為「君臣之間賞罰予奪的功利關係」這條獨木橋，完全喪失了聖人敦仁盡孝的立教本旨，《孝經》「天子章第二」──「諸侯章第三」──「卿大夫章第四」──「士章第五」──「庶人章第六」之前的〈開宗明義章第一〉說「身體髮膚，受之父母，不敢毀傷，孝之始也。立身行道，揚名於後世，以顯父母，孝之終也。夫孝，始於事親，中於事君，終於立身」就是一個典型的理論代表。所謂「立身行道」、「終於立身」等樸實的詞彙不過是以「天子──諸侯──卿大夫──士──庶人」為功利架構、以「揚名於後世」為世俗目標所建造起來的形象工程中一些外在裝點而已。洪秀全病重時的真情流露正是深受這一貌似仁愛王道實為專制霸道的思想影響，縱觀洪秀全一生行事，幾乎全是追求外在功利目標的作為，我們很難見到作為儒家核心要義的「反身」、「修道」在他身上有所體現，雖然他早期還未能完全擺脫儒學影響的時候，也曾在《原道救世歌》說，「勿拜邪神，須作正人；不正天所惡，能正天所親。……歪俗移人誰挺立，但須改過急自新。顏回好學不貳過，非禮四勿勵精神。過而能改方無過，古人所以誨諄諄。自古君師無異任，只

將正道覺斯民。自古善正無異德，只將正道淑其身。凡有血氣心知者，何可亂常而敗倫。凡屬頂天立地者，急宜返璞而歸真。……孝親即是孝天帝，培植本根適自榮。逆親即是逆天帝，戕伐本根適自傾。……細行不矜終累德，堅冰未至慎履霜。禹稷勤勞憂饑溺，當身而顯及後狂。周文孔丘身能正，陟降靈魂在帝旁。……積善之家有餘慶，積惡之家有餘殃，順天者存逆天亡，尊崇上帝得榮光。」[36]在《百正歌》說：「真正作善作正，真正鬼服人欽，真正民安國定，真正邪魔遠避，真正天心順應。堯舜化日光天，由為君能正；禹稷身顯後狂，由為臣能正。周家麟趾興歌，由為父能正；虞廷瞽瞍底豫，由為子能正。周文歸心八百，乃以正事不正；孔丘服教三千，乃以正化不正。湯武天應人順，乃以正伐不正；……正乃人禽攸分，正乃古今所敬，正乃天爵尊崇，正乃人生本性。能正可享天堂福，不正終歸地獄境。正可立地頂天，正可靖奸攝佞，……身不正，民從所好；身能正，民從所令。身不正，親戚所畔；身能正，天下所信。」[37]諸如此類的論述看似與儒家思想一脈相承，實則不過是得其皮相、玩弄光景而已，和儒家己立立人修身治國的道德思想不可同日而語，我們不能據此而言洪秀全斷絕科舉之念撤除孔子牌位之後又復歸傳統儒學，從立論初衷上來講，這只是他在革故鼎新之時缺乏新的精神資助彷徨無主而不得不回吃老本的無奈之舉。因此，他當然也不是想要通過自己的實際德性與修行去感化別人，不過是暫時借助傳統儒家道德這一收拾人心的利器來達到自己傳教的目的

---

[36]　洪秀全：《洪秀全集》（廣州：廣東人民出版社，1985 年），頁 6-10。

[37]　洪秀全：《洪秀全集》，頁 10-11。

而已。當他跟隨羅孝全接受了短短三個月較為正規的基督教訓練，對新的理論稍有認識之後，態度便急轉直下，由溫和的德性改良主義而至於激進的政治革命主義，基督教思想的成分立馬取代傳統儒學占據了主導地位。「爾凡人良心死盡、大瞞天恩，究與妖魔同犯反天之罪，何其愚哉！……明明有至靈至顯之真神，天下凡間大共之天父，求則得之，尋則遇著，扣門則開，所當朝朝夕拜而不拜，而拜無知無識之木石、泥團、紙畫各偶像，有口不能言、有鼻不能聞、有耳不能聽、有手不能持、有足不能行之蠢物，抑又愚矣！……天下凡間我們兄弟姊妹，可不醒哉！若終不醒，則真生賤矣，真鬼迷矣，真有福不知享矣！明明千年萬萬載在天上永遠快活威風，如此大福都不願享，情願大犯天條，與魔鬼同犯反天之罪，致惹皇上帝義怒，罰落十八重地獄受永苦，深可憫哉！良足慨已。」[38]最終收歸於上帝信仰，這才是他的立論目標。同樣的道理，《原道醒世訓》中說：「唐虞三代之世，天下有無相恤，患難相救，門不閉戶，道不拾遺，男女別塗，舉選尚德。堯、舜病博施，何分此土彼土；禹、稷憂溺饑，何分此民彼民；湯、武伐暴除殘，何分此國彼國；孔、孟殆車煩馬，何分此邦彼邦。蓋實見夫天下凡間，分言之，則有萬國，統言之，則實一家。皇上帝天下凡間大共之父也，近而中國是皇上帝主宰化理，遠而番國亦然；遠而番國是皇上帝生養保佑，近而中國亦然。天下多男人，盡是兄弟之輩，天下多女子，盡是姊妹之群，何得存此疆彼界之私，何可起爾吞我並之念。是故孔丘曰：『大道之行也，天下為公，選賢與能，講信修睦。故人不獨親其親，

38　洪秀全：《洪秀全集》，頁 17-20。

不獨子其子，使老有所終，壯有所用，幼有所長，鰥寡孤獨廢疾
者皆有所養。男有分，女有歸。貨惡其棄於地也，不必藏於己；
力惡其不出於身也，不必為己。是故奸邪謀閉而不興，盜竊亂賊
而不作，故外戶而不閉，是謂大同。」」[39]《天朝田畝制度》中
說，「務使天下共用天父上主皇上帝大福，有田同耕，有飯同
食，有衣同穿，有錢同使，無處不均勻，無人不飽暖也。……天
下皆是天父上主皇上帝一大家，天下人人不受私，物物歸上主，
則主有所運用，天下大家處處平勻，人人飽暖矣。此乃天父上主
皇上帝特命太平真主救世旨意也。」[40]諸如此類的論述也看似儒
家大同觀念的傳承與發揚，實則本質上也是他個人政治野心在幻
想中的美化、滿足與實現，並非真的對其心悅誠服、渴慕萬分。
一言以蔽之，儒家思想在洪秀全的精神結構中，自始至終都只是
表層與皮相。正因為洪秀全一開始就對儒家的立身修道居仁由義
從未有過真實的親身體驗與精神收穫，其後才會對儒家的聖人與
經典顛三倒四地為所欲為。

　　同樣，作為上帝教教主的洪秀全也並沒有真正理解基督教的
三位一體信仰。儘管基督教看似拜上帝教的創教之源，但它在洪
秀全思想中的地位並不比儒家的皮相處境更加靠近內核。洪秀全
一開始接觸、接受基督教的原因就是由於深感《勸世良言》中的
基督教教義與他病中升天、受命下凡、斬邪留正、拯救世人的夢
幻經歷與政治野心兩相契合，於是一部被冷落七年之久的小冊子
在書主人「潛心細讀」「遂大覺大悟」之後轉而被視為「天賜奇

39　洪秀全：《洪秀全集》，頁 12。
40　洪秀全：《洪秀全集》，頁 168。

書」，成為他發洩現實不滿、衝破傳統藩籬、創立拜上帝教的思想依據。1843 年以後，對於因科考屢屢受挫而堅定與清朝徹底決裂、建立新朝的洪秀全來說，又「全」又「高」又「新」[41]的外來基督教無疑能雪中送炭。因此，洪秀全之所以選擇基督教，最根本的原因是在他看來基督教作為反清建新、衝破傳統藩籬的工具最為好用。比如基督教嚴厲禁止偶像崇拜、只拜「獨一真神」這一點就很合他反孔反皇的口味與心意，而基督教信仰上帝、以神子耶穌為世人贖罪又恰好給他順天應民神化自身的夢想成真提供了很好的現成範本，再比如基督教崇尚以耶穌基督為仲介、兄弟姐妹間平均平等互愛互助團結向上的思想也使他組織群眾武裝鬥爭的野心謀略正中下懷。正為如此，梁發的《勸世良言》這本「天賜奇書」才讓革故鼎新關鍵之時的他有一種「大覺大悟」的精神洗禮與身心皈依的感覺。「我們借著洗禮歸入死，和一同埋葬，原是叫我們一舉一動有新生的樣式，像基督借著父的榮耀從死裡復活一樣。」（羅馬書 6：4）大病初愈的洪秀全仿佛經歷了與保羅一樣「埋葬舊思想」、「從死裡復活」的宗教體驗，找到了新的精神動力與奮鬥方向。換言之，「居心不正」的洪秀全所認識所接受的基督教，並不是一般的基督徒所信仰的基督教，而是一個恰好能供其所求、為其所用的宗教手段或思想利器，是其神化自我的俗世工具而非超世目的。因此，他雖然前前後後有過許多類似於「吾儕罪惡實滔天，幸賴耶穌代贖全。勿信邪魔遵聖誡，惟崇上帝利心田。天堂榮顯人宜慕，地獄幽沉我

---

[41]　「耶和華必作全地的王，那日耶和華必為獨一無二的」（撒迦利亞書
　　14：9）；「一舉一動有新生的樣式，像基督藉著父的榮耀從死裡復活
　　一樣」（羅馬書 6：4）。

亦憐。及早回頭歸正果，免將方寸俗情牽」[42]這樣讚美上帝、耶穌與強調認罪、贖罪的表述，但從頭到尾他都對基督教根本教義「三位一體」與「信、望、愛三大德」並不理解也不想理解。因為他從頭到尾所信、所望、所愛的對象都不是上帝或耶穌，而是一個神化得越來越系統精緻的他自己，他強調「吾儕罪惡實滔天」，其實這個「吾儕罪惡」並不包括他自己，而是指他所不滿的「舊世界」中的一切人和一切事，相應地，他讚美「幸賴耶穌代贖全」，這個「代贖全」也不是指天兄耶穌，而是指作為上帝次子下凡、除舊佈新的他自己。他接受並大力宣傳人人都是上帝子女、天下一家的觀念是為了團結一切可以團結的革命力量去「斬妖除魔」，他接受並創造性地發揮基督教的天堂地獄之說是為了展示一切可以展示的革命成果預開「空頭支票」。

洪秀全為了讓傳教士與所有人都更加相信「天父是我自己的父親，耶穌是我自己的哥哥，和我同由一母所生，天父和天兄使我成為統治者」這個「升天受命」「下凡稱王」的「事實」，莊嚴太平天國與天王的神聖性與合法性。他還根據個人意圖與政治需要「修訂」《聖經》，據英國派駐南京的翻譯官富禮賜說：「他重新解釋《聖經》，我們的注解一點也得不到他的認同。我們最好的蘇格蘭譯本被他用朱筆在每頁的空白處胡亂寫上天意，搞得面目全非。」他不禁詛咒道：「若是在天主教時代，羅馬教皇早就把他燒死了。」[43]同時為了避免在教義上受制於人，洪秀全還公開否認拜上帝教與基督教之間的傳承關係。他甚至將修訂

---

[42] 洪秀全：《洪秀全集》，頁 2。

[43] 轉引於夏春濤：《天國的隕落：太平天國宗教再研究》（北京：中國人民大學出版社，2006 年），頁 155。

後的《新約》改稱《前約》，以強調自己所得到的神諭更新、更具有權威性。並且，與《舊約》、《前約》一起[44]，他還自造《真約》凌駕於二者之上，作為政教合一的拜上帝教中地位最為尊崇的聖經。[45]雖然有研究者認為拜上帝教受《舊約》「摩西五經」的影響更大，因而與猶太教的關係更近，但洪秀全這種「以皇權凌駕於神權」（神化個人、貶低上帝）、肆意僭越、褻瀆神靈的作法，顯然是猶太教、基督教、伊斯蘭教等任何一神信仰的宗教信徒都絕不能接受的，所以裨治文說：「儘管他們的宗教信條或許多少承認《聖經》的全部或大部教義，但由於無知或曲解（或兩者都有）而帶有謬誤，變得一團糟。」麥蓮說：「不管世界上文明進步的國家曾對太平天國運動抱有何種希望，如今已很明顯，他們既不信奉也不理解基督教，……他們的內政政策與宗

44　「『郭實臘譯本』，尤其是修訂的《救世主耶穌新遺詔書》曾流傳於太平天國軍隊中，太平天國政權的文告中引用的《聖經》經文大多摘自其中。……洪秀全於 1953 年欽定出版了好幾部以『郭實臘譯本』為根據、經過刪節的所謂『聖經』，……據說，洪秀全手下有 500 人從事聖經的漢譯和改編工作。」任東升：《聖經漢譯文化研究》（武漢：湖北教育出版社，2007 年），頁 131-132。

45　據研究，直到 1861 年才正式出現的《真約》由以下兩部分組成：「1、記載天父天兄聖旨以及天父天兄下凡活動的書籍。計有 7 種 8 部，分別是《天條書》（1852）、《天命詔旨書》（1852）、《天父下凡詔書》（1852 年第一部、1853 年第二部）、《天父上帝言題皇詔》（1853）、《天父詩》（1857）、《天兄聖旨》（1860）。……2、記載洪秀全升天受命及其下凡作主之行跡的書籍，計有 2 種 2 部，分別是《王長次兄親目親耳共證福音書》（1860）、《太平天日》（1862）。」夏春濤：《天國的隕落：太平天國宗教再研究》，頁 160。

教信仰緊密結合在一起，因此，任何反對他們對《聖經》真理做極端錯誤理解的嘗試，都會引起與他們內政機構的衝突。」麥華陀等人也說：「東王有關上帝的臆說竟是如此褻瀆和令人噁心，以至於完全動搖了我們原本可能對叛軍自稱篤信基督教所抱的任何希望。」[46]

洪秀全這種以皇權駕馭神權為基礎的政教合一的具體革命計畫當然不是基督教抽象的「三位一體」觀所能應允與保障的，所以 1861 年傳教士艾約瑟撰寫《上帝有形為喻無形乃實》來論述三位一體並批評神人同形同性的時候，洪秀全針鋒相對地將艾文的題目直接改為《上帝聖顏惟神子得見論》，對其內容進行評點，闡述神人同形同性，所謂「發現傳教士們的敘述是錯誤的，他總給予修改並退回」[47]。另外，根據研究者統計，「1860-1861 年，他在《欽定舊前遺詔聖書批解》中，花了大量筆墨批判三位一體。洪秀全對聖經的批解共計 82 條，其中批駁三位一體的批解即達 24 條，占近 1/3。他反復強調，上帝是上帝；耶穌即基督，是上帝之子；聖靈是東王，不是上帝；聖神指上帝，聖神風即聖神上帝之風，風指使風者東王。如此則父子、兄弟名分分明。為了把這種解釋與獨一真神說協調起來，洪秀全又強調上帝是獨一的，基督不是上帝。這樣看來，太平天國的『獨一真神』，實際含義是『獨一真帝』，是上帝獨尊，上帝至尊。太平天國的一神論實際上是一帝論。這與基督教是完全不同的。」[48]

---

[46] 夏春濤：《天國的隕落：太平天國宗教再研究》，頁 272。

[47] 崔之清、胡臣友：《洪秀全評傳》（南京：南京大學出版社，1994年），頁 88。

[48] 崔之清、胡臣友：《洪秀全評傳》，頁 263。

事實上，洪秀全「一帝論」的本質乃是「皇權專制」假託「自我神化」與「神靈附體受命」的神人同形同性論，基督教只是不幸成為洪秀全開創新朝這一政治大局中「衝鋒陷陣」「始亂終棄」的一枚棋子而已。[49]

總體來說，這一時期耶儒互動在洪秀全及其所領導的太平天國運動身上並沒有得到真正的體現，儒家和基督教作為洪秀全實現個人政治抱負歪曲利用的思想武器，都遭到了差不多同等程度的破壞，它以生動的反面案例給我們留下了深刻的教訓，簡單概括來說：儒家和基督教任何時候都應該作為個人修行目的而非個人或集體實現功利的工具而存在，否則，不僅耶儒之間不可能產生真正有益的互助互動，而且對於耶、儒自身的發展來講，其「工具性」越強，「被破壞」越大。

2、變法維新改良運動時期（約 1860-1900）

這一時期的耶儒互動既有衝突也有融合，衝突的原因與內容主要在政治、經濟方面，衝突雙方是社會中下層地方官紳、普通民眾與外來教會入侵勢力，而融合的原因與內容在思想、精神方面，儒家方面的代表人物有李鴻章、張之洞、康有為、譚嗣同、梁啟超等人，基督新教方面的代表人物有理雅各、李提摩太、林樂知、丁韙良、李佳白、花之安等，從中國哲學的角度來看：衝突為表層，而融合很深刻，並且這種深刻是來自儒家方面，主要體現在康有為、譚嗣同改良哲學的思想體系中[50]。「如果說，在

49　具體分析請參閱本書第二章第三節相關內容。

50　請參閱本書第四章第二節相關內容。

17 世紀至 18 世紀，耶穌會士如利瑪竇、艾儒略等宣導了天主教與儒家思想結合的話，那麼，在 19 世紀，馬禮遜、慕維廉、理雅各、李提摩太、林樂知、丁韙良、李佳白和花之安等新教傳教士，更是承襲了利瑪竇的『文化適應』方略，成為『新教的耶穌會士』。」[51]筆者通過審閱這一時期基督教方面代表人物的觀點，發現他們的心態與思想總體上都沒有超出本書第二章所述利瑪竇適應哲學的範圍，因此本節存而不論。

1840 年到 1860 年的兩次鴉片戰爭不僅將中國上至皇廷下至鄉村的世態人心打得支離破碎、動盪不安，而且西方列強使用霸道武器痛下狠手逼迫腐敗無能的清政府簽訂了一系列割地賠款、喪權辱國的不平等條約，使得中國在政治經濟上變成半殖民地社會、民不聊生的同時，也被強制性地解除了康乾以來一百多年的禁教國策，用炮火轟開、炸平了早年沙勿略等人夢寐以求傳教立功的「流奶與蜜」之地，開始對中國社會進行全面的文化殖民，「1860 年以後，英、法、美、俄、德、意、西、葡等國傳教士以不平等條約為依據，挾艦船利炮之餘威，胸配十字，手捧新、舊約書，帶著文明的優越感和對中華民族的傲慢，從四面八方蜂擁至中國。由沿海而內地，由都會而窮鄉僻壤，無不留下傳教士的足跡和身影。在中國『每一個山頭和每一個山谷都設立起光輝的十字架』，這一早期的叫囂變為實際行動，『是為基督教在華

---

[51] 顧衛民：《基督教與近代中國社會》，頁 208。由於本書第一章已經專門分析了利瑪竇的適應哲學，因此也不想在此多費筆墨介紹這一時期「像利瑪竇一樣」的新教傳教士，相關論述可參看顧衛民：《基督教與近代中國社會》，頁 208-214；顏炳罡：《心歸何處——儒家與基督教在近代中國》，頁 106-108。

傳佈史上一大變局」。『從此，外人傳教活動，即如水銀瀉地，中國的整個國土皆成了他們合法布教的範圍』。傳教士開始滲透到中國社會的政治、經濟、文化、思想、教育、出版、醫療、風俗習慣等各個方面。」[52]身受兩千多年儒家文化深沉憂患意識與自強不息精神浸潤的中國人民在面對種種可能亡國、亡種、亡教的重大危機與災難之時當然不會坐以待斃或逃遁隱避，必然要奮發圖強。於是緊接著便有了：上層社會知識精英們主動心靈攻防的重大理性舉措，即 1861 年至 1894 年之間旨在「睜眼看世界」「師夷長技以制夷」的洋務運動[53]；以及下層社會無辜懵懂民眾被動情緒反抗的非理性舉動，即 1900 年的義和團反洋教運動[54]；還有身分介於上層知識精英與下層懵懂民眾之間而行為介於理性與非理性之間、主動與被動之間的以官紳為代表的地方傳統勢力，與教會入侵勢力因為政治抗衡、利益糾紛、習慣衝突等原因而導致的大面積長時間的排外活動，地方民眾保守、害怕、無知、成見、盲目、逆反、厭惡、仇視、嫉妒、壓迫、屈辱、激憤、熱血、冷漠、亢進等等各種複雜情緒與矛盾心理緊密交織在一起，在與教會與傳教士們「奪華人之利」、「奪華人之心」、「多了一個基督徒，少了一個中國人」的對峙與撞擊中，激烈而持久地爆破、噴發，引發了一系列教案。據統計分析，從鴉片戰爭到義和團運動，全國大小教案多達四百餘起，而大部分集中在

---

[52]　顏炳罡：《心歸何處——儒家與基督教在近代中國》，頁 83。

[53]　雖然魏源、張之洞等人思想也成自成體系，並且也有對基督教的相關論述，但總體上來講，不如康有為、譚嗣同身上表現得系統而深刻。

[54]　相關研究可參看顏炳罡《心歸何處——儒家與基督教在近代中國》第三章「從文化義和團到行為義和團」。

1860-1900 年之間[55]。

　　「通觀儒家知識分子對這場挑戰的回應，大致有三種方式，即排斥式、防範式和汲取式。一般說來，鄉間儒生紳士及上層保守官吏多採取排斥式，而洋務派知識分子多採取防範式，維新派儒家知識分子則多取汲取式。」「在傳教士，孔子＋耶穌，最終是孔子皈依耶穌，以實現中華歸主之夢，使中國成為基督之國。而維新派模仿基督教的組織形式，促使儒學向宗教形態轉化，最終是要建立名副其實的孔教之國，使耶穌服務於中華」[56]。可以說，美國傳教士丁韙良 1890 年總結其他傳教士在華傳教「補儒」、「合儒」成功經驗而提出的「孔子＋耶穌」這一公式隱含的「超儒」目的被德國傳教士安保羅的《救世教成全儒教說》完全放射出來了，他驕傲地直言不諱：「儒教孔子，人也；耶穌，上帝之子也。救世教之真光迥異於儒家之上。……當今之時，孔

---

[55] 參見張力、劉鑒唐：《中國教案史》（成都：四川省社會科學出版社，1987 年），頁 388-429。在以儒教為國家意識形態的晚清社會，很多教案自然都是以所謂儒生與儒學排斥基督教，但總體來說，二者之間的義理衝突，基本上都很粗淺，官紳們排教的主要原因在心理情緒上而不是在思想精神上，根源還是在於國人對歐美列強逼迫清政府割地賠款的仇視與痛恨以及全國各地基督教的強勢入侵所引起的經濟糾紛。「據臺灣學者陳銀崑統計，從 1860 年到 1899 年，教案賠款呈逐漸增加的趨勢。總計 40 年間中國償付的賠款為 5262785 兩。『這個資料顯然已經遠遠超過了教會在教案中房舍與財務的損失。它所包含的實際是列強與教會的總體相關利益。』（陳銀崑：《清季民教衝突的量化分析 1860-1899》，臺灣師範大學碩士學位論文，1980 年，頁 246-254）」轉引於楊天宏：《基督教與民國知識分子：1922 年-1927 年中國非基督教運動研究》（北京：人民出版社，2005 年），頁 11。

[56] 顏炳罡：《心歸何處——儒家與基督教在近代中國》，頁 106、107。

子若再生於中國，必願為耶穌之徒也」。[57]在所有的傳教士眼中，孔子的地位再高，也是個人，最多不過是像摩西一樣感知、傳播神意與真理的先知、聖人，而絕不是像耶穌基督那樣，是一個三位一體的神——真理本身。這在基督徒來說，雖是再正常不過的邏輯，但對儒家文化影響下的中國所有知識分子來說，卻不能接受，因為在他們看來，耶穌也不過是晚生於孔子 500 多年的一個人：「謂孔子、佛老皆周時人，僅閱二千餘歲，有名字朝代，但為人中之一人，不能宰製萬有，則耶穌詎非西漢末人？又安能代神天以主造化？且聖人之生，孰非天之所子？耶穌自稱神天之子，正猶如穆罕默德之號天使，何獨此之代天則是，彼之代天則非乎？」「耶穌而誠全天德之聖人也，則必一言而為法後世，一事而澤被四海，若伏羲、文王之明易象，堯、舜之致時雍，大禹之平水土，周公之制禮樂，孔子之明道德，斯萬世之功也。耶穌有一於是乎？」[58]像魏源一樣，將耶穌等同於人而非認同為神是當時絕大多數中國人的看法，這本是合乎常理的事[59]，

57　安保羅：〈救世教成全儒教說〉，《萬國公報》，光緒二十二年十二月，轉引於楊天宏：《基督教與民國知識分子——1922 年-1927 年中國非基督教運動研究》（北京：人民出版社，2005 年），頁 18。

58　魏源：《海國圖志》（中）（長沙：嶽麓書社，1998 年），卷二十七，頁 839、829。

59　正如龍華民責人之難時所述：「錢麟武博士（天啟年南京禮部尚書）是我們的朋友，他常聽我們的神父講解天主降生救人，但他除了把天主想像為孔子之外再也想不出別的了，因為（對中國人來說）宇宙的本性只有一個：最完美的人……最能代表宇宙基本原理的本性，他們的傑出之處在於能同宇宙本性合一。由此人們必須懂得，耶穌在歐洲享有什麼樣地位，孔子在中國就享有什麼地位和佛陀在印度享有什麼樣的地位。」也正如葉向高與人為善時所言：「天主曾多次化身成人出現在東方，如

然而，當時中國正為歐美列強所挾制、宰割，所有接觸過基督教會與基督徒的知識分子都知道歐美各國以基督為神、為真理，任人宰割的中國人不認同不接受這一點，不僅不能絲毫撼動耶穌基督的地位，反而顯得自己像個井底之蛙、盲目排外，因此，康有為、譚嗣同便反其道而行之，變抑他為揚己，將孔子拔高為神的同時[60]，也學著基督教的作法，將中國各家各派開創的一切思想文明都歸功於孔子，這樣孔子就獲得了與耶穌同等的地位，杜絕了歐美列強與傳教士尊耶貶孔的口實。

一方面，為了在中外知識分子面前都能自圓其說，康有為費盡心思地專著《新學偽經考》和《孔子改制考》，在理論上認定：「天既哀大地生人之多艱，黑帝乃降精而救民患，為神明，為聖王，為萬世作師，為萬民作保，為大地教主。」[61]指出到漢

在堯、舜、孔子等人身上，在王者也在平民身上，所以，他也可能化身為人，出現在西方，如神父所說的耶穌就是。這樣看來，為中國人看來，西方的耶穌，也就是中國的孔子或其他聖人。」轉引於柯毅霖：《晚明基督論》，頁 340、346。

[60] 康有為雖然有意神化孔子，但由於儒家文化強烈的人文精神（而非宗教精神），孔子在他那裡最終仍然是「教主」（人）而非「上帝」（神），並不能與基督教的上帝、耶穌具備同等地位。比如，〈孔教會序〉開篇即言：「中國數千年來奉為國教者，孔子也。大哉孔子之道，配天地，本神明，育萬物，四通六辟，其道無乎不在。故在中古，改制立法，而為教主……蓋孔子之道，本乎天命，明乎鬼神，而實以人道為教」；〈孔教會章程〉第九條說：「孔子最尊上帝，故凡奉孔子教者，當知孔子為立教制法之神明聖王，其道參贊化育，峻極於天，故可以配天。凡奉孔教者，當祀上帝，以孔子配享。」康有為：《康有為全集》（第 9 冊）（北京：中國人民大學出版社，2007 年），頁 341、349。

[61] 康有為：《孔子改制考·敘》，《康有為全集》（第 3 冊），頁 3。

代時「孔子聖道」「孔子真道」便已被劉歆、鄭玄等人篡改、湮亂,「始作偽亂聖制者自劉歆,布行偽經篡孔統者成於鄭玄。閱二千年歲、月、日、時之綿暖,聚、百、千、萬、億衿縷之問學,統二十朝王者禮樂制度之崇嚴,咸奉偽經為聖法,……『六經』顛倒,亂於非種;聖制埋瘞,淪於霿霧;天地反常,日月變色。」[62]康有為力圖越過秦漢而直承孔子,這種作法在思路上與馬丁‧路德越過羅馬天主教會而直承上帝、耶穌基督的作法基本相似,目的就是「欲儕孔子於基督」[63]。康有為這種「極大膽之論」,雖然「對於數千年經籍謀一突飛的大解放,以開自由研究之門」[64],但他到處牽強附會乃至荒誕不經的說法也招致了更多的反對,官方禁止書籍刻印、焚燒印版,民間專家學者則斥為「非儒」「外道」,就連他的門人梁啟超不久之後也明確表示不能苟同。然而,康有為充其量不過是認為現存的「六經」是偽經,堯、舜、禹、湯、文、武、周公其人其事是教主孔子「托人立言」、「托物言志」,總體還不出傳統儒學範圍(今文經學「六經注我」),只是縱向性地調整一下人物、思想的先後順序,而譚嗣同則在橫向上走得更遠。1898 年 2 月,他在南學會演講「論今日西學與中國古學」時說:「絕大素王之學術,開於孔子。而戰國諸儒,各衍其一派,著書立說,遂使後來無論何種新學,何種新理,俱不能出其範圍。蓋儒家本是孔教中之一門,道大能博,有教無類。太史公序六家要旨,無所不包,的是我孔子立教本原。後世專以儒家為儒,其餘有用之學,俱擯諸儒外,

---

62　康有為:《新學偽經考‧敘》,《康有為全集》(第 1 冊),頁 355。
63　梁啟超:《清代學術概論》(北京:中華書局,2010 年),頁 120。
64　梁啟超:《清代學術概論》,頁 8。

遂使吾儒之量，反形狹隘，而周秦諸子之蓬蓬勃勃，為孔門支派者，一概視為異端，以自誣其教主。殊不知當時學派，原稱極盛：如商學，則有《管子》、《鹽鐵論》之類；兵學，則有孫、吳、司馬穰苴之類；農學，則有商鞅之類；工學，則有公輸子之類；刑名學，則有鄧析之類；任俠而兼格致，則有墨子之類；性理，則有莊、列、淮南之類；交涉，則有蘇、張之類；法律，則有申、韓之類；辨學，則有公孫龍、惠施之類。蓋舉近來所謂新學理者，無一不萌芽於是。以此見吾聖教之精微博大，為古今中外所不能越；又以見彼此不謀而合者，乃地球之公理；教主之公學問，必大通其隔閡，大破其藩籬，始能取而遠之中國也。傳有之：『天子失官，學在四夷。』譬如祖宗遺產，子孫棄之，外人業之，迨其業之日新月盛，反詫異以為奇技淫巧，機鈴詭譎之秘術。嗚呼！此可謂數典忘祖者矣！」[65]與康有為相比，譚嗣同是將中國古代一切已有的與中國未來一切該有的有用之學術、思想、科技等統統都納入孔教的範圍，可謂驚世駭俗！中國古代雖然不乏「儒分為八」、「墨出於儒」、「道出於儒」、「法出於儒」等多受儒者認可的說法，但說兵學、農學、商學、縱橫學、刑名學等等也都屬於孔門聖教，恐怕不僅各家學徒會嗤之以鼻，即便傳統的孔門弟子也會斷然排斥以維護正道。但譚嗣同並非智不及此，他勇於冒天下之大不韙，乃是因為當時外來基督教對本土儒家的巨大刺激讓他無法「麻木不仁」，他這樣牽強附會地矯情造作其實浸透著對中華民族與儒家文化的深沉憂患與全副擔當[66]：

65　譚嗣同：《論今日西學與中國古學》（南學會第二次講義），《譚嗣同全集》下冊（北京：中華書局，1981 年），頁 399。

66　「康有為、譚嗣同對孔學無限誇大讓其作為中國文化的全權代表擁有至

「西人之尊耶穌也，無論何種學問必歸功於耶穌，甚至治好一病，賺得數錢，亦必歸功曰：『此耶穌之賜也。』附會歸美，故耶穌龐然而日大。中國儒者專以剝削孔子為務，見霸術，則曰孔門五尺羞稱也；見刑名，又以為申、韓；見兵法，又以為孫、吳，……於是孔子之道日削日小，幾無措足之地。小民無所歸命，止好一世祀一神，甚且一人祀一神，而異教乃真起矣。當柄亦終不失行其教於民也。東漢以後，佛遂代為教之，至今日耶穌又代為教之。耶穌教士曰：『中國既不自教其民，即不能禁我之代教。』」[67]這種思維雖然也可能是受康有為的影響，但我們仔細閱讀譚嗣同的其它著作以後，認為更多的還是他根據自己的本意，仿效康有為《新學偽經考》、《孔子改制考》、《孔教會序》、《大同書》的創作邏輯而導致的，他說，「耶教之亡，教皇亡之也；其復之也，路德之力也。孔教之亡，君主及言君統之偽學亡之也；復之者尚無其人也，吾甚祝孔教之有路德也。」[68]我們從《仁學》中這一段話的意味也能體會出來，康有為不過是「替他出了一口氣」而已。

　　另一方面，為了讓中國普通民眾心中都切切實實地將孔子作為神來敬拜，康有為力圖在實踐上借鑒基督教獨立於政府、專業化的教會體系來發展傳播孔教。1898 年 6 月，康有為在繕錄進呈《孔子改制考》之外，還專門上了《請尊孔聖為國教立教部教會以孔子紀年而廢淫祀折》，主張：「孔子之道，博大普遍，兼

高無上的地位，也由此而承擔過大的責任。」魏義霞：〈孔教、儒家與國學：對中國傳統文化之近代形態的省察〉，《求是學刊》2009 年 9 月。

[67]　譚嗣同：〈上歐陽中鵠〉，《譚嗣同全集》下冊，頁 465。

[68]　譚嗣同：《仁學》，《譚嗣同全集》下冊，頁 338。

該人神，包羅治教，固為至矣。……若不以孔子大教為尊，則人心世道不可問，故今莫若令治教分離，則實政無礙而人心有補焉。夫舉中國人皆孔教也，將欲令治教分途，莫若專職業以保守之，令官立教部而地方立教會焉。首宜定制，令舉國罷棄淫祀，自京師城野省府縣鄉，皆獨立孔子廟，以孔子配天，聽人民男女，皆祠謁之，釋菜奉花，必默誦聖經。所在鄉市，皆立孔教會，公舉士人通六經四書者為講生，以七日休息，宣講聖經，男女皆聽。講生兼為奉祀生，掌聖廟之祭祀灑掃。鄉千百人必一廟，每廟一生，多者聽之。一司數十鄉，公舉講師若干，自講生選焉。一縣公舉大講師若干，由講師選焉，以經明行修者充之，並掌其縣司之祀，以教人士，或領學校，教經學之席。一府一省，遞公舉而益高尊，府位曰宗師，省曰大宗師，其教學校之經學亦同，此則於明經之外，為通才博學者矣。合各省大宗師公舉祭酒老師，耆碩明德，為全國教會之長，朝命即以為教部尚書，或曰大長可也。各國學校，皆隸於教，學生日必頂禮，況我孔子，向專為學校所奉哉？應密其儀節矣，至凡為傳教，奉職講業之人，學業言行，悉以後漢宋明之儒先為法，矩矱禮法，不得少逾，執持大義，匡弼時風。雖或極迂，非政客士流所堪，難從難受，而廉恥節義，有所扶賴，政教各立，雙輪並馳，既並行而不悖，亦相反而相成。國勢可張，聖教日盛，其於敬教勸學，匡謬正俗，豈少補哉？……乞明詔設立教部，令行省設立教會講生，令民間有廟，皆專祀孔子以配天，並行孔子紀年以崇國教。其祀典舊多誣濫；或人神雜糅，妖怪邪奇；或無功德。應令禮官考據經典，嚴議裁汰。除各教流行久遠，聽民奉教自由，及祀典昭垂者外，所有淫祀，乞命所在有司，立行罷廢，皆以改充孔廟，或

作學校，以省妄費，而正教俗。」[69]譚嗣同與康有為抗衡基督教的總體思維相同，只不過康有為強調建立「孔教教會系統」，他則強調建構「孔教教義系統」：「《論語》專記聖人言行，為孔教之真源，群經之秘鑰。方諸耶教，此其《新約》之福音。群經如《詩》、《書》、《儀禮》、《周禮》，其《舊約》乎？《春秋》、《王制》，為變從周改今制之書，亦《新約》之類。《周易》其《默示錄》。《禮記》其《使徒行傳》也。彼為耶教者，皆篤信福音，而吾為孔教者，乃以《論語》為弋取科目之具。孔教不幸，莫茲為甚。」[70]「我國又好詆西教為邪教，尤為不恕！我詆他的耶穌，他就可以詆我的孔子，是替我孔子得罪人而樹敵招怨也。且我既恨他傳教，我為何傳我的孔子教？今耶教之盛遍滿地球，而我孔教則不過幾個真讀書人能傳之，其餘農工商亦徒聞其名而已，誰去傳孔教教他？每一府廳州縣止有一座孔子廟，而一年中祭祀又只有兩次，又惟官與闊紳士方能與祭，其餘皆不許進去，孔子廟徒為勢利場而已矣，豈有一毫傳教之意哉？是我孔教尚不能行於本國也，奈何不自愧自責，而反以奉行無實之孔教驕人哉？」[71]顯然，康有為、譚嗣同無論是理論上還是實踐上，都是希望借鑒了基督教的作法通過「光大孔教」來實現保國、保教乃至強國、強民的目的，雖然如許多學者所論，康、譚二人這種主張本質上不過是一種華夏文化主體意識的強烈自覺，

69　康有為：〈請尊孔聖為國教立教部教會以孔子紀年而廢淫祀折〉，《康有為全集》第 4 冊，頁 96-98。

70　譚嗣同：〈與唐紱丞書〉，《譚嗣同全集》上冊，頁 263。

71　譚嗣同：〈論學者不當驕人〉（南學會第五次講義），《譚嗣同全集》下冊，頁 401-402。

是一種為了改善現實民生的儒家人文精神的體現，「孔教」對他們來說，本質上是政治、文化上的工具而非個人思想、信仰的目的，因此，稱不上是一次真正意義上的宗教運動，但當時的梁啟超仍然對此進行了系統而尖銳的批判：

> 近十年來，憂世之士，往往揭三色旗幟以疾走號呼於國中，曰保國，曰保種，曰保教。其陳義不可謂不高，其用心不可謂不苦。……至倡保教之議者，其所蔽有數端：一曰不知孔子之真相，二曰不知宗教之界說，三曰不知今後宗教勢力之遷移，四曰不知列國政治與宗教之關係。[72]

> 吾以為孔教者，教育之教也，非宗教之教也。其為教也，主於實行，不主於信仰。故在文明時代之效或稍多，而在野蠻時代之效或反少。[73]

> 孔子教義第一作用，實在養成人格。……人格之綱領節目及養成之程式，惟孔子所教為大備，使人能率循之以自淑而無假於外，此孔子之聖所以為大為至也。……而孔子養成人格之旨，其最終之鵠，所謂「使人人有士君子之行」，夫誠能使國中人人有士君子之行，則國家主義何施不可。英之所以雄視宇內，豈不以此耶？[74]

72　梁啟超：〈保教非所以尊孔論〉，《梁啟超選集》，頁 76-85。
73　梁啟超：〈論佛教與群治之關係〉，《梁啟超選集》，頁 98。
74　梁啟超：〈孔子教義實際裨益於今日國民者何在欲倡明之道何由〉，《梁啟超選集》，頁 171-176。

儒家哲學範圍廣博，概括說起來，其用功所在，可以《論
語》「修己安人」一語括之。其學問最高目的，可以《莊
子》「內聖外王」一語括之。做修己的功夫，做到極處，
就是內聖；做安人的功夫，做到極處，就是外王。至於條
理次第，以《大學》上說得最簡明。《大學》所謂「格物
致知誠意正心修身」，就是修己及內聖的功夫；所謂「齊
家治國平天下」，就是安人及外王的功夫。然則學問分做
兩橛嗎？是又不然。《大學》結束一句「一是皆以修身為
本」。格致誠正，只是各人完成修身功夫的幾個階級；齊
家治國平天下，只是各人以已修之身去齊他治他平他。所
以「自天子以至於庶人」，都適用這種工作。《論語》說
「修己以安人」，加上一個「以」字，正是將外王學問納
入內聖之中，一切以各人的自己為出發點。以現在語解釋
之，即專注重如何養成健全人格。人格鍛煉到精純，便是
內聖；人格擴大到普遍，便是外王。儒家千言萬語，各種
法門，都不外歸結到這一點。[75]

　　真要想光大儒教，最好的方式就是推行、光大孔子的人格之
教，而不是去拜什麼教主、建什麼教會。梁啟超這些「破」
「立」雙彰的檄文很有批判力度，合情合理，是所有主張將儒學
宗教化的人所必須面對而又難以批駁的。雖然後來梁啟超在給康
有為作傳的時候也專章論述「宗教家之康南海」，但考文究實，
彼處所謂「宗教家」不過是一種帶有強烈救世情懷、深沉憂患意

---

[75]　梁啟超：〈儒家哲學〉，《梁啟超選集》，頁 947-948。

識與勇敢擔當精神的結合體，康有為「宗教家」之名不過是「自信家」、「冒險家」、「理想家」合為一體的代名詞而已。

康、譚本質上皆為思想家、教育教而非宗教家，如果一定要說康、譚二人是宗教家或者有著強烈的宗教信仰，也主要體現在佛教方面而不是所謂的孔教方面，雖然在理想的生命境界中，二人最後都淡化了佛教，但確實無可否認，佛教無論是作為一種宗教信仰還是哲學智慧，在康、譚二人的行事著述中都占有足以與儒家分庭抗禮的地位。儒家對他們來說，更多地是由於自幼以來伴隨著自己一路成長而先入為主地占據了大腦與血脈，因而往往是在潛意識裡發揮著主導作用而並不自知自覺，相反，兩人在對儒家的認知已經成型之後都對新學新受的大乘佛學非常喜愛，因此常常有意識地將其置於主導或首要地位。殊不知，二人都在潛意識裡不知不覺地發生著儒佛的會通與整合，以至於他們有意識地熱愛的佛學自然而然都有儒學的意味，而他們潛意識裡發揮出來的儒學也常常帶著佛學的色彩。梁啟超在《南海康先生傳》中說，「先生於耶教，亦獨有所見。以為耶教言靈魂界之事，其圓滿不如佛；言人間世之事，其精備不如孔子。然其所長者，在直捷，在專純。單標一義，深切著明，曰人類同胞也，曰人類平等也，皆上原於真理，而下切於實用，於救眾生最有效焉，佛氏所謂不二法門也。雖然，先生之布教於中國也，專以孔教，不以佛、耶，非有所吐棄，實民俗歷史之關係，不得不然也。」[76]如前所述，儒家思想在康有為的潛意識裡一直占據著主導地位，為

76　梁啟超：《南海康先生傳》，夏曉虹編：《追憶康有為》（增訂本）（北京：生活・讀書・新知三聯書店，2009 年），頁 12。

了拒斥基督教，他自然會在中國提倡孔教，而佛教思想則在他的表層意識裡占據主導地位，根據大乘佛學開權顯實的方便法門，他也會選擇最適合中國國情的倫常教化。我們很難設想，像康有為這樣自信獨斷的大豪傑如果沒有受大乘佛學大慈悲大權變的大智慧影響，他對基督教的排斥將會發展到多麼激烈的程度。這也反面彰顯出了從接受心態上來看，佛教作為耶儒互動仲介橋樑的巨大作用，不管是對康有為還是對其他人，不管是歷史上曾經已經發生過的，還是未來發生的，都是如此[77]。梁啟超還說，「先生之哲學，博愛派哲學也。先生之論理，以『仁』字為唯一之宗旨，以為世界之所以立，眾生之所以生，家國之所以存，禮義之所以起，無一不本於仁。……以故三教可以合一，孔子也，佛也，耶穌也，其立教之條目不同，而其以仁為主則一也。以故當博愛，當平等，人類皆同胞，而一國更不必論，而所親更不必論。故先生之論政論學，皆發於不忍人之心。人人有不忍人之心，則其救國救天下也，欲已而不能自己。如左手有痛癢，右手從而煦之也；不然者，則麻木而已矣，不仁而已矣。其哲學之大本，蓋在於是。」[78]事實上，康有為推倒一切、重建一切的大同學說就正是用佛教博大的胸懷、以基督教的方式實現儒家固有的社會主張。佛教不僅可以給耶儒互動提供很好的溝通橋樑，而且還能營造一個寬鬆而自由的溫馨氛圍。

這一點我們在譚嗣同身上看得更為清楚。比如他在《仁學》中說：「莊曰：『善吾生者，乃所以善吾死也。』此言最為學道

---

[77] 儘管中國歷史上佛耶互動主要表現為衝突而非融合，但只要能去除意氣之爭與本位之論，義理相近的宗教倫理衝突愈烈、必將融合愈深。

[78] 梁啟超：〈南海康先生傳〉，夏曉虹編：《追憶康有為》，頁 13。

入聖之始基。由是張橫渠有『太和』之說，王船山有『一聖人死，其氣分為眾賢人』之說；其在耶，則曰『靈魂』，曰『永生』；在佛則曰『輪回』，曰『死此生彼』。或疑孔子教無此，夫《繫易》固曰：『原始反終，故知死生之說，精氣為物，遊魂為變，是故知鬼神之情狀』，何為不言乎！……況佛說無始劫之事，耶曰『末日審判』，又未必終無記憶而知之日也。」[79]我們很難設想，如果沒有佛教識海輪回、善惡記別等本來就帶有審判意味的觀念作為橋樑，他怎麼能夠將張載、王夫之那種完全沒有審判意義、生生日新自然而然的氣一元論與基督教建立在末日審判基礎之上由神外在安置絕非自然而然的靈魂永生對接起來？竟然還認為三者表達的意義本質上完全一致！理解到了這一層，便不會將他下面這些比對僅僅只是看做牽強附會的簡單羅列與引用了：「孔曰『改過』，佛曰『懺悔』，耶曰『認罪』，新之謂也。孔曰『不已』，佛曰『精進』，耶曰『上帝國近爾矣』，新而又新之謂也。則新也者，夫亦群教之公理已」「西人之喜動，其堅忍不撓，以救世為心之耶教使然也。又豈惟耶教，孔教固然矣；佛教尤甚。曰『威力』，曰『奮迅』，曰『勇猛』，曰『大無畏』，曰『大雄』。」[80]對於譚嗣同來講，其破除一切對待的「大通仁學」裡，可說流淌著儒、佛、耶三家混而為一的血液，而其中佛教的思想無疑是相容性與親和力的保障。同樣，也正是在將氣化日新與來世復活等同視之的心態下，譚嗣同在戊戌死難中以一種「殺身成仁」「我不入地獄誰入地獄」的烈士行為獲得

---

[79] 譚嗣同：《仁學》，《譚嗣同全集》下冊，頁 309-310。

[80] 譚嗣同：《仁學》，《譚嗣同全集》下冊，頁 318、321。

了靈魂的永恆安息。用梁啟超的話說，「烈士亦可以無慊於全世界也夫！亦可以無慊於全世界也夫！」[81]用譚嗣同自己臨終的話說，是「有心殺賊，無力回天，死得其所，快哉快哉！」[82]真正是視死如歸、絕無遺憾！

　　從康、譚二人的行事著述中我們都可以看到耶儒良性互動過程中，佛教對於一個人的思想觀念與實踐行為，都能起到很好的仲介作用與潤澤功效。但不管怎樣，只有儒家思想才是中國文化主幹中的主幹，透過耶儒互動中康、譚的改良哲學，我們能對這一問題有更為清晰而深刻的認識。梁啟超 1911 年在《國性篇》中說，「國於天地，必有與立。國之所以與立者何？吾無以名之，名之曰國性。國之有性，如人之有性然。人性不同，乃如其面。雖極相近而終不能以相易也。失其本性，斯失其所為為人矣。惟國亦然。緣性之殊，乃各為國以立於大地。苟本無國性者，則自始不能以立國。國性未成熟具足，雖立焉而國不固。立國以後而國性流轉喪失，則國亡矣。……一曰國語，二曰國教，三曰國俗，三者合而國性仿佛可得見矣。國性可助長而不可創造也，可改良而不可蔑棄也。蓋國性之為物，必涵濡數百年，而長養於不識不知之間。」[83]可以說，堯舜禹湯文武周公孔孟以後形成的一整套「涵濡數千年，而長養於不識不知之間」形成的儒家思想最能代表中國的「國性」，翻閱史料，我們發現，正是在康、譚身處的那個亡國亡種亡教、保國保種保教波譎雲詭風雨交加的時代，「國性」「國俗」「國民」「國家」「國權」「國

81　梁啟超：〈仁學序〉，《譚嗣同全集》下冊，頁 374。
82　譚嗣同：〈臨終語〉，《譚嗣同全集》上冊，頁 287。
83　梁啟超：〈國性篇〉，《梁啟超選集》，頁 129-130。

教」「國語」「國學」成了知識分子們有意無意之中高頻使用的
詞彙，他們或主動或被動都不能不去思考「中國何以為中國」這
個問題，其中，康、譚改良哲學給我們的一個很大啟發是，「中
國之所以為中國」與「世界之所以為世界」、「天下之所以為天
下」、「地球之所以為地球」本質上乃是同一個問題，表現在理
論形態上，康有為是「大同天遊」，譚嗣同則是「大通仁學」。
在他們看來，只有解決了世界問題，才能很好地回答中國問題，
或者說，深度回應世界問題正是他們這一代人（洋務運動——維
新運動——新文化運動——現代新儒學運動）試圖解決中國問題
最佳的努力方式[84]。

　　總體來說，這一時期體現在康有為、譚嗣同維新運動改良哲
學身上的耶儒互動，重大的失敗教訓是：將孔子神化、將儒家宗
教化既不可行也無必要。其成功經驗主要有三：一是儒家入世哲
學的真精神完全能夠給人的身心以永恆的安息，超越生死並非必
須要仰望於基督教；二是耶儒殊途同歸，「仁愛」「博愛」的
「大同」「大通」之道最終指向的都是一種普適性的世界倫理；
三是耶儒互動可以佛教為橋樑，這一點在康有為、譚嗣同、梁啟

---

[84] 康有為發起的孔教運動不僅有著很強的「中國性」，也有很強的「世界
性」，他在 1912 年 10 月作的〈孔教會序〉中反復強調「凡普大地萬國
之人，雖欲離孔教須臾不能也，非惟中國為然也。」〈孔教會章程〉第
二、三條明確宣示「本會以保守孔教以廓充光大為宗旨；本會志在宏
教，教無國界，凡在中國之人與非中國之人，不論男女老幼，皆可入
會」。（《康有為全集》第 9 冊，頁 344、348）但康有為、譚嗣同改
良哲學對儒家入世精神的弘揚與發起「孔教運動」相比，還要更具「中
國性」也更有「世界性」。

超、章太炎等人都有深刻的體現[85]。

3、辛亥革命運動與民國前期（約 1900-1930）

　　這一階段的耶儒互動主要表現在辛亥革命運動、孔教運動、新文化運動、非基督教運動，表面上看似乎衝突非常激烈，實際上正是在這種知識分子「全民性」地大參與、大討論中，為耶儒之間許多觀念深層次的融合亦即下一階段本色神學運動的順利開展創造了良好的社會基礎。從中國哲學的角度來看，孔教運動、新文化運動與非基督教運動中關於耶儒互動的討論大多停留在政治、經濟、文化、宗教、社會等各領域的「泛泛而論」，更多地屬於社會史、文化史的主題內容，唯有在辛亥革命運動中孫中山的革命哲學堪稱這一階段耶儒互動深層次融合的重大思想結晶[86]。

　　辛亥革命的勝利與中華民國的建立，在一定程度上實現了救國救民，而以孫中山為首的許多革命先驅與民國元老都是基督徒，通過他們真實有效的犧牲行為與服務精神，基督教在國人心

---

[85] 梁啟超、章太炎都儒佛並崇而貶低基督教，梁啟超認為基督教不過相當於佛教的聲聞二乘，章太炎也將基督教的立教之根判為「遍計所執性」，將其供奉之「神」判為「依他起性」所立之假名。參見梁啟超：〈論佛教與群治之關係〉，《梁啟超選集》（北京：中國文聯出版社，2006 年），頁 98-105；章太炎：〈無神論〉、〈建立宗教論〉，《章太炎全集》第四冊（上海：上海人民出版社，1985 年），頁 396-399、408-416。

[86] 除此之外，馬相伯「神我憲政說」等思想來源於耶亦合於儒，也特別值得一提，但對當時與後世都影響很小，本書受主題與篇幅所限，不擬涉及。

目中的正面形象得到了較大的提升。1912 年頒佈的《臨時約法》從法理上明確規定：「人民有信教之自由」，雖然這本不過是孫中山等人奉行近代歐美「政教分離」開明政策的一貫作法，並非旨在發展中國的基督教事業，但客觀上卻給基督教在國內的傳播提供了寬鬆的文化環境與政治環境，給基督教與儒、道、釋等其他宗教倫理自由爭辯提供了穩定的社會基礎（當我們還在反思那場「各方勢力誰也沒有得著好處」、曠日持久的禮儀之爭對基督教傳教事業所造成的無謂損失與破壞之時，這一點顯得何其可貴），不管是從當時來看，還是從長久來看，這些對於中國基督教教會、教理的發展與傳播都是非常有利的。

相比之下，這一階段康有為、陳煥章等人領導的孔教運動支持張勳、袁世凱的帝制復辟，幻想借助「皇帝」的力量定孔教為國教，不僅在政治上與民主共和的中國近代化訴求背道而馳，而且在文化上也與民智漸開的全民自由渴望逆勢而為，尤其是隨著張勳、袁世凱一次又一次滑稽鬧劇的落幕，皇權帝制已經完全退出歷史舞臺，「孔教運動」還妄圖以讀經、尊孔、復古來鉗制人心，知識分子們對於導致「中國近代屈辱史」的「中國專制獨裁史」的批判與厭惡一股腦兒都發洩在孔教運動身上，使其成為眾矢之的。「孔教會建立國教的主張不僅導致了新文化運動人對孔教不遺餘力的反對，也引起了關注傳統文化人士的抗議。……『有識者的唾棄，而株連及孔子，可謂不幸的演變』，也註定了國教運動的最後失敗」。[87]因此，悲劇就在於事態的發展也完全

---

[87]　韓華：《民初孔教會與國教運動》，四川大學博士學位論文，2003年，頁 236。

違背了康有為等人試圖以尊孔來樹立民族自信、弘揚民族精神的美好初衷以及通過激起民族自尊自覺來促進民族自立自強的文化戰略，「尊孔」尊到不僅聖人孔子的正面形象受到極大的損害，而且導致了從新文化運動開始以至於今人們對於以儒家文化為主幹的中國傳統文化盲目的唾棄與糟蹋，康有為作為開啟思想自由的「先時之人物」與作為對抗外族文化入侵的「應時之人物」在他所領導的「孔教運動」上畸形地結合在一起，在他自己的尊孔思想成為他所引領的社會思潮所擊碎、埋葬的犧牲品的同時，新一輪來得更為猛烈的歐美文化浪潮更是將整個中國傳統文化排擠到了國人思想與社會意識的最邊緣。毫無疑問，這些對於儒家的發展與傳播都是非常不利的。

如今我們重新分析審視新文化運動對於中國近代社會思想進步的利弊之時，不難發現，康有為的悲劇在那個波譎雲詭的時代具有很強的典型性，陳獨秀、李大釗、魯迅等人領導新文化運動的初衷與目的無疑是愛國、愛民族的，但經歷了「新文化運動洗禮」之後的中國人，卻遠遠不像新文化運動前那麼愛國、愛民族了。因為：「由痛恨君主專制而厭惡康有為之孔教運動……在陳獨秀、李大釗等人宣導下，由反定孔教為國教到批尊孔，由批尊孔到批儒家文化，終於匯歸為批判和否定中國文化的洪流，其勢猶如大河決堤，狂奔而下」。「『吾人倘以新輸入之歐化為是，則不得不以舊有之孔教為非。倘以舊有之孔教為是，則不得不以新輸入之歐化為非。新舊之間，絕無調和兩存之餘地。』『要擁護那德先生，便不得不反對孔教、禮法、貞潔、舊倫理、舊政治；要擁護那賽先生，便不得不反對舊藝術、舊宗教；要擁護德先生又要擁護賽先生，便不得不反對國粹和舊文學。』根據這種

邏輯前提,他們的結論是:中＝舊,舊＝非;西＝新,新＝是。
中國的未來發展只能是徹底否定傳統,全盤歐化。」[88]不可否
認,舊中國的專制禮教確實有著種種令人咬牙切齒的「吃人」罪
惡,但新文化運動在倒髒水的時候卻將澡盆裡的孩子也一起倒掉
了,所謂「以暴易暴,不知其非矣」,至今絕大多數更加崇尚歐
美文化與生活方式的人們以及少數傳統文化的堅守者與傳播者們
都怎麼也難以相信並接受,中華民族的國粹與靈魂竟然是傷殘於
那些真正深愛國家、深愛民族的文化巨匠們之手,差點也被生生
地吃掉了。誠如前輩學者所言,新文化運動以來,「近代中國的
可悲之處在於,我們只形成一個反傳統的傳統,沒有形成一個創
造性轉化傳統的傳統。」[89]

　　如果說「多難興邦」意味著人們面對任何災難之時,都一如
既往地深信「天行健」與「君子自強不息」之間必然能互感互
動、只要樂觀向上必定能再創輝煌的話,我們也可以說「多難興
教」,新文化運動之後隨之而來的是現代新儒家群體的崛起與發
煌,而新文化運動之後暴風驟雨般而來的非基督教運動同樣也是
對於激起其後的本色神學運動利大於弊。非基督教運動不僅承續
了新文化運動從「反孔」到「非耶」的邏輯發展:「雖然新文化
運動的鋒鏑主要是傳統的儒教,但這場運動的人文主義內涵之與
歐洲歷史上的文藝復興以及 18 世紀以來的啟蒙運動一樣,在本
質上是一場世俗化的運動。它宣傳科學,當然不可能承認宗教的
創世之說;它主張民主,當然不可能將從基督教教義衍生出來的

---

[88]　顏炳罡:《心歸何處——儒家與基督教在近代中國》,頁 154。
[89]　顏炳罡:《心歸何處——儒家與基督教在近代中國》,頁 154。

等級森嚴的教會制度視為天經地義；它否定中國自己的孔教，當然沒有理由把 19 世紀以來經西方人文主義思想家嚴厲批判已經開始失去靈光的基督教看作神聖不可侵犯。……這是新文化運動發展的必然邏輯。」[90]而且連新文化運動的狂熱與逆反的情緒也繼承了下來。這場依靠新型政黨與新型知識分子參與和領導，使用科學主義、人文主義、社會主義、民族主義等反教理論，遍及全國、持續六年，大規模有組織地反對歐美列強利用宗教從事文化侵略，收回教育主權的非基督教運動，使得國內教會與教徒們都方寸大亂、疲於應對，各項基本教務活動不得不陷於停頓。正如梁啟超所言，這場運動「是國民思想活躍的表徵」，「是國民氣力昂進的表徵」，是全方位對西方基督教「中華歸主」帝國主義政治運動的高調回應，表面上看，這場運動給中國基督教以大面積的沉重打擊，為害甚深，但實際上，「這一次的反基運動，對於基督教不但沒有什麼害處，卻相反的成了基督教的諍友，而蒙受著極大的利益和進步。至少可以使中國基督徒覺悟到自身的責任，變更了西教士在中國教會中的地位。」「覺得要消除外界的誤會，使基督教從不平等條約的關係中解放出來，惟有使中國教會脫離西洋化而中國化，於是有中國『本色教會』的運動。」[91]

　　總體來說，這一階段耶儒互動的成功經驗——自由的宗教政策與包容的文化氛圍不僅在縱向上有利於耶儒「真精神」「真思想」的傳承與應用，而且在橫向上也有利於不同文明之間全方

90　楊天宏：《基督教與民國知識分子：1922 年-1927 年中國非基督教運動研究》（北京：人民出版社，2005 年），頁 42。
91　王治心：《中國基督教史綱》，頁 217、212。

位、深層次的自我反思與互助互動，另外，從孫中山契合耶儒的
革命哲學來看，在改善民主、民權、民生的社會實踐中，只要公
平公正地對待不同文化，耶儒貫通即便不是一廂情願的思想初
衷，也能成為皆大歡喜的理論結晶。因此，從改善現實生活出
發，自下而上地借助耶儒的真精神與真思想，往往能收到意想不
到的貫通效果[92]。失敗教訓在於：任何一種成熟偉大的宗教倫理
一旦成為浮躁社會的功利手段與攻擊目標，狂熱或逆反的盲目行
為與變態情緒不僅會掩蓋宗教道德的真理與公共事務的真相，而
且良性的社會穩定與健康的大眾心態也會持續性地深受其害，以
至於影響整個歷史文化的發展趨向。

4、基督教本色化運動與現代新儒家活動時期（約 1930-2000）

　　這一階段的耶儒互動顯然是以融合為主題與表現，基督教方
面的代表人物是吳雷川、趙紫宸、謝扶雅、王治心、徐松石、羅
光、何世明等本色神學家，儒家方面的代表人物是賀麟、牟宗
三、唐君毅、杜維明等現代新儒家。

　　基督教本色化運動的內容與目標，誠靜怡、王治心等人都有
非常精簡的表述，「任務有兩種：一使中國信徒自負責任。這責
任就是自理自養自傳，在經濟上、行政上、工作上，都是以中國
信徒為主體，西國教士可以退處於輔佐地位。……另一任務是發
揚東方固有的文明。那就是要使教會與中國文化結婚，洗刷去西

---

[92] 這一點在世界文明對話時期耶儒互動攜手致力於「對人類困境的共同診
　　斷和療救」上看得更加清晰，請參閱本書第四章第一節「宗教之教與教
　　育之教」結尾部分。

洋色彩。」[93]簡而言之，一是教會的本色化，二是教義的本色
化。「這場運動雖然直到 20 世紀 20 年代初才拉開帷幕，但教會
本色化主張的醞釀卻由來已久。早在明、清之際，耶穌會傳教士
便已著華服，操華語，效華風，容許教徒敬孔祀祖，開始了將基
督教與中國文化融為一體的嘗試。近代以還，特別是 20 世紀初
以來，本色教會的呼聲越來越高，以『自理、自養、自傳』為其
特點的教會如席勝魔於 1881 年在山西鄧村創辦的『福音堂』、
1906 年俞國楨在上海創辦的『中國自立會』開始出現。在 1907
年召開的新教入華一百周年紀念大會上，『中國教會』成為重要
議題，與會代表從各方面探討了如何促成中國教會的獨立這一問
題。……1913 年在上海召開的傳教大會再次討論了中國本色教
會的形成問題。……本色教會的思想主張已經基本醞釀成熟，在
建立自養、自治、自傳的中國教會問題上，中外教會人士已形成
大體一致的認識。……1922 年 5 月初，基督教全國大會在上海
召開，建設『中國教會』被確定為這次大會的主題。這次大會最
顯著的特點是中國基督徒發揮了重要作用，在與會人數上，『代
表一千人，中西各半』……以這次大會的召開作為標誌，本色教
會運動正式拉開帷幕。在以後幾年內，脫離差會控制，建立自
養、自治、自傳的中國教會成為時尚，自立教會在全國各地不斷
出現。1924 年，全國已有 330 餘處屬於「自立會」的地方教
會。1927 年以後，中國本色教會逐漸成為普遍的現實存在。」[94]

93　王治心：《中國基督教史綱》，頁 213。
94　楊天宏：《基督教與民國知識分子：1922 年-1927 年中國非基督教運動
　　研究》，頁 383。相關研究還可參考楊森富：《中國基督教史》（臺
　　北：臺灣商務印書館，1978 年）；段琦：《奮進的歷程：中國基督教

新中國成立以後，1954 年 7 月，中國基督教第一屆全國會議召開，正式成立了「中國基督教三自愛國運動委員會」。由於教會的本色化並非本書主旨，因此點到即止，重點在於介紹這一階段教義的本色化。

　　雖然唐宋以來，儒道釋三教思想作為中國文化的主幹都已經滲透了整個社會，乃至已經成了老百姓日常生活中潛意識領域基本的觀念結構，但由於追求出世而拜佛求仙的佛道二教在基督教看來，明顯屬於偶像崇拜，而儒家重視人倫日用以人文本的入世觀念又是中國歷代從官方到民間絕大多數人最主要的思想，除了祭天祭祖涉嫌偶像崇拜之外，其他內容與基督教並無明顯衝突，因此，基督教想要在教義上與「中國文化結婚」，其實就是與「儒家文化結婚」，在本色神學家們看來，只要將耶儒之間的不同義理從衝突實現融合，神學本色化也就成功了[95]。這一時期的

的本色化》（北京：商務印書館，2004 年）。

[95] 我們分別選取兩種可以代表 20 世紀初期與末期的本色神學立場描述，展示其內在的延續與發展，這一點將更加清晰。初期：「在當代中國基督徒的思想中，本色神學的建設，是一件牽涉兩種效忠的任務。既是中國人，他不能忘記本國的文化傳統；既是基督徒，他的宗教信仰不能離經背道。」（林榮洪：〈《「五四」時期的本色神學思潮〉，《道與言——華夏文化與基督文化相遇》（上海：上海三聯書店，1995 年），頁 663。）末期：「研討基督教信仰與儒家學說之間的關係，使兩者能融會貫通，不獨是極有趣味的事，而且是極有意義的事。尤其是中國的基督信徒，這事更為重要。我們既是中國人，當然應該關心以致愛護中國文化，尤其是作為中國文化中心的儒家學說；但我又是基督信徒，所以又必信從基督，學效基督的榜樣，作為生命的中心。則是基督教與儒家學說，我們便都應當同時關懷愛護，不能或缺其一。說到對中國的前途，中國人自然有責任；至於世界的前途，便任何人都有責任。凡是關

本色神學家雖然很多，或大或小的觀點也非常豐富，但真正具有代表性並對後世產生深遠影響的還是趙紫宸、謝扶雅、徐松石等少數幾人。對中國文化尤其是儒家文化造詣甚深的趙紫宸對本色神學的基本態度是：「中國基督徒乃覺悟基督教本真與中國文化的精神遺傳有融會貫通打成一片的必要。基督徒的宗教生活力可以侵入中國文化之內而為其新血液新生命；中國文化的精神遺傳可以將表顯宗教的方式貢獻於基督教。基督教誠能脫下西方的重重網縛，穿上中國的闡發，必能受國人的瞭解與接納。」[96]為了實現這一理想目的，他認為主要可以從以下三個方面著手：

第一，人能弘道，非道弘人，最重要的還是要彰顯「教行的光輝性」。基督教與中國文化「結婚」的地址不能首選在書本的殿堂裡，去宏觀架構，紙上談兵，而是要首選在基督徒的血液與骨髓裡，去深切體會，實踐出來。「宗教是行。中國的基督教若要發展，必須要信眾的行為，比平常的人們更加高超清潔，更加

心基督教與儒家學說的人，不論是否中國人，也都有責任。若能使基督教與儒家學說兩者之間，共同合作，攜手邁進，彼此融會貫通，和而不同，則不論對中國以至對全世界，都可以作出很大貢獻。這是筆者個人的願望，相信也是許多人的共同願望。」（何世明：《基督教與中國命運》（香港：香港基督教文藝出版社），1991年，頁162）顯然，從「效忠」到「有趣」，從「不能離經叛道」到「應當關懷愛護」，從「本國的文化傳統」到「作為中國文化中心的儒家學說」，上世紀末本色神學運動收尾時期，神學家們的心境更加雍容宏闊，行為更加主動自然，工作更加具體精細。關於何世明的本色神學思想請參閱本書第二章第二節相關部分。

[96] 趙紫宸：〈基督教與中國文化〉，張西平、卓新平：《本色之探——20世紀中國基督教文化學術論集》（北京：中國廣播電視出版社，1999年），頁1。

猛勇雋永。」[97]「我深信倘使我國人中有少數人，在經驗裡有基督教的精華，與中國文化的精華，雖然他們不去勉強造作本色的基督教或者保存中國文化，他們必定能夠從他們的生活裡表顯出基督教對中國文化的貢獻來。倘使我們中國基督徒盡力做現代的人，吸取現代世界的精華，不問要造成中國基督教否，要保存中國文化否，他們的生命裡必要發出中國的基督教來，而他們所發現的基督教，就是中國文化的保存，就是他們對於中國文化的貢獻。」[98]

第二，中國是主，外國是賓，應該追求本色神學「教理的獨特性」。「在中國，基督教須有一個中國人自作的宗教哲學與人生哲學。」「中國人要宗教，總須中國人自己去求。求有三端，第一求諸行，第二求諸源，第三求諸文。……在此種事業上，西人只能開其始，絕對不能弘其範而全其功，非有信仰卓絕學術淵深的中國人主持其間。」[99]

第三，由同處入，從異處出，最終實現「能夠補救中國人心靈中的饑荒」。「中國人心中的一點靈明，身外的一番動程，還是孔老夫子，並不是老子與釋迦牟尼，而老與佛不過是中國民族的滋補劑、救命湯而已。……『乾稱父，坤稱母，予茲藐焉，而混然中處』，雖像宗教家的話，卻終歸於『混然』。……荀子曾

97　趙紫宸：〈中華民族與基督教〉，《本色之探──20 世紀中國基督教文化學術論集》，頁 32。

98　趙紫宸：〈基督教與中國文化〉，《本色之探──20 世紀中國基督教文化學術論集》，頁 6。

99　趙紫宸：〈中華民族與基督教〉，《本色之探──20 世紀中國基督教文化學術論集》，頁 25、32。

教人拼命去『參』，但中國人總在『參』與『不參』之間。……
可是我們究竟也不能沒有宗教。我們不能不『敬天地，禮神
明』，而敬禮之本，全在於拜祖宗，而拜祖宗，全是為自己，為
現世，即所謂『慎終追遠，民德歸厚矣』，即所謂『事死如事
生，事亡如事存』，即所謂『祭如在，祭神如神在』，『如在其
上，如其左右』。我們的崇拜是宗教，是教化教育教訓的教，是
『修道之謂教』的教。我們崇拜的對象只是『如』，實在不曾有
對象實存的堅切的信仰。」[100]

　　趙紫宸認為，佛教雖然屬於基督教所禁止的偶像崇拜，但在
這三方面都有成功的經驗，佛教傳入以後，歷朝歷代都是「教內
有絕頂聰慧、絕頂苦行的中國人傑出來闡求而宣傳」，很值得基
督教神學的本色化借鑒學習。同樣，謝扶雅也認為道家雖然屬於
泛神論系統，與基督教的一神論根本不同，但它順服天然、正言
若反等思維方式對於傳播、詮釋基督教的真理與人生態度都很有
幫助。除此之外，謝扶雅關於基督教本色化的主張與上述趙紫宸
的三種觀念基本一致：

　　第一，重高尚教行。「誠欲見中國之宏播基督教，則所第一
望於吾國基督教通人。惟在速能躬踐力行，以成『君子的基督
徒』。……環顧今日國中，所謂『君子基督徒』者，果有幾哉！
宗教之根源，存乎個人，其所發也，成為一種風氣。……必先有
若干君子基督徒，相砥礪，相協贊，而後漸能造成一種良善的基
督教風氣。風氣既布，信條自出，信條既具，團體自現；……皆

---

[100] 趙紫宸：〈基督教與中國文化〉，《本色之探——20 世紀中國基督教
文化學術論集》，頁 20。

隨而自來，自然歸著。奚必矯揉勉強，捨本逐末，先自皇皇於教會之本色為！」[101]

第二，重中國特色。「中國可以稱做世界上最深倫理的民族，……引領基督教與儒教契合的責任，勢必要落在中華民族的肩上。基督教本是一粒最優良的倫理的種子（上帝為慈父，人類皆兄弟，天國是美滿家庭），不幸被種在本鮮倫理素養的西土，辛苦掙扎了二千年，只少少的開了一兩朵乾皺無力的花，而且常常給特種階級所利用，弄得滿天塵土，遂汩沒了耶穌的真面目，這是何等可惜！真真的基督教，還沒有在西方發現，這是西方有識者的公論。此後基督教，已要在倫理沃厚的土地上試種一下，然則栽養灌溉之勞，我國民族，又安能辭其責呢？」[102]

第三，重求同存異。「從基督教本身方面來講，大有與儒教結合的可能及必要。孔子與耶穌的人生觀，都是從生活上出發，而以位天地育萬物為成德之果。」「現今的基督教觀，乃立於下列五種主義之上：1、人本主義。這是基督教思想史上的一個大革命！基督教二千年來，一脈相承，都是以神為中心，……自經受了盧梭的天賦人權、孔德的人本宗教，至尼采的超人主義，各種刺激以後，漸漸到達了今日的神人一致與靈肉一致論，宇宙中若沒有人，立時就沒有神；人無上帝，固不能成就什麼，但上帝無人，也不能有絲毫的成就。提高了人的地位，乃是尊崇了神的地位；因為上帝的仁義和智慧，只有在『人』的當中顯現出來。

---

101 謝扶雅：〈本色教會問題與基督教在中國之前途〉，《本色之探——20世紀中國基督教文化學術論集》，頁 253-254。
102 謝扶雅：〈基督教新思潮與中國民族根本思想〉，《本色之探——20世紀中國基督教文化學術論集》，頁 47。

我們若要尋求宇宙實在之價值，必須尋得『人』的價值。……
2、今生主義。從前基督教的信條中，為欲引人注重來世永生，
不知不覺的，在字裡行間，洋溢了厭世、避世、逃世和蔑視肉體
的趨向。自受了進化論與生命派哲學的影響後，基督教對於
『生』的觀念，起了一個重大的改進。……『永生』、『來世』
的信仰，雖仍保存，而解釋則大變，且以今生為關係最大的一
生，乃是來生的預備期，要操勝利於將來，必先運籌於帷幄，所
以今生更是來生的決勝點。……3、實證主義。……愈研究自
然，遂愈明瞭「造物」，……引導人類達於全真、全善、兄弟大
同的境界。所以實證主義的基督教，……4、社會主義。基督教
受了現代社會潮流的浸淫，乃由『個人的』進為『社會的』了。
他放棄了求上天堂免入地獄之個人自私的信條，而注重社會的拯
救，因為他認個人的生存，是由群眾生活的社會種種勢力相集而
成。……5、力行主義。……『光稱主啊主啊的人，不能進天
國，惟有照神旨去實行的人，才能進天國。』『上帝所悅者，乃
是仁義，不是祭祀。』」[103]

　　顯然，趙紫宸、謝扶雅代表了一條非常中正平實的神學本色
化路線，他們重視高尚的教行、獨特的教理與求同存異的心態對
於任何兩種不同文明之間相互尊重相互學習的融合都是普遍適用
的，他們不是一開始就要去力圖證明孔子和耶穌到底孰高孰低孰
優孰劣，而是將這種判斷大大方方地留給了旁觀者，正所謂「群
眾的眼睛是雪亮的」、「公道自在人心」。不過，並不是所有的

---

[103] 謝扶雅：〈基督教新思潮與中國民族根本思想〉，《本色之探——20
　　世紀中國基督教文化學術論集》，頁46、39。

本色神學家都是這樣，還有張亦鏡、徐松石等人所代表的一種恩典主義路線。

　　張亦鏡雖然肯定孔子為聖人，肯定儒學為聖學，但卻和很多基督教神學家一樣，一定首先要在耶穌與孔子之間先判個高低：「耶儒之大別，在一神一人。孔子與耶穌之比例，猶月與日之比例。……耶穌為古先知義人所急欲聞之道，孔子為急欲聞此道之古先知義人之一。」「孔子，聖人也；聖人亦人也。神人之分別，猶日之與月。自人視之，日與月均有光，其同點也；然其同點，即其異點，何也？日之光，固有者也；月則受之於日而始有。不向日之一面，仍然是魄。故其照於地，不能常圓。日則無時而不圓。此其所以異也。」「若夫孔子之道，則信耶自無礙於尊孔。特尊之之體，須略為變通，不得仍前以尊帝天者尊孔子耳。……且如月之分以賞月，復如日之分以愛日，……而信耶尊孔，可各得其心之所安矣。」[104]

　　徐松石雖然不僅很善意地肯定儒家的忠孝倫理完全可以為本色神學所用，彼此義理非常契合，而且很大度地認為佛道二教的很多思想都能為基督教所容納，但卻有一個最基本的前提條件，那就是我們首先必須要堅信堅守基督教的至善無缺、至高無上、至大無外：「為何中華民族和中華文化，能夠繼續存活到這樣長久呢？因為耶和華神有賜給民族長壽的兩大應許。其一說，『我今日將祂的律例誡命曉諭你，你要遵守，使你和你的子孫，可以得福，並使你的日子，在耶和華你神所賜的地上，得以長久。』

---

[104] 張亦鏡：〈耶儒辨〉，《本色之探——20 世紀中國基督教文化學術論集》，頁 176、181、184。

（申 4：40）其二說，『當孝敬父母，使你的日子，在耶和華你神所賜你的地上，得以長久。』（出 20：12）這兩大應許，在聖經裡，重複多次。信和孝的重要，於茲可見。中國重孝，主愛中華。所以中華民族和中華文化，得以蒙恩，而日子長久。我們的親愛同胞，飲水思源，怎可以不從速信天父耶和華，和救主耶穌基督呢？」[105]「現在有許多基督徒說佛道等教的思想都不是潔淨的，一個人想要做基督徒，非完全丟棄釋道思想不可，其實這是絕無理由而且絕無聖經根據的一件事。……我們應當對佛道儒各教的信徒說，『你們想要做基督徒，只要（1）信賴三位一體的神，承認上帝是父，耶穌是救主，聖靈是保惠師；（2）禁戒偶像的汙穢；（3）追求與保持心靈行動的清潔，就可以了。』……有一件事是萬分有幸的，就是佛教的精彩並不在於他的宗教思想，而在他的宇宙哲學和人生哲學；儒教的精彩也並不在於他的宗教觀念而在他的人生理論。至於基督教呢？他最寶貴的地方卻是他的宗教思想。我們若將佛教的宇宙哲學和人生哲學並儒教的人生學說，容納於基督教裡，豈非人生最大的福利？」「揣摩而悉的使命：1、神要重用中華民族；2、神要使中華民族服務世界；3、神要使中華民族澄清世界的宗教思想；4、神要用孔道幫助世界；5、神要藉中華民族調和世界文化。」[106]

　　試問，這種文明交流的態度與宣稱除了增強自傲與增大阻力之外，其建立本色神學之功效與趙紫宸、謝扶雅的努力方式與致

---

[105] 徐松石：《聖經與中國孝道》（香港：香港浸信會出版社，1991年），第四版「再序」。

[106] 徐松石：《耶穌眼裡的中華民族》（上海：上海青年協會書局，1934年），頁 35、219-223。

力方向相比,還有任何更多的意義嗎?時至今日中國,不管是在基督徒的眼中,還是在非基督徒的眼中,到底是趙紫宸、謝扶雅還是張亦鏡、徐松石更善於用心地服侍基督、更能照神旨去實行而為上帝所悅呢?公道自在人心,群眾的眼睛顯然是雪亮的。

正如基督教本色神學家們都清醒地認識到「與中國文化結婚」其實就等於「與儒家文化結婚」,現代新儒家們也都深刻地認識到鴉片戰爭以來被西方列強攪得失魂落魄的中國人要想重建精神家園實現「民族文化的復興」本質上也應該是「儒家文化的復興」[107]。

賀麟明確指出,「民族復興本質上應該是民族文化的復興。民族文化的復興,其主要的潮流、根本的成分就是儒家思想的復興,儒家文化的復興。假如儒家思想沒有新的前途、新的開展,則中華民族以及民族文化也就不會有新的前途、新的開展。換言之,儒家思想的命運,是與民族的前途命運、盛衰消長同一而不可分的。」[108]對於中國近百年來西學衝擊下儒家思想的消沉與反孔批儒思潮這一類文化危機與新的文化局勢,賀麟辯證地認識到新文化運動「打倒孔家店、推翻儒家思想」的主張與行為雖然看似對儒家破壞甚大,但其實它所批判的只是儒家的軀殼和權威,對於揭示儒家被定於一尊之後僵硬化、權威化的「真面目、真精神」、促進儒家思想的新發展反而是一大轉機,有很大的歷

---

[107] 現代新儒家的發煌已經遠遠超出了耶儒互動的主題範圍,受學力與篇幅所限,本小節僅就西學衝擊下現代新儒家賀麟、牟宗三等人的「民族文化主體意識」擇要綜述。

[108] 賀麟:〈儒家思想的新開展〉,《文化與人生》(北京:商務印書館,1996 年),頁 4-5。

史貢獻，按照黑格爾的邏輯，它是以一種否定的方式為儒家思想更高程度的新發展開闢了道路，「新文化運動的最大貢獻在於破壞和掃除儒家的僵化部分的軀殼的形式末節，及束縛個性的傳統腐化部分。它並沒有打倒孔孟的真精神、真意思、真學術，反而因其洗刷掃除的工夫，使得孔孟程朱的真面目更是顯露出來。……假如儒家思想經不起諸子百家的攻擊、競爭、比賽，那也就不成其為儒家思想了。愈反對儒家思想，儒家思想愈是大放光明。」[109]妥善處理了儒家思想新開展的「內憂」，化腐朽為神奇，接下來他所積極應對的便是「外患」，化壓力為動力，賀麟認為，近代西方文化的強勢輸入是對儒家文化生死存亡的一個大考驗，但同時也是儒家思想新發展的一個大動力，「西洋文化學術大規模的無選擇的輸入，又是使儒家思想得到新發展的一大動力。表面上，西洋文化的輸入，好像是代替儒家，推翻儒家，使之趨於沒落消沉的運動。但一如印度文化的輸入，在歷史上曾展開了一個新儒家運動一樣，西洋文化的輸入，無疑亦將大大地促進儒家思想的新開展。西洋文化的輸入，給了儒家思想一個考驗，一個生死存亡的大考驗、大關頭。假如儒家思想能夠把握、吸收、融會、轉化西洋文化，以充實自身、發展自身，儒家思想則生存、復活而有新的發展。如不能經過此考驗，度過此關頭，它就會消亡、沉淪而永不能翻身。……所以儒家思想是否能夠有新開展的問題，……亦即儒化西洋文化是否可能，以儒家思想為體、以西洋文化為用是否可能的問題。中國文化能否復興的問題，亦即華化、中國化西洋文化是否可能，以民族精神為體、以

---

[109] 賀麟：〈儒家思想的新開展〉，《文化與人生》，頁 5-6。

西洋文化為用是否可能的問題。」[110]集哲學、宗教、藝術於一
體的儒家文化應該以孔孟之道的真精神在吸收、融會西方文化的
同時對其進行揚棄，在哲學方面，應該學習運用「西方哲學發揮
儒家的理學」，以便更好地「格物窮理、尋求智慧」；在宗教方
面方面，應該學習運用「基督教的精華以充實儒家的禮教」，以
便更好地「磨練意志、規範行為」；在文學藝術方面，應該學習
運用「西洋的藝術以發揚儒家的詩教」，以便更好地「陶養性
靈、美化生活」，最後完成「發揚民族精神的新哲學，解除民族
文化的新危機」這一時代使命。具體到耶儒互動方面，賀麟認
為，「基督教文明實為西方文明的骨幹。其支配西洋人的精神生
活，實深刻而周至，但每為淺見者所忽視。若非宗教的知『天』
與科學的知『物』合力並進，若非宗教精神為體，物質文明為
用，絕不會產生如此偉大燦爛的近代西洋文化。我敢斷言，如中
國人不能接受基督教的精華而去其糟粕，則決不會有強有力的新
儒家思想產生出來。」[111]那麼，究竟應該如何取其精華去其糟
粕呢，賀麟認為，儒家可以用「仁」與「誠」去貫通、融化基督
教「博愛慈悲、服務人類的精神」與「精誠信仰、堅貞不二的精
神」。因為：「從宗教觀點來看，則仁即是救世濟物、民胞物與
的宗教熱誠。《約翰福音》有『上帝即是愛』之語，質言之，上
帝即是仁。『求仁』不僅是待人接物的道德修養，抑亦知天事天
的宗教工夫。儒家以仁為『天德』，耶教以至仁或無上的愛為上
帝的本性。足見仁之富於宗教意義，是可以從宗教方面大加發揮

---

110 賀麟：〈儒家思想的新開展〉，《文化與人生》，頁 6。
111 賀麟：〈儒家思想的新開展〉，《文化與人生》，頁 8-9。

的。從哲學看來，仁乃仁體。仁為天地之心，仁為天地生生不已之生機，仁為自然萬物的本性。仁為萬物一體、生意一般的有機關係和神契境界。……誠亦是儒家思想中最富於宗教意味的字眼。誠即是宗教上的信仰。所謂至誠可以動天地泣鬼神。精誠所至，金石亦開。至誠可以通神，至誠可以前知。誠不僅可以感動人，而且可以感動物，可以把神，乃是貫通天人物的宗教精神。」[112]除此之外，賀麟還認為儒家思想的新開展在根本上要求儒家學者們在宇宙觀、人生觀、歷史觀、本體論、認識論等各個方面博取各家之長，對政治、社會、文化、學術各個方面的每一個時代問題都能站在儒家的立場上予以合理、合情、合時的新解答，一言以蔽之，在「以民族精神為體，以西洋文化為用」的前提下，提倡「以體充實體，以用補助用」，最終實現「使體用合一發展，使體用平行並進」。他最後斷言：「須將儒家思想認作不斷生長發展的有機體，而非呆板機械的死信條。如是我們可以相信，中國許多問題，必達到契合儒家精神的解決，方算得達到至中至正、最合理而無流弊的解決。如果無論政治、社會、文化、學術上各項問題的解決，都能契合儒家精神，都能代表中國人的真意思、真態度，同時又能善於吸收西洋文化的精華，從哲學、科學、宗教、道德、藝術、技術各方面加以發揚和改進，我們相信，儒家思想的前途是光明的，中國文化的前途也是光明的。」[113]

　　牟宗三與賀麟「以民族精神為體，以西洋文化為用」、「以

---

[112] 賀麟：〈儒家思想的新開展〉，《文化與人生》，頁 10。
[113] 賀麟：〈儒家思想的新開展〉，《文化與人生》，頁 17。

體充實體，以用補助用」謀求復興儒家思想的理路基本一致。他首先將中西思想文化分為五種形態：儒家、道家、佛教、基督教、西方哲學，然後也學著天台宗「五時八教」的大體思路對其進行判教：首先，他按照儒家以人為本的立場，根據人的有限性與無限性來判別中西兩種不同文化，中國文化儒道釋三教認為人的存在當下雖然是有限的，但具有無限發展的可能性，最終可以實現天人合一的圓滿充盈之境，而西方文化認為只有上帝是無限的，作為有限存在的人永遠都處於和無限的上帝隔離的狀態。所以儒道釋三教都是「盈教」，西方哲學與基督教則是「離教」。在「盈教」中，佛、道二教的人分別借助「解心無染」、「無為無執」實現存有的無限性，但這兩種形態的心體或性體（般若智心、道心）只是宇宙本體論而非宇宙生成論意義上的，缺乏創生的能力，不能直貫生生不息的萬事萬物，只有儒家的心體或性體（知體明覺）兼有宇宙本體（橫向地說，仁以感通為性）與創生（縱向地說，仁以潤物為用）兩重能力，「其無限智心之本除解心無染與無為無執外，還有一樹立的宗骨，……即仁心之不容已，……『以天地萬物為一體』之圓境亦必須通過仁體之遍潤性與創生性而建立」，「無限智心能落實而為人所體現，體現之至於圓極，則為圓聖……德福一致之實義亦可得見：圓聖依無限智心之自律天理而行即是德，此為目的王國；無限智心於神感神應中潤物、生物，使物之存在隨心轉，此即是福，此為自然王國。……兩王國『同體相即』即為圓善。圓教使圓善為可能，圓聖體現之使圓善為真實的可能。」[114]所以儒家是徹底的圓滿，

---

114 牟宗三：《圓善論》，《牟宗三先生全集》（第 22 冊）（臺北：聯合

是「正盈」，而佛、道二教只有一半的圓滿（有本體而無創生，德福分離），是「偏盈」。同樣，在「離教」中，雖然以康德為代表的西方哲學與基督教哲學都認為人是有限存在，而上帝絕對超越，現象界與物自體界是完全隔離的，人神之間界限分明不可逾越，「耶教認上帝為無限的存在，認人為有限的存在，於耶穌則視為『道成肉身』，是上帝底事，而不視為耶穌之為人底事，如是，遂視耶穌為神，而不視之為人，因而亦不能說人人皆可以為耶穌。此則便成無限歸無限，有限歸有限，有限成定有限，而人亦無體的徒然的存在，人只能信仰超越而外在的上帝，而不能以上帝為體，因而遂堵絕了『人之可以無限心為體而成為無限者』之路。」[115]但二者之間也有著明顯的區別：基督教化解上帝無限與人類有限這一矛盾的方法是上帝「道成肉身」，讓人神合體（兼具完全的人性與完全的神性）的耶穌下凡救世，但這並不能真正化解人神之間的矛盾，因為基督教認為人的原罪除了「因信稱義」、依靠基督的恩典用寶血才能洗清之外，是不可能通過個人努力而獲得自我救贖的。換言之，人從有限通向無限之路（儘管永遠不可能抵達終點：人不可能成為基督或上帝），靠的是對神的信仰，而不是依靠人的道德實踐。這與康德的思路是相反的，康德認為既然人有限而神無限，有限的人就根本不可能真正認識無限的神，神只能在人們實踐生活中作為理想目標的一個的理論公設而存在，經驗現象界的人嚮往超驗物自體界的神，只能借助於自己身上先驗的道德理性，換言之，最終依靠的是人

報系文化基金會，2003 年），頁 297、323。

[115] 牟宗三：《現象與物自身》，《牟宗三先生全集》（第 21 冊），頁 468。

的道德實踐而不是對神的信仰。所以，「康德本人站在西方的傳統，只講道德的神學（moral theology），不能講神學的道德學（theological ethics）。神學可以講，康德是從道德建立神學，從道德把神學撐起來，他的支持點是 morality，拿道德來支持神學，把道德拉掉，神學就沒有了！其他那些建立，統統不對，建立不起來的。康德的思路是中國的路，所以尼采譏諷康德是德國的中國式聖人。康德反對神學的道德學，天主教是地道的神學的道德學。對於基督徒，道德律從哪裡來？從上帝來，道德建基於神學。康德正好反過來，神學建基於道德。道德建基於神學，是他律道德。所以天主教反對康德，把康德的書看成是禁書。」[116]所以，牟宗三認為儒道釋三教可以通過康德的道德哲學把基督教「寄託在上帝那裡的那個信仰吸納到實踐智慧學裡化掉」，以內聖之學成德之教為人類建立一個真正以人為本、道德宗教通而為一以實現無限圓滿的「道德的宗教」：「『成德』之最高目標是聖、是仁者、是大人，而其真實意義則在於個人有限之生命中取得一無限而圓滿之意義。此則即道德即宗教，而為人類建立一『道德的宗教』也。」[117]牟宗三正是在此立場上，「以民族精神為體，以西洋文化為用」、「以體充實體，以用補助用」，建立了一個龐大的哲學體系，廣泛涉及哲學、宗教、歷史、道德、政治、經濟、科學、藝術各個領域，力圖通過儒家思想的偉大復興來實現中華民族的偉大復興。

---

[116] 牟宗三：《四因說演講錄》，《牟宗三先生全集》（第 31 冊），頁 56。

[117] 牟宗三：《心體與性體》（一），《牟宗三先生全集》（第 5 冊），頁 8。

　　應當說，以賀麟、牟宗三為代表的現代新儒學的發煌主要原因是痛切於近代中華民族受盡西方列強凌辱而失魂落魄的奮發崛起，其次是對西學衝擊下中國文化趨於沒落這一巨大挑戰而進行系統回應的自信自強，最後才一定程度上可以視為耶儒互動的哲學產物，因此之故，本書微觀研究中並未專門論述現代新儒家。

　　總體來說，這一階段耶儒互動的成功經驗通過比較趙紫宸、謝扶雅與張亦鏡、徐松石的理論貢獻及其對後世的影響可知，從哲學上對耶儒進行系統深入地融合應當以人為本而非以神為本，這才是耶儒之間最大的共性所在，足以化解具體生活實踐中的嚴重文明衝突，因此之故，貫通耶儒「以儒為本」比起「以耶為本」的路徑更為通暢[118]。另外，從以賀麟、牟宗三為代表的現代新儒家來看，他們都以儒家為發展的起點與圓善的終點，而將基督教置於整個西方文明中予以理解與消化，這種大胸襟與大手筆顯然使得儒家與基督教的對比不再處於劣勢地位，完全扭轉了明清以來基督教一直占據高位的主動局勢，在儒、道、釋、耶、西方哲學的互啟互發、相摩相蕩中，耶儒互動自然而然就超越了自身的歷史局限，從唐元特別是明清以來兩方對比孰優孰劣、孰高孰低進入了多方對比各有優劣、互見高低的世界文明對話新時期。這也喚醒我們在疏理了耶儒互動歷史進程三個階段之後、在

---

[118] 可惜現代新儒家們並不像本色神學家王治心《孔子哲學》《孟子研究》《中國歷史的上帝觀》、謝扶雅《中國倫理思想》《中國政治思想史綱》、羅光《中國哲學思想史》《儒家哲學的體系》、徐松石《聖經與中國孝道》、何世明《從基督教看中國孝道》等對中國哲學、儒家哲學展開系統深入的專題研究那樣地對基督教哲學也展開系統深入的專題研究，從而更大範圍更深層次地促進耶儒互動的進一步發展。

直面耶儒互動主要內容之前，完全有必要對中國歷史上耶儒互動的原因也展開超出「中國歷史」的邏輯分析，作為下文「歷史與邏輯相統一」的深廣背景與平穩過渡。

四、中國歷史上耶儒互動原因分析

　　理論來源於實踐、服務於實踐，理論發展與成熟的過程中處處都會受到社會實踐的限制，然而，一旦某種追求世界永恆真理的理論已經發展成熟到可以自為自足的程度，它就不僅能脫離社會實踐的諸多限制，而且還能在某種程度上影響社會實踐的走向，正如小孩脫離父母的懷抱長大成人以後，都希望並能夠按照自己獨立的意願創造出美好的新事物。基督教與儒家作為世界上兩種偉大文明，到明清時期開始真正產生深刻的互動，此時基督教與儒家的理論形態都早已成熟，其自為存在的力量已經強大到足以推動或者阻礙一個國家甚至整個世界的發展進程。事實證明，中國歷史上的耶儒互動確實對中國古代社會向近現代社會的轉型有著直接或間接性至關重要的影響。雖然基督教與儒家在理論上能夠自為自足，但如果它要對社會實踐產生影響，還是必須借助各種可以湊效的實踐載體作為具體生成形式，比如人的行為活動、部門機構的運轉、語言文字的傳播等等，雖然它們都旨在追求純淨的永恆真理，還是不可避免地要與渾濁的世俗利欲走在同一條路上，並且往往在彼此讓步、妥協甚至狼狽為奸的變態合作與畸形發展過程中，糾纏不清、難分難捨，一而再、再而三地演繹著由人類社會局限拖垮人類文明進步的悲哀，十九世紀中國基督新教的傳播與歐美列強的侵略幾乎同聲同氣，就是一個足以

讓人警醒的例證。因此,我們在對中國歷史上的耶儒互動內容展開系統研究之前,有必要對耶儒互動的原因進行專門分析。

1、實踐需求

正是由於人的局限性、社會發展的局限性,在人類社會實踐中,具有整體超越性的成熟理論永遠都是剛性需求,只不過這種需求有著為善(真善,出於天理、公義)與為惡(偽善,出於人欲、私利)兩種表現形式,在此基礎上,人的社會實踐又有主動實踐與被動實踐、群體實踐與個體實踐、綜合事務實踐與單一行為實踐、上層社會的實踐與下層社會的實踐、熟悉環境的實踐與陌生環境的實踐等多種區分,因此,即便從大的方面來看,實踐呼喚理論指導的原因仍然是多種多樣的,像基督教與儒家這樣對社會、政治、經濟、文化等各領域都有著全面滲透、持續導航等重大影響的世界性偉大文明,實踐呼喚的聲音更是顯得迫不及待而又多姿多彩,尤其是當一種文明早已成為某個社會的意識形態(價值判斷、審美標準)而另一種文明又試圖在此落地生根繁衍生息的時候,種種需求甚至會讓常人感到光怪陸離、不可思議。考察中國歷史上的耶儒互動,我們不難發現這一點。

(1)唐朝景教

「景教從敘利亞傳入波斯、阿拉伯、印度,更由波斯東傳中國,這其間有種種原因:經濟的、政治的和文化的,而最主要的還是經濟的原因。」[119]不管景教東傳(流亡)的主要原因到底在經濟還是在文化抑或政治方面,有一點是肯定的,被羅馬帝國

---

[119] 朱謙之:《中國景教》,頁 58。

判為基督教異端的景教（聶斯脫利派）傳入中國前曾先後受到羅馬、波斯等國殘酷的政治壓迫以及基督教、猶太教、伊斯蘭教等教猛烈的文化打擊，正為如此，雖然景教在入唐之初便受到太宗隆重禮遇，但心有餘悸的景教徒們初入異國他鄉，面對一個政治與文化都非常強大的陌生環境，再加上以往一直被視為異端而遭致各種排擠，難免對自己的教義信心不足，他們只能處處都謹小慎微地採取迎合他人的被動實踐：對歷代皇帝歌功頌德，盡可能保持親密關係；適應儒道釋三教並重的文化環境，盡可能使用他們的話語系統。因此，雖然景教經文中對「天主造物」、「三位一體」、「原罪救贖」等基督教基本觀念也有所論及，但總體上絕不敢與當時的儒道釋三教有所抗衡，尤其是唐朝文化鼎盛、士林發達，並不缺乏宗教信仰，對景教的獨特思想也沒有瞭解與接受的強烈興趣，這些都決定了各方面都處於劣勢、守勢而被動實踐的景教不可能在文化上與儒家、佛教和道家產生真正意義的深入互動，對儒家根深蒂固的忠孝觀念與天祖崇拜更是不敢堅決抵觸，只能被動接受並予以宣揚。對景教徒來說，自始至終最重要的主題都是生存，而不是互動，儘管如此，他們仍然沒能避免唐武宗會昌法難所造成的傳教中斷的悲劇，其時生存之艱難、互動之奢侈，可想而知。

（2）元代也里可溫教

元代景教與天主教和唐代的情況基本類似，但也有一些新的情況。首先，它對皇權政治的依附性比唐朝時期更強，一方面，會昌法難之後，景教被迫由中原徙向西北邊陲，傳教主要對象由漢人轉為蒙古、維吾爾等少數民族，後來能夠回歸中原完全是因為蒙古族的崛起與元帝國的建立，它們依靠先前與元朝皇室公卿

之間的密切關係以及天文醫藥等服務技能而獲得榮寵，可以說，皇權政治幾乎就是它們的立教之根傳教之本，「成也蕭何、敗也蕭何」的命運不問可知。另一方面，蒙古帝國鐵騎西征所向披靡，「殺戮殆盡」、「骸骨遍野」讓歐洲各國都非常恐懼，在這一政治背景下，羅馬天主教廷不得不派遣傳教士出使蒙古以和為貴，請求蒙古皇帝停止西征與殺戮，雖然傳教士們都打著上帝懲惡揚善的口號，試圖以宗教力量化解戰爭威脅，但顯然是一廂情願的，最終無功而還。後來天主教派入蒙古的傳教士之所以獲得成功，也不過是走了景教長期依附宮廷、歸化名公巨卿的老路線。再者，它與儒道釋三教的互動性比唐朝時更弱，雖然元朝時景教與天主教也曾建立過不少寺院、歸化了不少信徒，但這些都主要是為蒙古族服務[120]，由於元代的民族隔離、文化隔離政策及其短暫統治，景教與天主教既不可能也無必要與漢族儒家文化產生互動，即便是蒙古族基督教世家中也有儒學造詣較深的趙氏、馬氏家族，但都並未對漢人產生影響。從現存資料看，元代景教漢化程度還不如唐代，在一般的漢儒眼中，都以邪教視之，佛、道二教也對它進行打壓，隨著元朝的滅亡，缺乏漢族文化與下層社會思想基礎的景教、天主教傳播自然中斷[121]。

---

[120] 反而不如中國歷史上伊斯蘭教的傳播，傳教身分經過唐宋時期「蕃商胡賈」——「蠻裔商賈」——「土生蕃客」的演變，在全國各地下層社會各行各業逐漸形成「大分散、小聚居」的整體態勢，所謂「元時回回遍天下」，進一步發展到明清時期，便形成了非常穩定的信眾群體——回回民族（回、維吾爾、哈薩克、東鄉、撒拉、保安、烏孜別克、柯爾克孜、塔塔爾、塔吉克等十大少數民族），深深地扎下根來。

[121] 相關研究可參看黃子剛：《元代基督教研究》，暨南大學博士學位論文，2004 年。

　　唐元時期耶儒互動之所以沒有真正產生，根本原因是在社會實踐過程中，基督教一方的主要精力都放在依靠政治力量滿足生存需求之上，在普通人生命境界的更高訴求上並未與儒道釋三教發生實質性的溝通，在一個全新的環境中，面對強勢文明，它們並未與上層社會或下層社會的群體日常的各種綜合事務發生關係，這樣的傳教本質上還是一種「單一行為的個體實踐」，很容易就被波譎雲詭的社會海洋中各種強大的異己力量所擊垮、吞噬。

（3）明清天主教

　　明清時期天主教的傳教活動較之唐元時期有一個根本的區別，那就是從「適者生存型的被動實踐」轉而為「精神狩獵型的主動實踐」，從「個體的單一行為實踐」轉而為「群體的綜合事務實踐」。這種與之前完全不同的特徵與基調從最早來東方傳教、夢想歸化中國的耶穌會創始人之一沙勿略就開始奠定了：「第一位嘗試進入中國進行傳教的是沙勿略，此人於明嘉靖年間在日本傳教。深受儒學影響、漢唐遺風猶存的日本人卻質問他：『如果你們的宗教是真理，為什麼作為一切智慧之源的中國人沒聽到它呢？』這個難以回答的問題使其萌發了一個念頭；先以基督教歸化中國人，進而影響整個儒家文化圈。為此，他決心進入中國傳教。嘉靖 31 年（1552），這位享有宗教欽使特權的傳教士登上廣東海外的上川島（距廣州 30 里），但明帝國的海禁使他只能望洋興嘆，根本無法進入內地。在緊張的謀劃和焦灼的等待中，身心交瘁的沙勿略因熱病猝死於同年年底。彌留之際，這位絕望的傳教士曾對著中國大陸喊道：『岩石岩石，你何時才能

裂開？』」[122]

可以說，與唐元時期景教的傳播相比，正是在明清時期，基督教的教會與教義在這個文明古國才開始有了「自為自足的意識」，才有了超越個體生存需求的真正意義上的宗教傳播，並且，與第四期基督新教的傳入傳播相比，難能可貴的是，這一時期的歐美各國對華夏民族的文化輸出雖然也有各種修會的利益糾葛，但並未包含或伴隨政治擴張的內容，其最初的出發點主要是彰顯公義的「為善」而非滿足私欲的「偽善」。正為如此，利瑪竇等人抱著「歸化中國」的美夢，傳教之初當務之急便是瞭解對所有中國人影響最大的思想觀念，然後想辦法用天主教的信仰去改變它、代替它。這樣，儘管利瑪竇一開始誤以為中國人主要的信仰是佛教，在改換儒服前走了十年的彎路，但出於明確的實踐目標，他最終還是找到了中國文化主幹中的主幹——儒家文化，然後便將全部的精力都放在學習儒家文化、交遊儒家知識分子、影響官方儒教意識形態之上，從利瑪竇開始，耶儒互動的大幕才真正拉開了，互動最根本的原因雖然是下一節將論述的「理論指向」（基督教作為普世宗教的教義與教行使然），但對於利瑪竇而言，顯然現實中最直接的原因便是帶著耶穌會士的傳教使命去完成前輩沙勿略等人的未竟之業，對於基督教來講，教義是根，而教會是果，但對於具體的傳教任務來講，是實踐在前，而理論在後。

這一時期的耶儒互動有融合與衝突兩種表現形式，總體來說，融合的原因在天主教一方，主要是為了在實踐上減少傳教阻

---

[122] 孫尚揚、鍾鳴旦：《一八四〇年前的中國基督教》，頁 100。

力、導人皈依，而非在理論上取長補短抑或和而不同；在儒家方面，主要是為了理論上取長補短、和而不同，以便更好地開展生活實踐。顯然，互動雙方發生了嚴重錯位[123]，若不是利瑪竇等傳教士的人品與學識為儒家士大夫們所認可與欣賞，發生誤會與衝突乃是情理之中的事。衝突的原因可以分為兩種情況，在南京教案與欽天監教案中：天主教一方，主要是由於教理的獨特性不彰所導致的曖昧態度與特殊行為難免令人起疑，實踐方面反倒並沒有出什麼錯誤。而儒家方面，主要又不是教理上的問題，而是因為宵小之徒個人私利與政治權謀的實踐需要。顯然，這裡也發生了嚴重的錯位。另一種情況是龍華民改變了利瑪竇的適應策略，從而在有關「上帝」「天主」、「祭孔」「祭祖」的理論與實踐上，耶儒兩種不同文明成為敵對，這裡並沒有發生錯位。時至今日，我們可以發現，雖然延續 300 多年曠日持久的禮儀之爭對天主教在當時中國的扎根生長產生了很大的負面影響，但應當說，這種衝突在兩種如此強大而又異質異性的世界偉大文明之間是遲早的事情，何況在人類未來社會無盡的歷史長河中，300 年也不過只是一個瞬間而已。我們可以把它看作基督教真正扎根中國前學習中國文化時所必須要交的學費，在文明交流領域，正是

---

[123] 「中國人的關心之處，基本與傳教士們的定見相反。利瑪竇希望身內物與身外物的差別，能促使中國人關心拯救他們的靈魂。但高攀龍則認為，同一種區別的目的，僅僅是使人進入智慧之路，學會與宇宙的內在秩序相協調地生活。中國的文人並不是為了求天饒恕其過失而從事身省，而是為了更好地知道自己的過失並改正之。他們不一定要求必須嚴格地苦修，以在上天面前自我羞辱，而是為了自我控制，以便能與『天理』相合。」謝和耐著，耿昇譯：《中國與基督教：中西文化的首次碰撞》（上海：上海古籍出版社，2003 年），頁 128。

有了前人篳路藍縷受盡磨難的開荒，後人才能下地耕種、分享收穫，由此說來，「禮儀之爭」對於耶儒互動以及整個中西文明交流都是有利的，正是在這樣大量知識分子大規模長時間參與的理論與實踐衝突中，兩種不同文明各自的優劣及其主體性才更為清晰地凸顯出來，去粗取精、去偽存真，讓世人以及後人的眼睛與心靈變得更加明亮[124]。因此，當我們從耶儒互動原因這個角度來看，赫然可見：明清時期傳教士的傳教實踐抑或中國知識分子的受教實踐與排教實踐，不管是在理論方面還是在實踐方面，不管是融合還是衝突，對於耶儒互動進一步的實踐來講，並非沒有益處。

（4）近現代基督新教

近現代基督新教與儒家的互動在實踐需求方面的各種原因比起明清時期來說要複雜千百倍，試想如果「禮儀之爭」也產生於這個時期，那將會給本已亂象叢生的政治、文化等社會各領域攪

---

[124] 比如關於上帝譯名的問題，耶儒之間、傳教士之間從利瑪竇開始一直到 1919 年在華各派傳教士聯合翻譯的新版《聖經》為止，以清初的「禮儀之爭」與晚清《萬國公報》的「聖號之爭」為集中表現，400 多年間論爭不斷，這對於當時及後世全面深入地理解中西文化衝突的實踐起因都是非常有幫助的：「《萬國公報》上這場轟動一時的聖號之爭，淵源於英、美兩國傳教士的利益和觀點之爭（在傳教策略以及對待異教態度上的門戶之爭）」、清初那場譯名之爭「主要原因是由於跟耶穌教會不同派系並代表不同國別利益的其他傳教組織如法國的外方傳教會和西班牙的多明我會、方濟各會為了排擠耶穌會，以『上帝』譯名作為攻擊耶穌會的靶子，……最後，決定那一場論爭塵埃落定的也仍然是中國皇帝和梵蒂岡教皇這兩大巨頭的角力。」李熾昌：《聖號論衡——晚清《萬國公報》基督教「聖號論爭」文獻彙編》（上海：上海古籍出版社，2008 年），封面及前言頁 5。

得如何如何的混亂不堪。反過來說，南京教案與欽天監教案以及接近尾聲的禮儀之爭雖然在當時對耶儒各方都有害無益，但卻給後世進一步的互動既減少了阻力、降低了難度，也提供了經驗教訓，理雅各、李提摩太、林樂知、丁韙良、李佳白、花之安等傳教士在這個問題上並沒有多走彎路而是直接返回到利瑪竇的原點，就是一個很好的證明。總體來說，這個時期耶儒互動的四個發展階段在實踐方面的需求各有不同，雖然有些是出於真善（比如孫中山），有些是出於偽善（比如洪秀全），但都是整個社會群體主動的綜合行為實踐，因此，顯得波瀾壯闊。

　　太平天國運動時期，由於其領導者洪秀全乃是出於個人政治野心和思想專制欲望而借鑑基督教的相關理論創立拜上帝教，並且，出身科考儒生的他自始至終都是將所謂的儒學作為實現其政治仕途的工具、跳板或必由之路，因此，雖然他看似兼具儒生與基督徒兩種身分，但其實儒學與基督教的真精神在他個人私欲的專制與糟蹋下，都完全變質了，在他身上耶儒之間並沒有發生真正的互動。但由於太平天國運動對中國近代社會變遷的巨大影響，人們對其意識形態中的耶儒因素展開分析研究，洪秀全作為一個「惡的力量」推動了耶儒之間的進一步互動，直到今天。在太平天國運動「有田同耕，有飯同食，有衣同穿，有錢同使，無處不均勻，無人不飽暖」這一「善的目標」激發與指引之下，自幼便以「洪秀全第二」自勵自許的孫中山終於本著儒家與基督教的真精神成功建立了一個崇尚民主、民權、民生的中華民國。孫中山本是一個地地道道的基督徒，但卻並不以此標榜，反而一再強調自己是儒家道統的繼承者，將儒家和而不同的理念應用到憲法上，保障民眾的「信仰自由」，這些對於孫中山本人而言，雖

然與洪秀全一樣，主要也是出於政治需要的現實功利考慮（自下
而上的思維，以民眾所需為主導，以聖人所欲為賓從），並非作
為信徒單純地就是為了成全耶儒博愛、仁愛的聖教（自上而下的
思維，以聖人所欲為主導，以民眾所需為賓從），但由於孫中山
與洪秀全那種完全為了實現皇權專制的個人私欲截然不同，他是
真的為了實現「天下大同」的「天理」「公義」，這一點從他讓
位袁世凱不僅心無所憾，還積極投身社會實踐足以證明：「僕此
次解職，外間頗謂僕功成身退，此實不然，身退誠有之，功成則
未也。僕之解職有兩原因；一在速享國民的自由；一在盡瘁社會
上事業。吾國種族革命、政治革命俱已成功，惟社會革命尚未著
手，故社會事業在今日非常緊要。今試即（以）中國四萬萬人析
之，居政界者多不過五萬人，居軍界者多不過百萬人，餘者皆普
通人民。是著眼於人數，已覺社會事業萬萬不能緩辦。未統一以
前，政事、軍事皆極重要；而統一以後，則重心又移在社會問
題。前者乃犧牲自由之事，後者乃擴張自由之事，二者並行而不
悖。僕此次解職，即願為一人民事業之發起人。蓋吾人為自由
民，而自由民之事業甚多。且吾國困頓於專制政體之下，人格之
喪失已久，從而規復之，需力絕巨，為時亦必多。僕不敏，請擔
任之。」[125]冥冥之中自有天意，洪秀全「以奪取為目的」，因
此耶儒的真精神也棄他而去，孫中山「以服務為目的」[126]，因
此耶儒的真精神也為他服務。洪秀全妄圖將耶儒都玩弄於股掌之
間，結果耶儒在他身上並沒有發生真正的互動與真正的作用，孫

---

[125] 孫中山：〈在湖北軍政界代表歡迎會的演說〉，《孫中山全集》第二卷
　　（北京：中華書局，1982 年），頁 335。
[126] 孫中山：《三民主義·民權主義》，《孫中山全集》第一卷，頁 296。

中山主觀上雖然並未想要極力融通耶儒，但耶儒在他身上確實發生了真正的互動與真正的作用[127]。以耶儒互動中的洪秀全與孫中山作為鮮明對比，我們可以得出一個非常重要的結論：任何兩種文明之間的有益對話與有效交流都應該出於「天理」、「公義」而非「人欲」、「私利」的實踐需求，尤其是有著黨團政治力量的群體主動實踐。

　　差不多同樣的情況也出現在以義和團運動為頂點的一系列晚清教案和孔教運動上。義和團運動以「扶清滅洋」為宗旨，視死如歸，看似大公無私，實則完全為人欲和私利所奴役而懵懂不知、盲目自詡。據時人記載：義和團「痛恨洋物，犯者必殺無赦。若紙煙、若小眼鏡，甚至洋傘、洋襪子，用者輒置於極刑。曾有學生六人倉皇避亂，因身邊隨帶鉛筆一枚、洋紙一張，途遇團民搜出，亂刀並下，皆死於非命。羅稷臣星使之弟熙祿，自河南赴津，有洋書兩箱，不忍割愛，途次被匪繫於樹下，過者輒斫，匪刀極鈍，宛轉不死，仰天大號，顧以為樂。一僕自言相從多年，主人並非二毛，亦為所殺，獨一馬夫倖免。其痛恨洋物如此。」[128]義和團作為一個極端的案例，儒家與基督教的思想並沒有正面登場，不足為訓，在之前幾百次教案中，地方官紳與傳教士之間貌似有很多耶儒之間思想衝突的原因，但其實本質上與義和團是一樣的，在人欲和私利的統治下，其所謂「儒」、所謂「耶」都不過是一個幌子，對於他們來說，並非追求終極關懷，甚至也不是真正為了維護傳統的風俗習慣，更多地是帶著各種複

---

[127] 具體對比請參閱本書第二章第三節。

[128] 佐原篤介、漚隱：〈拳事雜記〉，翦伯贊等編：《義和團》第 1 冊（上海：上海人民出版社，1960 年），頁 289。

雜情緒在個人的「日常利益」中轉來轉去而已。在各種變態情緒
與盲目暴力的情況下，耶儒之間又怎能產生真正的互動？有見於
此，則可知戊戌變法失敗之後康有為、陳煥章所領導的「孔教運
動」本質上也並無兩樣[129]，如果說變法前康有為「請尊孔聖為
國教」的主張一半是為了恢復民族自信的「公義」，另一半是為
了實現個人政治目標的「私欲」，那麼，在變法失敗後，在試圖
依靠兩次「冒天下之大不韙」的帝制復辟以定孔教為國教又相繼
失敗後，當孔教已經為絕大多數知識分子所抵觸甚至唾棄之後，
還固執己見地推行孔教運動，其動機、其行為不能不說也與義和
團有些神似。事實證明，康有為在耶儒互動領域作出的貢獻並不
在失敗的孔教運動上，而在其「大同」「天遊」學說。[130]

　　和孔教運動一樣，洋務運動、新文化運動與非基督教運動也
都與政治圖謀密切相關，雖然都是民族精神主體意識覺醒的表現
形式，但後三者與「不得人心」的孔教運動大不相同之處是它們
在當時主流知識分子群體主動的實踐中是「得人心」的，它們對

---

[129] 義和團運動與孔教運動除了被政治私欲利用與以失敗告終這兩個明顯的
共同點之外，文化上還有一個很大的共性，即雖然其表現形態為消極作
用的守舊排外與神化迷信，但其失敗結果卻引起了全國輿論性的大反
思，從而對於推動中國近代思想啟蒙（開民智，新民德）與民族自覺
（厲民氣、倡民權）起到了很大的積極作用。相關研究可參看王致中：
〈封建蒙昧主義與義和團運動〉，《歷史研究》1980 年第 1 期；史革
新：〈義和團運動與近代思想啟蒙〉，《北京師範大學學報》（人文社
會科學版）2000 年第 5 期；黃慶林：〈義和團運動時期清政府守舊派
思想研究〉，北京師範大學博士學位論文，2006 年；劉宏：〈義和團
迷信及其社會反應考察〉，河北師範大學博士學位論文，2007 年。

[130] 具體分析請參閱本書第四章第二節。

於外國文化總體上是一種學習與利用的姿態（非基運動主要初衷是向基督教會收回教育主權，並非真正想要反對基督教或外國文化），是一種開明的觀念與包容的心態，孔教運動雖然借鑒了基督教的組織形式，但其直接目的就是反對以基督教為代表的外國文化的，是一種保守的觀念與排外的心態。正為如此，雖然新文化運動與非基督教運動看似對基督教的發展製造了很大的障礙，其實卻直接促成了接下來基督教文化與中國文化的深度融合。由此可見，促進耶儒互動或其他不同文明之間的交流，在實踐需求上，主流社會包容的心態、開明的觀念與自由爭鳴的學術氛圍是非常重要的，即便這些在當時乃至其後一段時間看似弊大於利，實則不僅對其後的長遠發展非常有利，而且即便是在當時，也是利大於弊，因為真正的互動者就生長在這塊飽含各種觀念營養的肥沃土壤，只要根基足夠穩固（對上帝對聖人的理解足夠完整、信仰足夠堅定），越是風吹雨打它的生命力越是頑強，枝幹越是粗壯，最後結出的果實越是甜美，我們看到，不久之後便拔地而起的本色神學家與現代新儒家的發煌即為明證。

2、理論指向

　　理論源於實踐，偉大人物在偉大的實踐中總結出偉大的理論，開創了偉大的文明傳統，在很大程度上影響歷史的前進目標與發展過程，但並不是每個國家與民族都幸運地擁有能夠影響整個世界也確實影響了整個世界的偉大人物與偉大理論。儒家與基督教都有幸成為其中之一，自然在互動過程中彼此都有著教化、歸化對方等強烈的理論指向，如何盡可能地避免異化與被異化，在「己所不欲，勿施於人」、「己欲立而立人，己欲達而達人」

的基礎上成人之美而非成人之惡,這是本小節開始一直到論文結束宏觀的理論分析與微觀的人物研究試圖回應的問題。

(1) 應當持守兩個基本理念

德國哲學家雅斯貝爾斯 1949 年出版的《歷史的起源與目標》提出「軸心時代」的命題:認為時間上大約在西元前 800 年至西元前 200 年之間、空間上大約在北緯 25 度至 35 度之間,人類有四大文明傳統出現了偉大的精神導師,產生了偉大的理論,古希臘有蘇格拉底、柏拉圖、亞里斯多德等,以色列有猶太教的先知們,古印度有釋迦牟尼,中國有孔子、老子等,他們所開創的文化傳統而後影響了全人類的基本生活。特別值得一提的是,身處基督教世界的雅斯貝爾斯這裡並沒有談及耶穌,原因很簡單——耶穌直到西元前後才出世,與他們並不在同一條歷史水準線上,絕不是因為雅斯貝爾斯也像基督徒一樣,將耶穌視為與偉人(先知)完全不同的「三位一體的神」,他並不是一個以歐洲為中心的盲目自大者,因為在 1957 年出版的《大哲學家》(晚期構想的三卷巨著僅僅完成的第一卷)中他列舉「人類的大人物」時,蘇格拉底、佛陀、孔子、耶穌作為「思想範式的創造者」在地位上完全是平等的,「四位大師中的每一位都有其他三位所不具備的偉大之處。」[131]「我們可以知道,沒有誰是完美無缺的,每個真理在其實現過程中都有著它的局限,對人物的神化會使我們自己看待人物和真理的目光變得渾濁。」[132]他們本質上都是「大哲學家」,而不是「佛」或「神」,「他們同屬於一個

---

[131] 雅斯貝爾斯著,李雪濤主譯:《大哲學家》(北京:社會科學文獻出版社,2005 年),頁 195。

[132] 雅斯貝爾斯:《大哲學家》,頁 60。

共同的王國，並在那裡相遇。……相逢於他們思想的觀念之中。」[133]「他們四人所關心的不僅僅是知識，而更是在思想之中內在行為的轉化。」[134]「這四大思想範式的創造者真實性的內涵是對人類基本境況的體驗以及對人類使命的澄明。」[135]雅斯貝爾斯完全跳出了狹義、封閉、自大的「歐洲中心主義」，趨向於一種廣義、開放、謙虛的「人類中心主義」，所以他在自己晚期巨著的「導論」中談論具體的「大哲學家」「人類的大人物」之前首先明確指出：「如果一個人是真實的和本質的話，那每個真正的思想家在根源上都跟這每個人是一致的。」[136]而後當他在談到孔子時，便不由得讚美之辭溢於言表：「無論在什麼樣的場合，孔子在本質上所關心的都是人類及其社會。」[137]「孔子的根本思想：借對古代的復興以實現對人類的救濟。」[138]「終極事物從來沒有成為孔子探討的主題。」[139]「孔子透過有關善惡的知識在社會中從事建立俗世秩序的工作，而根本沒有觸及到善惡彼岸之領域。因為在孔子看來，社會的秩序根本不是一個絕對的存在。對孔子來講，統攝乃是背景，而不是主題，是令人敬畏的臨界與基礎，而不是當下的工作。」[140]「孔子只希望自己是一個人，因為他知道他從來就不是聖人，但最終還是被

---

[133] 雅斯貝爾斯：《大哲學家》，頁 22。

[134] 雅斯貝爾斯：《大哲學家》，頁 192。

[135] 雅斯貝爾斯：《大哲學家》，頁 194。

[136] 雅斯貝爾斯：《大哲學家》，頁 11。

[137] 雅斯貝爾斯：《大哲學家》，頁 130。

[138] 雅斯貝爾斯：《大哲學家》，頁 115。

[139] 雅斯貝爾斯：《大哲學家》，頁 138。

[140] 雅斯貝爾斯：《大哲學家》，頁 148。

奉為了神明，這真是一個令人深思的發展。」[141]顯然，雅斯貝爾斯對神化「只希望自己是一個人」的孔子持反對意見，同樣，他也並不主張神化耶穌，我們從他對耶穌缺乏信仰熱度和語言熱度的冷性描述也可以真切感知。

　　總體來說，雅斯貝爾斯這種「人類中心主義」的態度和觀念與之前的康德可謂一脈相承，康德將「物自體界」（超驗世界，無限性）與「現象世界」（經驗世界，有限性）二重區分，他的主觀目的並不是真的要否定「神」或架空「神」，而是想通過純粹理性的審判取消「神學形而上學」的合法性，從而避免經驗世界中「某些人」打著超驗世界中「上帝」的名義與口號為非作歹，不僅戕害了人性、阻礙了社會的進步，同時也惡性綁架、侮辱了真善美全能的上帝。因此，他提出人的社會實踐應該依靠人類的善良意志自己立法、自己守法，「始終把人當作目的，而不能當作工具」，堅守「每一個理性存在者的意志都是頒佈普遍規律的意志」，這才真正符合耶穌「你要別人怎樣對你，你也要怎樣對人」的教導，而不能任由一小部分人肆意打著上帝的旗號，非法地強行去為其他人立法，把其他人都當成工具而非目的，為所欲為。對於康德來說，對神的信仰應該建立在人文理性與道德行為的基礎之上，而不是相反，人的社會實踐就是一個以真善美（上帝）為理想目標而不懈努力提高自我、完善自我的過程。顯然，康德「以人為本」、重視理性行為的道德路徑與儒家哲學是基本一致的，只是作為道德公設的「上帝」對於康德來說，其真切性遠遠不如體用一源的「天命」、「天道」對於儒者的身心作

---

[141] 雅斯貝爾斯：《大哲學家》，頁153。

用。

對耶儒互動在「理論指向」方面的原因展開分析前，之所以首先談到康德與雅斯貝爾斯，是為了明確耶儒互動本應該持守的兩個基本理念：

第一，神與人的縱向關係是「物自體」與「現象」的關係。即便上帝或上天是實體性存在的，它也並不是基督教或儒家的專利品，更不是任何思想家或信徒眼中、心中自以為是的「產物」，所有人都是同一個上帝的「產物」，「造物主」怎麼會是「被造物」（某些人或某個人）的「產物」？！因此，文明交流時沒有任何人、任何學說可以打著上帝的旗號去從事所謂的「歸化」與「拯救」。

第二，偉人與偉人的橫向關係是家族類似、平等互補的關係。一方水土養育一方人，人類不同的文明傳統在不同的時空中出現了不同的「偉人」，偉人之所以是偉人，就在於他們能在很大程度上超越一方水土的局限性，以「經天緯地」之能「經時濟世」，以「放之四海而皆準」的大胸懷與大智慧鑄就了「一方水土」的民族精神或國家靈魂。因此，不同文明傳統的表現形式會有所不同，但偉人們「經時濟世」的心態是一致的，「經天緯地」的思維是相通的，他們都是「父天母地」人類大家族中的兄弟姐妹，由於遺傳基因與成長環境不同而有所不同，彼此之間能夠互啟互發、應該互助互補。文明交流時沒有任何人、任何學說可以抱著「父親的強權」抑或「母親的慈愛」居高臨下地對地位本來完全平等的另一方進行越俎代庖的「安排」抑或是己非人的「包容」，兄弟姐妹之間，相互尊重——相互理解——相互欣賞——相互成全才是大中至正之道。

　　回顧中國歷史上真正產生耶儒互動的明清時期與近現代時期，顯然基督教方面的表現都違背了這兩個有益於文明交流的基本理念，而儒家方面則基本上都與此相合，理論方面的原因一言以蔽之：基督教以神為本，故居高臨下、是己非人；儒家以人為本，故以和為貴、成己成人。

　　一般而言，兩種不同文明之間的互動原因，從「理論指向」的角度來考慮，可以分為兩個方面：一是為了理論推廣和理論承續，二是為了自我批判與自我修復。

（2）理論推廣和理論承續

　　基督教的「普世主義」與儒家的「天下主義」志在教化的對象都是所有人，並非局限於某一個國度或民族，這就自然會要求相關理論的掌握者努力向外國或外族推廣自己所認為的「每一個人都應該學習的理論」，基督教從聖徒保羅開始，就大力向異邦人傳教，其後傳教士前赴後繼，最終導致西方各國差不多都成了基督教文化世界。儒家從春秋時代開始，也經歷了尊王攘夷——用夏變夷——學在四夷的傳播過程，到漢武帝獨尊儒術時全國各民族差不多也都成了儒家文化世界。但從中國歷史上的耶儒互動可以看出，不僅基督教居於主動，是傳教方，儒家處於被動，是受教方，而且這是基督教不遠萬里、歷經艱難困苦前來異國他鄉「為主得人」，而儒家卻安於現狀，並沒有絲毫像海外傳播的欲望，二者之間的區別還是比較明顯的，究其理論根源在於：基督教文化深受古希臘哲學影響，英雄主義的敵對思維與征服欲望以及航海文明的冒險精神與開拓志氣都在它身上打下了深深的烙印，再加上基督教脫胎於猶太教，創教者耶穌、保羅等人作為猶太人不滿足「上帝」、「救世主」這些世界性的宗教觀念被猶太

先知們僅僅收攝在猶太民族身上，因此，基督教的創教在很大程度上就是為其他國家、其他民族而創，二者一結合，便決定了基督教必然是一種崇尚傳教的宗教，而且對於歸化海外其他國家和民族有一種非常強烈的冒險精神和征服欲望。儒家文化產生於古老的農業文明，與遊牧文明不同，農業文明最大的特點就是安居守業、樂天知命，所謂「樂天知命，故不憂，安土敦乎仁，故能愛」，講究在倫常日用中不斷修養自己的心性、提高自己的生命境界，一方面與天合一，樂得其化，一方面與人合一，樂觀其成。所謂「與天地相似，故不違。知周乎萬物而道濟天下，故不過。旁行而不流，樂天知命，故不憂。安土敦乎仁，故能愛。範圍天地之化而不過，曲成萬物而不遺。」（《周易・繫辭上》）儒家崇尚在內聖的基礎上自然實現外王，因此重在強調「君子求諸己」、「古之學者為己」，通過「不言而信」、「不行而至」的方式風化他人、成人之美，這種「風化」並不是去主動教化他人，而是他人在「希聖慕賢」時通過「君子求諸己」、「古之學者為己」的方式率性修道、自我教化與自我美化，「王，天下所歸往也。董仲舒曰：古之造文者，三畫而連其中謂之王，三者，天、地、人也；而參通之者，王也。」（《說文解字》）所以說「禮聞來學，不聞往教」，人性本善，只要你有德行，人們希聖慕賢自然會猶如水之就下、爭先恐後，並不需要去強行教化他人，反之，如果你沒有德行，去強行教化別人不僅徒勞無益而且會自取其辱，所謂「人而不仁如禮何？人而不仁如樂何？」「夷狄之有君，不如諸夏之無也。」因此，純就基督教與儒家的理論指向而論，基督教重在橫向性的理論推廣、開拓創新，而儒家重在縱向性的理論承續、返本開新。這一點在明清時期利瑪竇與徐

光啟、李之藻、楊廷筠等人的思想交往中反映已很明顯，在近現代時期，伴隨著歐美列強武力侵略與文化殖民的新教傳播，比如「中華歸主運動」以及在華大辦教育、醫療、出版等等，體現得更為露骨。

（3）自我批判與自我修復

　　理論推廣和理論承續往往發生在兩種不同文明的交流之初，占據主動的一方多表現為旨在擴張的「理論推廣」，而陷於被動的一方則多表現為旨在保守的「理論承續」，一般而言，在初期二者之間「融合」大於「衝突」。一旦隨後發生各種複雜的現實利弊，被動的一方已經難以忍受之時，則往往可能出現帶有逆反情緒與世俗功利的大爆發，交流的主題變得更加深入，逐步觸及雙方的回防底線，此時初級的「融合」便轉化為初級的「衝突」。衝突之後，雙方的當事人或後繼者在理性地總結經驗教訓時，為了將來實現更高層級的融合，便會在理論上作出「自我批判與自我修復」。康德說，大海之所以偉大，除了它美麗、壯闊、坦蕩外，還有一種自我淨化的功能，基督教和儒家的智慧顯然都堪稱大海。縱觀中國耶儒互動史，延續 300 多年曠日持久的「禮儀之爭」就很能說明這個問題[142]：關於「天主」譯名、祭孔祭祖的問題，利瑪竇在初級融合方面取得的成績完全被繼任者龍華民一手導演的衝突輕易毀掉了，而後這場衝突從利瑪竇逝世（1610 年）延續至 1939 年羅馬教宗庇護十二世簽署、發佈「傳信部有關中國禮儀的某些儀式和誓言的通論」才不得不仍然以修

---

[142] 另外，現代新儒學也在義理方面修復了西學衝擊下或極端保守的孔教運動或極端開放的新文化運動所損害的儒家形象，但由於這一主題過於宏大而且與耶儒互動相關不夠密切，此處點到即止。

復「利瑪竇路線」的方式宣告最終解決。[143]然而，從利瑪竇開始延續至今並指向未來的耶儒互動，禮儀之爭反映出來的「上帝觀與祭祀觀」（一神信仰與多神崇拜、中華本位與基督本位）只不過是許多重大的互動主題（衝突或融合）之一，另外關於「原罪論與性善論」（神性之愛與人性之愛、他律倫理與自律倫理、神學的道德學與道德的神學）、「來世觀與今世觀」（靈肉二分與心物一體、個體主義與群體主義、宗教之教與教育之教）等各方面的衝突與融合都需要一個比「傳信部有關中國禮儀的某些儀式和誓言的通諭」對「禮儀之爭」的行政化解決方式更加系統也更加徹底的義理化解決，治標先治本，最後才能真正實現標本兼治、陰陽和合。否則，在中國或在其他國家的未來，耶儒互動還會層出不窮地湧現許多類似於「禮儀之爭」的重大問題，「是故聖人不治已病治未病，不治已亂治未亂，此之謂也。夫病已成而後藥之，亂已成而後治之，譬猶渴而穿井、而鑄錐，不亦晚乎？！」（《黃帝內經・四氣調神大論篇》第二）對於耶儒互動可能生發的「病理」、「亂象」而言，「不治已病治未病，不治已亂治未亂」的最佳方式無疑是互動雙方提前對彼此展開系統的學術研究。

3、學術推動

　　文明是人類所創造的財富總和，包括物質財富與精神財富，理想狀態下兩種不同文明之間的良性互動可以通過豐富人類的創造思維與創造行為促進身心和諧、實現物質財富與精神財富的幾

---

[143] 〈通諭〉全文可參閱孫尚揚、鍾鳴旦：《一八四〇年前的中國基督教》，頁 366-368。

何級數增長、推動社會的繁榮穩定。然而，事實上卻往往並非如此，尤其是在兩種異質異性文明互動的過程中，不同文明傳統中人們的實踐需求以及不同文明精神中終極的理論指向不僅會發生錯位，甚至很可能會產生激烈的衝撞，對於當時社會的和諧穩定有害無益。因此，在互動之前、之中、之後通過學者客觀的學術研究、學術應用、學術總結對文明互動很可能產生的各種衝突進行有效的解讀、宣傳、預防、緩衝、化解顯得尤為重要。所謂「大軍未動，糧草先行」，在人類社會發展到書本知識與大眾傳媒早已成為人們生活常識最重要來源的歷史階段，優秀的學術著作作為人們追求理想生活、奮鬥不懈的精神食糧，在很大程度上能夠有效推動文明對話雙方構築戰略合作夥伴關係，實現雙贏或多邊共贏，達到「聖人不治已病治未病，不治已亂治未亂」的理想目標。

學者，就是以群體實踐需求（社會責任）為個體理論指向，並以這種個體理論指向為個人實踐需求（學術生命）的理論工作者。現實生活中，學者們以群體的實踐需求作為個體的理論指向往往多體現為學術被動，即為實踐所迫與理論所強，不得不在逆境中奮發，進行思想創作與學術研究以解燃眉之急，而一旦收到實際功效之後，這種理論指向便成為他們的個體實踐需求，多體現為學術主動，思想創作或學術研究已經成為他們個人悟道修行、成己成人的精神實踐與生活樂趣。在異質文明的衝撞與融合過程中，這兩點都能得到極致的彰顯，比如，中國歷史上耶儒互動中傳教士與儒家知識分子通過「著作」與「翻譯」兩方面或主動或被動的學術行為就具有很強的典型性。

（1）明清時期

　　明清時期天主教與儒家的互動原因中，「學術推動」扮演了非常重要的角色，基督教方面多體現為「學術主動」，儒家方面多體現為「學術被動」。

A、基督教方面的學術主動

　　首先，傳教士們通過科學介紹類的著作打開工作局面，以供其所需的方式與上至朝廷下至民間的文人士大夫們建立起相對固定的功利關係，站穩腳跟。比如，利瑪竇的《坤輿萬國全圖》、《幾何原本》、《同文算指》、《測量法義》、《西國記法》、《渾蓋通憲圖說》等，艾儒略的《西學凡》、《西方答問》、《職方外紀》、《乾輿圖記》、《幾何要法》等，南懷仁《御覽西方要紀》、《測驗紀略》、《赤道南北兩總星圖》、《坤輿圖說》、《坤輿圖說》、《坤輿外紀》、《簡平規總星圖》、《新制靈臺儀象志》、《坤輿外紀》、《坤輿格致略說》等，湯若望的《火攻挈要》、《曆法西傳》、《新法表異》、《西洋新法曆書》等，這些天文、地理、數學、幾何等方面的專門之學不僅與中國文化天人合一、經世致用的實學傳統深相契合，而且在行業分工越來越細的明清時期也正是朝廷官員與民間精英的當務之急，事實證明，傳教士們正是通過這種方式出任官員、顧問、教師，不單排解了中國政府與民間社會對外國人的敵意與疑慮，還獲得廣泛的好感與尊敬。

　　其次，傳教士們進一步通過道德修養的著作維護良好的人際交遊圈或利益共同體，以投其所好的方式深化文人士大夫們已經產生的好感與尊敬，博取人心。比如利瑪竇的《交友論》、《二十五言》與龐迪我的《七克》等從善、惡、順、逆、損、益、道義、勢利、氣平身泰、克己進德、修學守仁、行善不伐、以謙伏

傲、以仁平妒、以施解貪、以忍息忿、以淡塞饕、以貞防淫、以勤策怠等修身養性的方方面面展開細緻入微而又不失平正的探討，深得儒林文人雅趣，以至爭相傳閱、風靡一時，可以說，儒家知識分子們是通過傳教士著作中「高尚的表述」才進一步接觸並認識到他們「高尚的行為」，這些著作在很大程度上給他們的傳教活動奠定了厚實的人文基礎。

最後，傳教士們通過宗教闡述類的著作引導儒家知識分子們不管是出於道德修養時砥礪心性的需要還是出於科學應用時窮根究底的需要都面向對宇宙、天主的沉思，以盡其所能的方式在補儒、合儒的基礎上實現「超儒」、「統儒」的原始初衷與最高目標，謀求歸化。比如《天主實義》、《畸人十篇》與艾儒略的《三山論學記》、《口鐸日抄》等著作，都採取中國人談玄論道慣用的問答語錄體，從天主造物、善惡報應、靈魂不滅與死後復生、原罪沉淪與悔改獲救等儒家「存而不論」的各個方面都作出了正面闡述，並結合論述儒家有關孝道、葬祭、求財、禍福等善生善死的觀念循循善誘、引人入勝，這些都令許多對傳教士心生好意的儒家知識分子們深感其道可以補儒家之不足，有益於世道人心，甚至在對宇宙、造物主的沉思中逐步趨向皈依。

很顯然，傳教士們通過以上「學術主動」的三步曲不僅有效地推動了耶儒互動在當時向著有利於他們的方向發展，而且對後世歷代耶儒互動中知識分子的後續影響，也有著不可磨滅的功勞，這些著作至今仍然對中國基督教的發展與耶儒互動發揮著良好的促進作用[144]。

---

[144] 很顯然，利瑪竇及其同伴利用知識作為誘餌引中國人入教是他們「學術

B、儒家方面的學術被動

明清時期與傳教士接觸的儒家知識分子在學術上推動耶儒進一步發展的代表人物主要有徐光啟、李之藻、楊廷筠、王徵等人，與傳教士對儒家知識分子主動地「供其所需」、「投其所好」、「盡其所能」的學術主動相呼應，儒家知識分子主要表現為「學人為善」、「與人為善」的學術被動。

首先，當傳教士以科學介紹類著作與道德修養類著作博取人心的時候，儒家知識分子們往往都聞風而悅，參贊其事，可謂「學人為善」。比如，已有科學根底的徐光啟與利瑪竇合作翻譯《幾何原本》、《測量法義》，並在此基礎上撰寫《測量異同》、《勾股義》等數學著作，希望借助西方科學尤其是數學、

主動三步曲」中的最為基礎也最為關鍵的第一步，而且確實很有效果。「『這可以說利瑪竇偏離其作為宗徒的傳教使命──傳揚福音而傳播科學了嗎？抑或他們的行為是一種不能完成目的的策略嗎？中國人吞食誘餌（科學）而不上鉤（宗教）？』」（柯毅霖：《晚明基督論》，頁64）我們只能說，這種批評觀點看似既本諸宗教又符合歷史，實則失之於急功近利，顯得小肚雞腸、鼠目寸光，豈不聞莊子小大之辨：「蜩與學鳩笑之曰：『我決起而飛，搶榆枋，時則不至而控於地而已矣，奚以之九萬里而南為？』適莽蒼者，三餐而反，腹猶果然；適百里者，宿舂糧；適千里者，三月聚糧。之二蟲又何知！小知不及大知，小年不及大年。奚以知其然也？朝菌不知晦朔，蟪蛄不知春秋，此小年也。楚之南有冥靈者，以五百歲為春，五百歲為秋；上古有大椿者，以八千歲為春，八千歲為秋。」基督教想要釣上中國這條大魚，五百年作餌，八千歲持釣，以上帝創世、基督末日審判終始紀年，若白駒之過隙，忽然而已。「文化融合與社會轉型的全過程需要經歷很長的歷史時期，要從以世紀計的時間段才能看得清楚。」（柯毅霖：《晚明基督論》，頁173）

幾何學知識的應用推廣來解決中國的農田水利等諸多問題[145]，再比如王徵深受龐迪我及其《七克》的影響而受洗入教，其後在內容與體例上都大致仿效利瑪竇的《天主實義》，以問答體寫成《畏天愛人極論》一書，貶斥佛老，高揚天主賞善罰惡的天堂地獄之說，也像他所理解的傳教士一樣勸人為善、畏天、愛人，以圖死後共登天堂。並且，由於自己的納妾行為違背了天主教義，他還專門為此撰寫《祈請解罪啟稿》責己警人，他們這些「學人為善」的學術行為對於促進耶儒互動的初步融合都是非常重要的。

　　其次，當傳教士以宗教闡述類著作對儒家知識分子循循善誘導人皈依之時，這些已經受洗入教的儒家知識分子們很好地扮演了「與人為善」的角色，雖然對於他們來說，「與人為善，於己為善」，但我們從現存的文獻資料看來，他們顯然都還沒有達到與傳教士完全人我不分的程度，比如李之藻、楊廷筠、馮應京給利瑪竇《天主實義》《畸人十篇》、龐迪我《七克》、艾儒略《滌罪正規》《西學凡》寫的序言等等，他們所要表達的都是：「儒者本天，故知天、事天、畏天、敬天，皆中華先聖之學」，「天學即是儒學」，「與經傳所紀如券斯合」，「東海西海，心

---

[145] 「幾乎所有於 17 世紀初葉受歸化的文人，都是被傳教士們傳授的科學知識吸引到他們這一邊的。」「為什麼中國文人比耶穌會士們更有意把一切都調和起來呢？這是由於某些傳教士們試圖證明古代儒教就是基督教，而那些已受歸化者和同情者卻撰寫了某些著作，以便證明傳教士們的教義在各方面都與中國的傳統觀念相吻合。」「當被問到他參加基督教的原因時，福建的一位受歸化者聲稱：『中國自仲尼之後，人不能學仲尼。天主入中國，勸人為善，使人人學仲尼耳。』」謝和耐：《中國與基督教：中西文化的首次碰撞》，頁 8、21、22。

同理同，所不同者，特言語文字之際。」可以說，在潛意識裡，他們仍然不自覺地站在儒家的立場以「與人為善」並進而「學人為善」的姿態對待傳教士的著作與工作。這一點在徐光啟著名的《辨學章疏》體現得也很明顯，作為當時儒家知識分子中地位與作用最為重要的受洗入教者，在南京教難發生之後，面對「遠夷闌入都門暗傷王化」的惡言中傷與「陰肆其教，排佛、斥老、抑儒，駕其於堯舜周孔之上」的傳教硬傷，徐光啟雖然勇敢地承認了自己是天主教徒，並同時站在天主教徒與儒家知識分子雙重身分的角度說明：「臣累年以來，因與講究考求，知此諸臣最真、最確，不止蹤跡心事，一無可疑，實皆聖賢之徒也。其道甚正，其守甚嚴，其學甚博，其識甚精，其心甚真，其見甚定。在彼國中，亦皆千人之英、萬人之傑。所以數萬里東來者，蓋彼國教人，皆務修身以事天主。聞中國聖賢之教，亦皆修身事天，理相符合，是以辛苦艱難，履危蹈險，來相印正，欲使人人為善，以稱上天愛人之意。」[146]他除了從「補益王化，左右儒術」的角度向皇廷建議我們應該像包容佛、道、回諸教一樣公平地對待天主教之外，「末則舉試驗之法三，處置之法三，以斷其是非。所謂試驗之法：一將該教經典譯出，是否是邪說左道？二召集有名僧道，互相辯駁，定其是非。三將該教已譯諸書及其教中大意，略述成書，以供參證。所謂處置之法：一供其費用，不必收取外國捐款。二合本地人士聯保具結，以察其有無不端行為。三調查

---

[146] 徐光啟：《辨學章疏》，朱維錚、李天綱主編：《徐光啟全集》（第9冊）（上海：上海古籍出版社，2010年），頁249-250。

信教者有無過犯。」[147]從他最終上奏並切實可行的這個方案來看，雖然護教心切，但仍然不失政府官員一派開明公正的穩健作風，處處透顯著「與人為善」的廣闊胸襟。

楊廷筠的《代疑篇》、《代疑續篇》等護教著作雖然對儒家祭祖、娶妾、生死觀等有所批評，但總體而言，還是認為天主教與儒家完全能夠「和而不同」：「不同之同，乃為大同。……倫常日用之理，同矣；天載玄微，古聖引而未發，茲獨闡而不遺，未同也。道德性命之旨，同矣；死生之故，鬼神之情狀，儒書秘之而不言，二氏言之而不合，茲獨明其指歸，未同也。……且論一主，能同於三代以前，不能同三代以後；能同於古經之正文，不能同後人注腳；能同於崇正之大儒，不能同溺邪之異說。」[148]這一點與徐光啟、李之藻、王徵等人試圖在「與人為善」的基礎上「學人為善」並無本質區別。而且，雖然他們都已經受洗入教，但當時絕大多數儒家知識分子並沒有把他們當作與自己身分不同的異類看待，一般都認為他們不過是在與人為善、學人為善的過程中將天學實學化、天學聖學化罷了。顯然，儒家知識分子們在「與人為善」、「學人為善」這種潛意識指引下的「學術被動」對於當時促進他們自身內耶儒互動的融合、對於從理論上化解耶儒互動的衝突都有十分積極的作用。

另外，需要特別指出的是，包含世俗儒生觀點但主要代表佛

---

[147] 王治心：《中國基督教史綱》，頁 75，王治心的概括較之《辨學章疏》原文簡明扼要。

[148] 楊廷筠：《代疑續篇》第一節「原同」，鄭安德：《明末清初耶穌會思想文獻彙編》第三卷，第三十冊（北京：北京大學宗教研究所（北大中心館內部流通資料），2000 年），頁 216。

教立場的《破邪集》、《闢邪集》對天主教的各種激烈批評雖然
也觸動、加深了儒家知識分子對天主教的理解與反思，但並未由
此而孕育出對天主教形成「學術主動」的儒家經典作品，或許在
耶佛互動進一步拓展深化的未來，《破邪集》、《闢邪集》在耶
儒互動方面將發揮出比當時更加積極的學術價值。

（2）近現代時期

　　近現代時期基督教與儒家的互動原因，基督教方面仍然繼續
保持著「學術主動」（儘管新文化運動與非基督教運動時，基督
教曾短暫地處於學術被動的局面），而儒家方面則逐漸從「學術
被動」向「學術主動」轉化，從本色神學家與現代新儒家學術著
作分別對基督教與儒家各自的影響來看，大體上旗鼓相當，但由
於現代新儒家們並不像本色神學家們對儒家思想展開系統的專題
研究那樣地對基督教思想也展開系統的專題研究，因此，從對耶
儒互動的影響來看，基督教方面至今仍然占據著「學術主動」的
地位，儒家則相對「學術被動」。

A、基督教方面「學術主動」

　　近現代基督新教的學術主動首先體現在經典翻譯上，比如，
傳教士馬禮遜與米憐合作，1823 年在麻六甲出版了前後耗時約
15 年的《聖經》中文全譯本《神天聖書》，使中國人尤其是居
於社會主流的儒家知識分子從此可以瞭解到舊約、新約教義的全
貌[149]。雖然在明清時期，也曾有過聖經節譯本的刊行，比如艾
儒略的《天主降生言行紀略》、陽瑪諾的《聖經直解》等，但不

---

[149] 「馬禮遜譯本」在麻六甲出版後即被運往中國，流傳漸廣，成為其後
　　《聖經》中文譯本的首選參考譯本與主要修訂對象，可見其影響之大。

僅數量非常有限，而且帶有很強的編譯性質，品質也難如人意，
另外，還有傳教士白日升翻譯的《四福音書》、《宗徒大事
錄》、《保羅書信》，梅述聖翻譯的《創世記》、《出穀記》，
麥傳世翻譯的《民長記》、《多俾亞傳》、《達尼爾》，以及利
類思編譯《彌撒經典》、《聖事禮典》、《司鐸課典》等，由於
各種原因都並未刊行[150]，努力成果化為泡影。因此，如果僅僅
從學術上來看，馬禮遜與米憐的全譯本對於基督教的在華傳教事
業具有開創新局面的功效。從此儒家知識分子們瞭解基督教教義
可以盡可能少地受到傳教士個人行為與表述的影響，也在一定程
度上有利於避免類似南京教案、欽天監教案那種安置在基督教頭
上「暗傷王化」等莫須有罪名的產生，從理論上預防、化解了一
些無謂的矛盾衝突[151]。

　　作為新教第一位派往中國的傳教士，馬禮遜的主要任務就是
為以後的傳教事業開創良好局面、打下堅實基礎，而全譯《聖
經》可謂基礎中的基礎，另外，為了讓傳教士們更快地適應中西
文化環境的轉換、更好地理解中國文化經典，與《聖經》翻譯工
作基本同步，馬禮遜還編纂了第一部六大本的英漢、漢英字典巨
著，並選擇性地翻譯出版了《大學》、《三字經》等儒家經典短

---

[150] 相關資料可參看孫尚揚、鍾鳴旦：《一八四〇年前的中國基督教》第十
　　一章「聖經在十七世紀的中國」、任東升：《聖經漢譯文化研究》第三
　　章「聖經漢譯史研究」。

[151] 當然，與其後由狄考文、富善等傳教士在張洗心、王元德、劉大成、李
　　春蕃、誠靜怡等眾多華人學者的幫助下，翻譯歷時 27 年，作為全國通
　　用標準的「和合本聖經」作用相比，「馬禮遜譯本」仍然只是「初
　　階」，「和合本聖經」對於其後整個中國文化界（包括耶儒互動）的積
　　極作用是不可估量的。

篇，雖然這還遠遠不夠，但其後理雅各繼承了他的翻譯事業，從
1861 年到 1886 年之間，在王韜的幫助下，將儒家的《四書五
經》全部英譯出版。理雅各認為：「孔子是古代著作事蹟的保存
者，中國黃金時代箴言的詮注者和解釋者。過去，他是中國人中
的中國人，現在正如所有的人相信他那樣，又以最好的和最崇高
的身分，代表著人類最美的理想。」所以，在華活動的傳教士
們，「只有透徹地掌握中國人的經書，親自考察中國聖賢所建立
的道德、社會和政治生活基礎的整個思想領域，才能被認為與自
己所處的地位和承擔的職責相稱。」[152]再加上他所翻譯的《孝
經》、《離騷》、《道德經》、《莊子》等著作，理雅各從學術
傳播的角度極大地推動了西方漢學研究的起步與發展、推動了中
西文明尤其是耶儒文明之間的良性互動，直到今天，他的許多譯
本仍然堪稱經典、廣為流傳，對後世影響深遠。

　　其次，近現代基督教的學術主動還主要體現在儒學研究與神
學創作上。雖然在太平天國運動時期，洪秀全出於個人神化與政
治需要，批註《聖經》，褻瀆神意，讓傳教士們在學術上顯得很
被動，面對強大的政治力量與粗野的學術行為，他們除了怨恨之
外無能為力，雖然在新文化運動與非基督教運動中，新型知識分
子與新型政治力量聯合起來對基督教的教義教會進行了潮水般的
抨擊，一時之間讓傳教士們心慌意亂、手足無措，在學術上也處
於被動地位，但他們很快便從中吸取了經驗教訓，化被動為主
動，以極大的熱情與精力投入到對中國文化的系統研究與神學創

---

[152] 顧長聲：《從馬禮遜到司徒雷登：來華新教傳教士評傳》，頁 114-
　　　115。

作上去，湧現了一大批完全占據學術主動地位的重要著述。

比如，對中國文化系統研究類高度集中的代表作品有：王治心的《中國學術源流》、《中國學術概論》、《中國基督教史綱》、《中國宗教思想史大綱》、《中國歷史上的帝觀》、《孔子哲學》、《孟子研究》、《道家哲學》、《墨子哲學》、《莊子研究及淺釋》、《中國文化史類編》等，謝扶雅的《中國倫理思想述要》、《中國政治思想史綱》、《經學講義綱領》、《中國文學述評》、《修辭學講義》《人格教育論》、《基督教與現代思想》、《基督教與中國》、《基督教與中國思想》等，羅光的《中國哲學大綱》、《儒家哲學的體系》及其研究巨著《中國哲學思想史》（先秦篇、兩漢南北朝篇、魏晉隋唐佛學篇、宋代篇、元明篇、清代篇）等，我們僅僅才列舉三個基督教神學家，便已發現其觸角已經如此廣泛地深入了中國核心思想的各個領域，可見其學術主動性之強，這些研究著作雖然有些至今已經淡出學界參考的視野，有些至今仍然未能入住學術主流的思想陣地，但他們這種帶著強烈基督教神學目的對中國文化進行系統疏理的研究姿態與研究方法，不管是論當時的作用，還是論對後世的啟發，其「學術主動」對中西文明尤其是耶儒互動進一步拓展深化的獨特價值毋庸置疑。

再比如，旨在融合中西尤其是貫通耶儒的神學創造類作品高度集中的代表作品也有：趙紫宸的《基督教哲學》、《耶穌的人生哲學》、《耶穌傳》、《學仁》、《聖保羅傳》、《從中國文化說到基督教》、《基督教的倫理》、《基督教進解》、《神學四講》等，徐松石的《耶穌眼裡的中華民族》、《聖經與中國孝道》等，何世明的《基督教與儒學對談》、《基督教儒學四

講》、《融貫神學與儒家思想》、《從基督教看中國孝道》、《基督教與中國倫理》、《中國文化之有神論與無神論》、《中華基督教融貫神學芻議》等，其創作姿態，不論是像前期趙紫宸那樣更多地潛意識「以耶合儒」，還是像後期趙紫宸與徐松石、何世明那樣明顯是「以儒合耶」或「以儒舉耶」，由於所討論的主題已經系統深入到耶儒互動的核心領域，以至於任何打算從理論上研究耶儒互動或從實踐上推進耶儒互動的中國人在有所作為之前都完全有必要對它們進行瞭解與學習，尤其是對於在同一理論上處於學術被動的儒家知識分子而言，更是不得不為此而積極應對，因此，他們不僅對於本色神學的建立與前行都發揮著至關重要的作用，而且對於西學衝擊下現代儒學的新發展在「心志」和「義理」上也都有著直接或間接的孕育催化之功。

B、儒家方面從「學術被動」到「學術主動」

　　洪秀全及其領導的太平天國運動假借基督教一神信仰貶斥孔子，「敢將孔孟橫稱妖，經史文章盡日燒」，開中國近代反孔非儒的文化暴力之先河，其後，新文化運動又假借近代西方文化的民主與科學觀念，在全國知識分子大討論的熱潮中進一步將批孔批儒「學術化」。而且，隨著辛亥革命運動的勝利與中華民國的建立，儒家作為官方意識形態的學術體系與學術制度也隨之解體，由主流淪為末流，再加上康有為、陳煥章領導的孔教運動逆勢而為地參與了兩次冒天下之大不韙的帝制復辟，更是令孔子與儒家殘存的良好形象大大受損，這四次與西學、基督教密切相關的全國性運動對中國的巨大影響使得儒家不僅在理論上而且在實踐上都非常被動。好在期間仍然有三次重要的「學術主動」勉強能維繫住儒家傳統學脈「斷而不絕」：第一次是洋務運動「中學

為體、西學為用」的救亡圖存，第二次是康有為、譚嗣同「大同」「仁學」的理論創作，第三次是孫中山雖然是基督徒，但其「三民主義」革命治國理論的構建也明確重視儒家傳統。正是這三次儒家「學術主動」對中國知識分子廣泛而持續性的積極影響使得儒家最終從西學衝擊下的「學術被動」逐漸轉化為「學術主動」，有識之士開始系統深刻地總結近代以來中華民族與儒家文化所遭受的破壞、面臨的挑戰與尋求的出路，最終孕育出了完全能夠與本色神學運動分庭抗禮的現代新儒學運動，它們對耶儒互動的影響在「學術主動」上大致可以分為以下四個方面：

a、會通中西的理論創作

洋務運動「中學為體、西學為用」的理念與實踐從整體上打開了中國近代學術會通中西的新局面，出生於官宦家庭的康有為、譚嗣同就是在這種文化氛圍中學習與成長的，《大同書》與《仁學》都是本著儒家入世主義的真精神，運用佛教慈悲喜舍的般若智慧對西學、基督教哲學進行統攝與消化的理論創作。在經歷了新文化運動批判否定中國傳統文化尤其是儒家傳統的反向衝擊之後，同樣生於晚清官宦家庭的梁漱溟，由於深受其父梁濟的影響，青年時代一度崇信康有為的改良主義思想，再加上梁濟本人又有譚嗣同以身殉國的精神與行為[153]，所以，青年梁漱溟的

---

[153] 梁濟在 60 歲時飽含憂慮地投湖自盡，給子女留下遺書：「須知我之死，非僅眷戀舊也，並將喚起新也。」「我既見得到國性不存，國將不國。必自我一人殉之，而後喚起國人共知國性，為立之必要也」、「何謂國性，……即天理民彝，為聖道所從出者，是吾國固有之性，皆立國之根本也。」（梁濟：〈留示兒女書〉，《梁巨川遺書》（上海：華東師範大學出版社，2008 年），頁 101、102-103、104）他的殉國精

精神可以說正是與康有為、譚嗣同一脈相承[154]，這一點在他 28 歲時寫成並風靡一時的《東西文化及其哲學》中表現得淋漓盡致，明確認為中國文化的根本是儒家文化，比起西洋文化要高妙得多，並且，世界未來文化的良好發展有待於中國文化的復興，尤其是儒家文化在理論與實踐兩方面的新發展。如果說年僅 28 歲的梁漱溟在思維上的精細度與思想上的成熟度還有所欠缺的話，那麼，青年時代即受梁啟超、梁漱溟影響的賀麟，在對西方哲學已經有了系統深刻的研究、不惑之年以後創作的《文化與人生》中，也與梁漱溟的觀點總體上基本一致就具有很強的說服力。然而，現代新儒家對西方文化、基督教文化的會通至此才僅僅拉開大幕，其後以牟宗三、唐君毅、徐復觀為代表的貫通古今、融會中西的一部又一部經典著作的產生及其對中國現當代學術思想的巨大影響，不僅讓儒家學術主動的地位完全站穩了腳跟，而且從某種意義上已經對西學、基督教哲學構成了強大的理論挑戰。總體而言，康有為的《大同書》，譚嗣同的《仁學》，梁漱溟的《東西文化及其哲學》、《人心與人生》、《中國文化要義》、《中國人》、《中國文化的命運》、《這個世界會好嗎？》，賀麟的《文化與人生》、《當代中國哲學》，唐君毅的《中國文化之精神價值》、《人文精神之重建》、《中國人文精神之發展》、《中華人文與當今世界》，《人生之體驗》、《道

神與行為和譚嗣同很像，都是希望以此喚醒國人存國性、復國風、救國勢、成國體、達國治。

[154] 從理論創造來看，康有為、譚嗣同與其後的梁漱溟、熊十力、馬一浮等現代新儒家一樣，本質上都是「援佛入儒」或「由佛歸儒」，儘管他們有時主觀上也強調「佛高於儒」。

德自我之建立》、《心物與人生》、《文化意識與道德理性》、
《生命存在與心靈境界》，牟宗三的《現象與物自身》、《道德
的理想主義》、《智的直覺與中國哲學》、《圓善論》等等，這
些著作討論的主題及其產生的問題，不管是在儒家立場上還是在
中國哲學思維方式上，都是新一輪中西文化互動包括耶儒互動深
化拓展所必須積極應對、避無可避的。

　　b、對西方文化的譯介與研究

　　這一時期儒家的學術主動也表現在現代新儒家積極主動地對
代表西方哲學集大成的德國古典哲學進行譯介與研究，比如高度
集中的表現有賀麟的《小邏輯》、《黑格爾》、《黑格爾學
述》、《精神現象學》（與王玖興合譯）、《哲學史演講錄》
（與王太慶合譯）、《倫理學》以及著述《現代西方哲學講演
集》、《朱熹與黑格爾太極說之比較觀》等，牟宗三的《康德純
粹理性之批判》、《康德的道德哲學》、《康德判斷力之批判》
等，這些學術譯介雖然表面上看與基督教並不直接相關，但事實
上，中世紀基督教哲學發展了 1500 年，早已滲透了西方社會，
直承近代經驗主義與理性主義而來並對其系統超越的德國古典哲
學當然也深深地帶著基督教哲學的性情，比如黑格爾的「絕對精
神」及其哲學觀、宗教觀在思維上處處都能看到基督教的影子，
即便是對神學展開理性批判的康德哲學，其批判的廣度與深度也
都深深地帶著基督教神學的烙印，因此，現代新儒家們對西方哲
學的譯介與研究當然也能對新一輪耶儒互動產生重大的學術影
響，這種力量雖然不及本色神學家們對中國思想文化的系統研
究，但在立場與方法上也可算旗鼓相當，而且從出發點上來看，
也像本色神學家一樣目的都非常明確，正如徐光啟所言，「欲求

超勝，必須會通。會通之前，先須翻譯」。

　　c、對中國文化的審視與研究

　　多數現代新儒家們都受過西方哲學的思維訓練，他們在回應時代社會問題時對中國思想文化進行深度審視與系統研究，比如高度集中的編著有唐君毅的《中國哲學原論》（導論篇、原道篇、原教篇、原性篇），徐復觀的《中國人性論史》、《中國思想史論集》、《中國思想史論集續編》、《兩漢思想史》、《中國經學史基礎》、《儒家政治思想與民主自由人權》、《周官成立之時代及其思想性格》《中國藝術精神》、《中國文學精神》、《中國知識分子精神》、《中國的世界精神》，牟宗三的《心體與性體》、《從陸象山到劉蕺山》、《佛性與般若》、《才性與玄理》、《名家與荀子》，賀麟的《知行合一新論》、《宋儒的思想方法》等等，其中許多見解深刻而又結構系統的著作如今早已成為研究中國傳統文化繞不過去的知識堡壘，當然，也必將成為新一輪耶儒互動中基督教神學家們繞不過去的坎，不管是儒家、還是基督教抑或是其他文明傳統中的知識分子，不管是有意於推動耶儒互動的人，還是無意於推動耶儒互動的人，只要對它們對其展開深入研究，就必然要涉及到這些新儒家有關於中西會通的其他著作，從而必然會在學術領域推動中西文明對話包括耶儒互動的進一步發展。

　　d、儒學在歐美國家的傳播與發展

　　在經歷了兩次鴉片戰爭、中日甲午戰爭與八國聯軍侵華的屢次精神重創之後，受盡凌辱的近代中國也開始注重通過西學教育方式或教育機構培養人才，最終實現「師夷長技以制夷」。正是在這種大的時代背景中，湧現出了一大批學貫中西的學術大家，

其中與儒學在歐美國家傳播與發展相關的儒家人物當首推辜鴻銘與陳榮捷。1857 年出生於馬來西亞的辜鴻銘雖然並非土生土長的中國人，沒有在國內真切體會兩次鴉片戰爭帶給他的身心痛苦，也不是當時官方公派留學「師夷長技以制夷」的特殊人才，但他從小就被長輩告誡，他的祖國中國正在遭受侵略者準備分而食之的恥辱，希望他將來能夠學貫中西，擔起治國、強國的責任，年僅十歲的他被送往當時最強的英國留學，通過十四年艱苦的學習，終於成為一個精通西方文化的青年才俊，而後回國苦讀中國經典，鑽研儒家文化，以便將來能將中國人溫柔敦厚的詩教等做人的道理傳揚到西方各國。辜鴻銘的這種態度再加上他對中西文化和語言的精通，當然不能滿意傳教士理雅各帶著強烈基督教色彩與「尊耶貶孔」立場對儒家《四書五經》的翻譯[155]，在明確指出理雅各沒有把握到儒家精髓的錯誤之後，辜鴻銘相繼將《論語》、《中庸》、《大學》譯成英文於海外刊行，並撰寫專著《中國人的精神》（春秋大義）將中國人的美好品德與高超智慧與歐美各國細細品論，「尊華攘夷」，認為唯有儒家道德才能拯救西方強權文明所導致的戰爭暴民，這在一戰後的歐美各國產生了巨大的影響。可以說，它在一定程度上為儒學在近代歐美各國的尊崇與傳播奠定了廣泛的社會基礎，也是當時及其後歐美國家知識分子研究中西文化交流包括耶儒互動的基本閱讀書目。

　　如果說辜鴻銘僅僅依靠書籍出版在歐美各國傳播儒學顯得「泛蕩無根」，那麼，同比之下，陳榮捷從 1936 年開始在美國

---

[155] 具體內容可參看龔道運：《近世基督教與儒教的接觸》，〈理雅各英譯《論語》批評孔子析論〉、〈理雅各英譯《大學》析論〉，頁 170-205。

夏威夷大學任教，其後長達半個多世紀在美國教授、傳播中國哲學尤其是朱子學，翻譯了《近思錄》、《傳習錄》、《北溪字義》等儒家經典著作，此外，「陳榮捷最重要的譯著是《中國哲學資料書》，這是一部劃時代的巨著，竟先生二十多年之功而成。該書自 1963 年由普林斯頓大學出版社出版以來，一版再版，發行量極大。它在英語世界被公認為是最權威的關於中國哲學的論著之一。……被大量引用，……其中儒家經典占該書全部所選經典的一半以上。陳榮捷的譯著準確、暢達，品質上乘，超越了眾多的前賢，如理雅各、林語堂、韋利等。」[156]可以說，他的努力讓中國哲學在美國真正地扎下了根，形成了一定的儒家學術傳統，對歐美各國產生輻射性的影響，尤其是陳榮捷關於儒家宗教性的相關論述，直接對海外耶儒互動的研究起到了推動作用。

「德不孤，必有鄰」，曾經師從現代新儒家牟宗三、徐復觀、唐君毅、方東美的杜維明與成中英也從五六十年代開始在美國弘揚儒學，他們在儒家文化的現代詮釋與價值轉化、世界文明衝突與對話中儒家文化的精神定位與實踐擔當等多方面都有系統深刻的論述，而且，他們積極活躍於中美各大學術陣地，可以說，直接推動了當前耶儒互動的縱深發展。另外，特別值得一提的是，與此同時美國還形成了以基督教神學家南樂山與白詩朗為代表的波士頓儒學，他們注重通過荀子來貫通耶儒，比如借助儒家傳統中荀子獨特的「性惡論」，一方面承認內在本性之善，另一方面又肯定社會流俗之惡，以便將儒家的性善論與基督教的原

---

[156] 周熾成：〈簡論陳榮捷對儒學的世界性貢獻〉，《中國哲學史》1999年第 4 期。

罪論貫通起來，相應地，他們也重視荀子所強調的「隆禮」精神，以便將基督教的他律倫理與儒家的自律倫理貫通起來。雖然波士頓儒學這種種貫通仍然存在很多的義理問題，但不管是在基督教方面，還是在儒家方面，他們的學術觀點都受到了學界的廣泛關注，比起杜維明與成中英等「第三代新儒家」來說，他們以更為具體而實際的學術行為更為直接地推進了耶儒互動的發展。[157]總體上說，近現代以來，儒學在歐美國家的傳播與發展影響廣泛，不僅站穩了腳跟，而且形成了較為固定的學術陣營與學術傳統，對於推動歐美各國新一輪的中西文化交流包括耶儒互動都意義深遠[158]。

---

[157] 學界一般從地域上將杜維明也歸為波士頓儒學，以查理斯河為界，南樂山、白詩朗稱為「河南派」，杜維明稱為「河北派」。但也有學者作出更為細緻的劃分：「波士頓儒學也可以稱為對話派儒學，以南樂山等人為首的對話派注重儒學與基督教的對話，以杜維明為首的對話派注重儒學與伊斯蘭教等東方文明的對話。夏威夷儒學也可以稱為詮釋派儒學，以成中英為代表，郝大維、安樂哲、田辰山等人均屬於改派。……杜維明以對話為主，成中英以詮釋為主。」（參見蔡德貴：〈試論美國的儒家學派〉，《中國人民大學學報》2004 年第 5 期）本書是從耶儒互動的角度將杜維明、成中英與南樂山、白詩朗區分開來。相關研究還可看彭國翔：〈全球視域中當代儒學的重構〉，《中國哲學史》2006 年第 2 期；鄭秋月：《以杜維明和成中英為例的波士頓儒學與夏威夷儒學思想研究》，黑龍江大學博士學位論文，2009 年。

[158] 筆者受個人眼界、學力以及主題、篇幅所限，本書所有論述都不能、不求面面俱到，關於利瑪竇以來儒學在歐美國家發展（包括傳教士的貢獻）的全面介紹，可看朱仁夫、魏維賢、王立禮：《儒學國際傳播》下篇（北京：中國社會科學出版社，2004 年）；張成權、詹向紅：《1500-1840 儒學在歐洲》（合肥：安徽大學出版社，2010 年）；岳峰：《儒經西傳中的翻譯與文化意象的變化》（福州：福建人民出版社，2006 年）。

第二章　耶儒互動的主要內容（上）

　　中國歷史上耶儒衝突與融合的主要思想內容已經全面深入到各自的理論核心，為了行文方便，本書將其提點為「上帝觀與祭祀觀」、「原罪論與性善論」、「來世觀與今世觀」三大方面，自本章起連續三章（上篇、中篇、下篇）予以系統論述，每一章都首先從宏觀的角度對主要互動內容進行義理疏通，側重對基督教與儒家的「內在批判」與「內在比較」，力求對中國歷史上的耶儒互動獲得高屋建瓴的理解與把握，然後在此基礎上，從微觀的角度對相關代表人物思想展開案例研究，重在以史為證、真切體認，實現歷史與邏輯的統一。

　　上篇由表及裡、去粗取精，分析耶儒融合與衝突始起於「上帝觀與祭祀觀」這一最容易察覺、最首先面對的不同信仰在主流社會現實生活中的標誌性外化，認為真正產生衝突與融合的義理根源在於「三位一體與三命一德」、「一神信仰與多神崇拜」、「基督本位與中華本位」三方面傳統觀念的耶儒異同，而後以利瑪竇、洪秀全與孫中山為例展開較為具體的討論，前後印證，獲取經驗教訓。

　　中篇由裡進內、升堂入室，從上篇的不同觀念進一步探本溯

源，分析耶儒之間「原罪論與性善論」這一最為異質異性、最為核心也最難調和的義理衝突，從「神性之愛與人性之愛」、「他律倫理與自律倫理」、「神學的道德學與道德的神學」三個方面系統展開，然後揭示本色神學家在此問題上貫通耶儒的思維方式與理論成果，希望通過哲學分析與案例啟示合而為一的研究結論，對新一輪的耶儒互動提供有益的參考借鑒。

下篇由內出外、去偽存真，在中篇對耶儒異質異性的重大理論難題及其可能解決的方式方法得以全面揭示之後，進一步分析耶儒不同的理論指向「來世觀與今世觀」在生活實踐中的不同表現，從「靈肉二分與心物一體」、「個體主義與群體主義」、「宗教之教與教育之教」三個方面展開討論，最後彰顯出康有為、譚嗣同在此問題上弘揚儒家入世精神的歷史貢獻，發人深思，繼往開來。

茲就本章內容論析如下：

一、上帝觀與祭祀觀

中國歷史上耶儒互動的第一次深刻融合與嚴重衝突就發生在雙方對於「上帝」與「祭祀」觀念的合同與辨異上：以利瑪竇為代表的「合同派」認為，儒家《五經》中的「上帝」、「天」、「神」可以用來表述基督教的上帝觀，並且，儒家對天地覆載之德、聖人教化之德與祖先生養之德表達感恩、敬意與紀念的祭祀天地、祭孔、祭祖與基督教對三位一體的上帝表達虔誠信仰在「報本反始」、「慎終追遠」的實踐修行來看是大體一致的，兩者並無根本衝突。以龍華民為代表的「辨異派」則對此都持反對

意見，從而引發了曠日持久的禮儀之爭。

　　事實上，兩條路線在「上帝觀與祭祀觀」上之所以會截然相反，根本上是由於他們對「三位一體與三命一德」、「一神信仰與多神崇拜」、「基督本位與中華本位」的不同理解與不同把握所導致的。

1、三位一體與三命一德

　　曠日持久的禮儀之爭表面上看是起源於天主的「譯名」與祭祖祭孔的「禮儀」等外在形式，其實根本原因是耶儒互動「實踐需求」方面歐洲「神權主義」與中國「皇權主義」之爭，是耶儒互動「理論指向」方面基督教「三位一體觀」與儒家「三命一德觀」之辨，關於「神權與皇權之爭」已如前所述，此節專論「三位一體」與「三命一德」。

　　龍華民等人反對將基督教的「天主」翻譯為儒家經典中的「天」「上帝」，他們提出的原因是《六經》中的「天」、「上帝」更多的是「虛位元」而無「實體」，並不能與基督教「造物主」的內涵與尊榮相當，反對祭祖祭孔的禮儀，是因為它們明顯具有基督教所嚴令禁止的偶像崇拜等各種特徵。筆者以為，這兩方面的反對理由仍然屬於「表像層面」而非「內核層面」，根本原因還是在於基督教獨特的「三位一體觀」：

　　西元 325 年，「第一次尼西亞公會議」否定耶穌次於天父或與天父類似的教內觀點，確立了「聖子與聖父同質」的「二位一體」觀念，但由於《尼西亞信經》中並沒有提到聖靈的神性問題，因此教父們對於「聖靈」還非常困惑，直到西元 381 年，「第一次君士坦丁堡公會議」修定《尼西亞信經》時，將聖靈追

加為與聖父聖子同受敬拜同受尊榮的「主」與「賜生命者」，聖靈在「三位一體」中的地位才得以確立，但由於《聖經》中缺乏理論依據，之前教內關於「聖父」與「聖子」的論述又遠遠超過「聖靈」，此時教父們關於「聖靈」的來源是「從父而出」還是「從子而出」的困惑仍然沒能解決，395 年羅馬帝國分裂，基督教也隨之逐漸分為以羅馬為中心的拉丁語派和以君士坦丁堡為中心的希臘語派，由於政治立場、文化背景的不同，東西兩派為教會最高權力和教義等問題長期爭論不休，終於在 1054 年分裂為天主教和東正教。在「聖靈」從何而出這一重大教義難題上，東派認為聖靈由父而出，西派則強調聖靈亦由子而出，奧古斯丁雖然也曾經主張「聖靈是聖子之靈，不是聖父，也不是聖子。」[1]但他為了調和統一東西兩派觀點，最終認為聖靈是父和子各自發出而非生出的「父的靈和子的靈」，「這就是獨生子說聖靈是由父發出而非生出的原因，否則的話，他（聖靈）就會是他（聖子）自己的兄弟了。」[2]這樣，奧古斯丁最後將「三位一體」表述為：「上帝是三個位格，子的父、父的子、父與子的靈。」[3]並認為它們對人而言才是「三」，「三位」都像無處不在靈活應化的聖靈一樣，「照著萬物的容量充充滿滿地普及它們，叫它們各得其所、各安其位。」[4]對上帝而言是「一」，「在這三位一

---

[1]　奧古斯丁著，吳飛譯：《上帝之城——駁異教徒》（中冊）（上海：上海三聯書店，2007 年），頁 57。

[2]　奧古斯丁著，周偉馳譯：《論三位一體》（上海：上海世紀出版集團，2005 年），頁 449。

[3]　奧古斯丁：《論三位一體》，頁 440。

[4]　奧古斯丁：《論三位一體》，頁 189。

體裡，兩個或三個位格加起來並不就大於單獨的一個位格，人的思想習慣為肉體所束縛，不能把握這一點。……父和聖靈合起來也並不在真理方面超過子，因為他們並不更加真；所以他們在偉大上也不超出他。」[5]「『所以你們要去，使萬民做我的門徒，奉父子聖靈的名，給他們施洗。』（馬太福音 28：19）這是對三位一體最好和最明確的詮釋。」[6]「全能的三位一體，在工作上是不可分的。……因為父、子、聖靈，三者在同一實體中，三乃是一，沒有任何暫時的運動，沒有任何時間和空間的間隙，超越於一切受造物之上，從永恆至永恆，是一，並像永恆一樣充滿了真理和仁愛。」[7]

　　由奧古斯丁統一與描述的這種以聖靈「和子說」為基礎的三位一體觀至今為止仍然是基督教的正統（傳統）觀念，在利瑪竇、龍華民時代更是如此，這種獨特的「三位一體觀」在中國人理解起來可能很難，但對於傳教士或歐洲教宗們來說卻是常識，因此，他們反對將《聖經》中的「天主」翻譯為《六經》中絲毫沒有這種「三位一體觀」的「天」、「上帝」，從維護教義與信仰的純潔性來看，完全是正確的[8]。因為基督教的「天主」既是指「造物主」上帝，也指代「救世主」耶穌，耶穌由上帝道成肉

5　奧古斯丁：《論三位一體》，頁218。

6　奧古斯丁：《上帝之城——駁異教徒》（中冊），頁171。

7　奧古斯丁：《論三位一體》，頁154。

8　「從 1610 年左右起，出現了某些入華耶穌會士更為清楚地看到，由於過分倉促地使基督教與中國觀念相結合，而引起的異教危險，所以不贊成某些妥協行為。他們認為過分遷就中國人了，應表現出更大的堅定性。」謝和耐：《中國與基督教：中西文化的首次碰撞》，頁27。

身,不僅是父神與子神的關係,而且是完全一體、同質同位的。
儒家的「天」和「上帝」不僅完全沒有七天創造世界的內涵,而
且跟「救世主」的觀念全不沾邊[9],更何況「聖父」與「聖子」
還都涵攝著一個連基督教自己也沒有處理清楚的「聖靈」觀念
[10],如果在傳教之初,就貿然將基督教的「天主」翻譯為儒家的
「天」和「上帝」,很可能會造成中國基督教在理論與實踐上異
化與異端的出現[11],所以龍華民們滿懷怨憤地聲稱:「寧可為一

---

[9] 正如主持晚清《萬國公報》那場「聖號之爭」的傳教士陸佩所言,「如
今所見為杳冥之道,即是吾等在天堂論千萬年,諒測得到三位一體之
道,恐仍是不能耳。」(李熾昌:《聖號論衡——晚清《萬國公報》基
督教「聖號論爭」文獻彙編》,頁 41)也正如致力於研究「基督教與
中國文化在深層上衝突」的柯毅霖所得出的結論:「中國傳統哲學中沒
有能容納具有創世教義的天主概念,更沒有人格的天主觀念,或者關係
性的天主觀念,根據這一觀念可以容納三位一體、天主降生成人和救贖
的教義。」(柯毅霖:《晚明基督論》,頁 373)專注於經學與神學文
獻文本的研究者也如是說:「1600 年,徐光啟從上海到南京應試,見
到利瑪竇,兩人徹夜長談神學。徐光啟對西方科學、倫理學和一般神學
都很佩服,但最不能理解的是『三位一體』。最後,徐光啟告訴利瑪
竇,說他終於理解了『三位一體』。因他昨晚夢見走入一座屋子,有三
間房子。一間見一老人,一間住一青年,最後一間空無一人。利瑪竇說
這個理解馬馬虎虎可以了。這是目前看到的最早的天主教『三位一體』
的記載(1937 年《天主教傳行中國考》)。……『三一論』是一個按
中國傳統觀念很難接受的理論。」(李天綱:《跨文化的詮釋:經學與
神學的相遇》,頁 67-68)

[10] 即便是經過 20 世紀靈恩運動以及加爾文與莫爾特曼等人對「聖靈」觀
念的拓展與充實,「聖靈」在「三位一體」中的觀念與作用仍然遠遠無
法與「聖父」與「聖子」相提並論。

[11] 更何況基督教在中國文化中所面臨的難題還遠遠不止儒家一方,比如同
樣也尊崇儒家意義上「天」「帝」觀念的道教,它就明顯是一種多神信

千個完全的基督徒的靈魂而付出生命，而不願使基督教在一百萬個不可信賴的靈魂中墮落」。[12]

同樣，他們反對祭孔祭祖的根本原因也是在於「三位一體觀」，對於基督徒而言，只有「聖父、聖子、聖靈」的三位一體是至高無上的，是「造物主」與「救世主」，萬事萬物（當然也包括全人類）都是「被造」與「被救」的對象，彼此之間是完全平等的，人與人之間包括父子、母子、君臣、聖愚之間都是上帝大家庭中兄弟姐妹的關係（聖人所闡發的也只能是人類彼此之間短暫的、世俗的相對真理），因此，只有「造物主」與「救世主」才能獨享人們的信仰與祭祀（神所啟示的一定是人類永恆的、神聖的絕對真理），人們捨棄「造物主」與「救世主」（即「天主」）而去祭祀聖賢、祖先這些被造的「凡人」，就是背棄天主自甘墮落，這種偶像崇拜只會加深人們墮落的速度與罪惡的深度，如果中國的基督徒也違背誡律、參與祭孔祭祖，後果比將「天主」翻譯為「天」、「上帝」的異化與異端還要嚴重得多，離棄天主的人一定也會被天主離棄，死後不可能蒙受天主恩賜與救贖而上升天堂。

如果單方面以西方基督教的標準來處理事情的話，龍華民等人在禮儀之爭中的理論訴求與實踐規約顯然是有道理的，相反，利瑪竇等人則可謂「離經叛道」。但問題在於，兩種同樣堪稱世界性的偉大文明在互動過程中，如果完全依據一方的標準去要

仰的偶像崇拜與驅邪趕鬼的民間迷信，如果基督教輕易將「天主」翻譯為儒家的「天」「帝」，將來在中國生存發展又如何自絕於同樣言必稱「天」「帝」的多神迷信呢？

[12] 轉引於顧衛民：《基督教與近代中國社會》，頁56。

求、制約另一方的話,則最終必定對雙方都有害無益[13]。因為雖然所有人都是上帝的孩子,但任何一種宗教都不能代表上帝與全部真理,基督教不能,儒家也不能,只有秉承上帝造物救人的本旨,在互動過程中互啟互發、互補互助地相互適應、和諧共處才是上帝最願意看到的結果[14]。更何況基督教傳入中國,基督教是客,儒家是主,喧賓奪主、反客為主的僭越行為在任何民族文化中都必然會受到本位、本能地溫和抵制或暴力抗拒[15]:實踐方面,從南京教難開始各種大大小小的教難不斷,就是一個很生動

---

[13] 「正如劉迪我所指出的:每個人有他自己的風俗習慣,和自己的判斷事務的方法。不論是『仁愛』,還是『謹慎』的美德,都不允許我們將自己判斷事務的標準強加給別人,進而在沒有完全徹底弄清楚一件事情之前,就平白無故地宣佈它是罪惡的。」(鄧恩:《從利瑪竇到湯若望——晚明的耶穌會傳教士》(上海:上海古籍出版社,2003 年),頁 275)「當 1700 年左右爆發禮儀之爭時,歐洲在激烈地辯論著有關中國禮儀是迷信的和與基督教信仰水火不相容的,還是純粹地禮貌和政治性並與基督教教義可以並存的問題。這是非常武斷地把一個屬於非常廣泛範圍的問題局限在一個僅僅於西方倫理範疇中才有意義的細節問題上。」(謝和耐:《中國與基督教:中西文化的首次碰撞》,頁 225)

[14] 事實上這也正是耶穌會的宗旨所在,「我們應把適應的精神歸功於耶穌會創始人依納爵・羅耀拉。榮耀唯歸天主的原則強調的是:只有一個絕對者,即受榮耀的天主,除此之外的一切都與這個絕對者有關。依納爵把這一設想轉入耶穌會的培養計畫和生活方式。他也提出明確的指導,使這一方法能夠適用於傳教,他依據的格言是:不是要他們必須像我們,而是相反。」柯毅霖:《晚明基督論》,頁 46。

[15] 即便「提倡的是『入境問俗』的態度,……適應當地的文化環境,……這種傳教傳統也引起過激烈爭論。在印度有『印度禮儀之爭』,在非洲有『非洲禮儀之爭』,在日本有『神道禮儀之爭』,在中國則有更為著名的『中國禮儀之爭』。」李天綱:《跨文化的詮釋:經學與神學的相遇》,頁 79。

的證明；理論方面，外來文明的排斥主義必然會導致本土文化的排斥主義，《破邪集》、《闢邪集》的激烈批判實在是意料之中的事情。因此，從文明互動的角度來看，利瑪竇等人顯然深契上帝本懷，而龍華民等人可謂「自棄棄人」。

與基督教方面相似，禮儀之爭中的「上帝觀與祭祀觀」問題在儒家看來也是由同一個根本原因導致的：儒家以《六經》為核心的經學傳統原本就有一個與基督教的「三位一體觀」大體相當的「三命一德觀」[16]。利瑪竇借用《尚書》中的「天」、「上帝」指稱「天主」，而禮儀之爭中龍華民等傳教士則對此堅決反對，現在我們同樣以《尚書》話語系統為例，說明它所崇尚的是以「天命／天德」、「王命／王德」、「民命／民德」的三命一德觀[17]為基礎的敬天休命、順天成命、畏天永命，更加系統更加

---

[16] 基督教神學傳統與儒家經學傳統的比較研究完全可以成為中外大學文科教育的二級學科，有無窮的潛力可以挖掘與應用，在學術研究方面，大陸學者李天綱的《跨文化的詮釋：經學與神學的相遇》可謂開了一個好頭，而美國學者楊克勤的《孔子與保羅》也算是一種形式上的呼應。

[17] 「皇天既付中國民，越厥疆土於先王；肆王惟德用，和懌先後迷民，用懌先王受命。已！若茲監。惟曰：欲至於萬年，惟王子子孫孫永保民。」（今文〈梓材〉）「惟天地，萬物父母；惟人，萬物之靈。亶聰明，作元后，元后作民父母。……天佑下民，作之君、作之師。惟其克相上帝，寵綏四方。有罪無罪，予曷敢有越厥志？同力度德，同德度義，受有臣億萬，惟億萬心。予有臣三千，惟一心。……天矜於民，民之所欲，天必從之。」（古文〈泰誓〉）「天難諶，命靡常。常厥德，保厥位，厥德匪常，九有以亡。夏王弗克庸德，慢神虐民，皇天弗保，監於萬方，啟迪有命。眷求一德，俾作神主。惟尹躬暨湯，咸有一德，克享天心，受天明命。以有九有之師，爰革夏正，非天私我有商，惟天佑於一德，非商求於下民，惟民歸於一德，德惟一，動罔不吉；德二

深刻地展示其「天命／天德」、「王命／王德」、「民命／民德」的義理結構分別能與基督教的「聖父」、「聖子」、「聖靈」相互對應：

以「天命／天德」與「聖父」相對應，這一點比較容易理解，二者都有宇宙生成論和宇宙本體論雙重內涵，儘管前者是「虛位元」，後者為「實體」，但兵法有云，「虛則實之、實則虛之」，縱觀基督教與儒家發展史，它們在神聖（神聖為世俗所歪曲利用，實而為虛）與世俗（世俗為神聖所充盈滋潤，虛而為實）之間血肉模糊的歷代爭戰中，都不外如是。

以「王命／王德」與「聖子」相對應，對中國文化根源缺乏瞭解的「外國人」理解起來會比較困難。在基督教文化中，聖子是聖父「道成肉身」的神，與聖父同質同量，而儒家文化中的「王」顯然與「天」不能同質同量。但事實上，雖然儒家的「王」並不是「神」，但他同樣是人間「道成肉身」的理想代表：儒家源於農業文明，安居樂業的特性使得儒家一開始就最為注重家庭倫理，在自然環境惡劣而生產力低下的古代社會，為了更好地安居樂業，「人多力量大」成為最普遍的觀念，小家庭自然發展為大家族，並以大家族為基本單位，在社會的政治鬥爭中維護、爭取更多的利益，從而逐漸形成「國家」的概念。因此，正如《大學》三綱八目所言，只有一個人在小家庭中能夠通過格物致知、正心誠意的修學，才能讓自己的智慧與德行足以帶領一個小家庭實現物質財富與精神財富的雙豐收，才有資格和能力晉

三，動罔不凶。惟吉凶不僭在人，惟天降災祥在德。」（古文〈咸有一德〉）。具體分析參見拙文〈《尚書》的「卜不習吉」觀及其與《易傳》關係〉，《中州學刊》2012 年第 3 期。

級成為一個小家族或大家族的領導，在更大的範圍實現「修身齊家」，只有將一個大家族各種政治、經濟、倫理問題都處理得井井有條、廣受讚譽的時候，他才有資格和能力成為一個「國」（封國、小國）的「國王」，通過「大學之道，在明明德，在親民，在止於至善」的政教王化，讓天下之人如水之就下地欣然歸往，所謂「國治而後天下平」。雖然對於儒家來說，「天命之謂性，率性之謂道，修道之謂教」，每個人的先天條件與後天目標都是平等一致的，但只有其中脫穎而出、眾望所歸的人才（先知先覺）能成為真正的領導，才是最能代表「天命／天德」的人，從而被知識精英與普通民眾都親切地譽為「天子」。顯然，在理想狀態中，儒家的「外王」是「內聖」的自然結果：從積極意義上說，「內聖」必定能「外王」，有德必有位；從消極意義上說，只有「內聖」才有資格稱為「外王」，為君先為師。因此，與現實社會中歷朝歷代抽空「內聖」、扭曲「外王」而僭稱「天子」截然不同，真正理想的「內聖外王」是具有「道成肉身」性質的，是能夠救民於水火之中的，他與基督教中作為「救世主」的「聖子」在同一條水準線上。

以「民命／民德」與「聖靈」相對應，乍看之下很是費解，實則二者之間也很匹配。在基督教中，聖靈既是聖父之靈，也是聖子之靈，但由於教義與教會的發展過程中，人格鮮明而又具有大能的「聖父」與「聖子」自然得到了最大程度上的強調，而形象模糊、依附生存的「聖靈」便在強調「聖父」與「聖子」時自然而然地被忽略、被淹沒了。同樣，儒家也是如此，「民命／民德」既是「天命／天德」所在，也是「王命／王德」所在，但分別作為理想訴求與現實訴求，「天命／天德」與「王命／王德」

在所有的經典中都被反復論述與強調，儘管「天視自我民視、天聽自我民聽」，「大學之道，在明明德，在親民」，處於弱勢地位的「民命／民德」卻常常只停留於理論上的空洞宣傳，在實際生活中更是全然為把持話語權與審判權的強權專制者所控制，不僅不能得到正常的滿足，還常常被無情吞噬乃至歪曲利用。以至於在「霸主」僭稱「天子」的同時，霸「王」盜竊了「聖」名，「君」也自居為「師」，秩序完全顛倒，代代相襲，在位者居之不疑，在野者習而不察，導致「竊鉤者誅，竊國者為諸侯」的社會悲劇。

儘管如此，「天命／天德」、「王命／王德」、「民命／民德」三命一德的理論還是在經典中傳承了下來，在流傳下來的「古禮」中也有體現，這就是中國古代知識分子最為熟知的祭天地、祭聖人、祭祖宗，所謂：「禮有三本：天地者，生之本也；先祖者，類之本也；君師者，治之本也。無天地，惡生？無先祖，惡出？無君師，惡治？三者偏亡，焉無安人。故禮，上事天，下事地，尊先祖，而隆君師，是禮之三本也。」（《荀子‧禮論篇》第十九）

由此可見，傳教士們在並不瞭解基督教「三位一體觀」與儒家「三命一德觀」在教義上具有很大相通性之前，就以真理自居，「非常武斷地把一個屬於非常廣泛範圍的問題局限在一個僅僅於西方倫理範疇中才有意義的細節問題上」，對儒家的祭天、祭孔、祭祖盲目反對，斥之為自甘墮落的「偶像崇拜」與「錯誤信仰」[18]，顯然是冒失無禮的，相反，如果能夠全面而深刻地把

18　比如 1869 年來華、駐華 16 年的美國外交官與教會學校負責人何天爵的

握到彼此的相通性，則不僅對於基督教和儒家各自義理結構的完善、學說的發展十分有利，而且也能為上帝所愛的世人的幸福生活更好地服務。

禮儀之爭的起源是上帝觀與祭祀觀的相互排斥而非相互包容，文化上的排斥往往源於自負，而自負則往往是因為盲目與無知，龍華民們將中國的祭祀斥為偶像崇拜就是一個典型的案例，那麼，從基督教與儒家各自的立場出發，我們究竟怎樣來看待所謂的「偶像崇拜」，它們各自的義理根源是什麼？這就是我們將要論述的「一神信仰與多神崇拜」的問題。

2、一神信仰與多神崇拜

多神崇拜是人類原始社會宗教意識的初級表現形態，在世界各民族都普遍存在，它反映出人們向自然環境與社會環境中各種可見與不可見的「超人力量」祈求幫助的心靈渴望，隨著人文地理上民族、國家的形成，社會團體自主力量越來越強大，個體心靈對「統一性」的要求越來越高，被崇拜的神靈數量也越來越少，最終趨向於一神論或無神論與泛神論（理神論）。

基督教脫胎於猶太教，其一神信仰直接來源於「摩西十誡」中的第一、第二兩條誡命：「我是耶和華你的神，曾將你從埃及

觀點就具有很強的代表性，他認為：「儒教體系的基本內容是對天地祖先的崇拜，之後又加上了只限於學者的對孔子的崇拜。祖先崇拜滲透中國社會的每一個角落，在中國人的民族性中，祖先崇拜是所有宗教形式中，最源遠流長、根深蒂固的內容。毫無疑問，祖先崇拜將是中國人當中『最後消亡』的一種『錯誤信仰』。」轉引於岳峰：《儒經西傳中的翻譯與文化意象的變化》，頁85。

地為奴之家領出來。除了我以外，你不可有別的神。不可為自己雕刻偶像，也不可作甚麼形像，彷彿上天，下地和地底下，水中的百物。不可跪拜那些像，也不可事奉它，因為我耶和華你的神是忌邪的神。恨我的，我必追討他的罪，自父及子，直到三，四代。愛我，守我誡命的，我必向他們發慈愛，直到千代。」（申命記 5：6-10）顯然，猶太教乃是猶太民族在形成過程中從「多神崇拜」向「一神信仰」晉級的宗教產物，正是因為對耶和華神的唯一信仰，才使得猶太人的凝聚力與戰鬥力足以支撐整個民族的繁衍生息。猶太人的一神信仰源於他們開創並堅守自身的民族文化傳統，是為了民族生存與發展的需要，並不是要追尋一種我們今天所謂的「普世價值」，他們也不希望向其他民族傳播、灌輸他們的一神信仰，所以，即便是到今天，猶太教仍然停留於一種民族宗教而非世界宗教。換言之，以猶太教為個例來看，每個民族都可以信仰開創並維繫本民族文化傳統的「一個神」或「多個神」。基督教創始人耶穌與保羅等人在繼承猶太教「救世主」精神的同時，為了在根本上超越猶太民族與宗教的局限，從而將其發展為一種普世宗教。為此，他們必須向外族人、外邦人傳教，向他們灌輸基督教的信仰，改變各民族與國家原來的一神信仰或多神崇拜，最終讓基督教的信仰成為全人類共同的信仰。顯然，這是一個極其宏偉的心胸與抱負所導致的極其專制與霸道的邏輯，它會直接忽視、強暴任意一個被它傳教的民族文化傳統，這種宗教在產生之時，就可以預見將來必然會遭遇各種嚴重的暴力衝突，為了盡可能地將其教義發展得更加具有普世性，從耶穌與保羅開始，歷代基督教神學家們都為此殫精竭慮、極盡所能（比如完善三位一體觀、原罪論與復活論等最為重要的基本觀

念），但不管如何，一種民族文化傳統試圖徹底改變另一種民族文化傳統的非法初衷與非法目的這一「文化殖民」的本質沒有任何改變。在禮儀之爭中，基督教以它自身的「一神信仰」對儒家的祭孔祭祖（在基督教看來，就是「多神崇拜」）指手畫腳、判錯糾錯的宗教行為本質上就是一種文化殖民的專制暴力，是不合情、不可理也不合法的。

更何況基督教自身引以為傲的三位一體、原罪論等所謂普世觀念自身也有很大的邏輯問題。在本書「中篇」系統論述原罪論之前，我們先來看三位一體觀是否真的就是徹徹底底的一神信仰、與多神崇拜全然無關。深具諷刺和悲劇意味的是，問題的癥結就出在基督教自以為全面徹底超越猶太教等其他任何宗教的「上帝道成肉身的耶穌基督」這個獨特觀念上：

451 年的「卡爾西頓大公會議」規定了道成肉身的正統教義，內容如下：「追隨教皇們，我們所有人一致同意，要教導人們承認，同一的聖子，我們的主耶穌基督，既在神性上完全又在人性上完全，既是真神又是真人，亦由一個有理性的靈魂和肉體構成；論到神性，他與父同質，論到人性，他與我們同質；除了沒有罪，他在各方面都與我們相似；論到神性，他在萬世之先，為父所生，論到人性，他為救世人，為聖母瑪利亞所生。同一的基督，聖子、主，獨生子，以二性為表記，二性不混、不變、不分、不離；二性不因結合而喪失區分，而是各保其特徵，併合而成一人和實體，不分成二人，而是同一的聖子和獨生的上帝的聖言，主耶穌基督；自遠古時代以來的先知都這樣認為，我們的主耶穌基督本人也這樣告訴我們，還有教皇們的信經也是如此傳

達。」[19]雖然這裡只是言及神人二性的「兩位一體」，但「三位一體」的觀念在之前奧古斯丁（354-430）的學說中已經有了經典的表述並廣為流傳：「因為上帝，我們才存在，才生活，才能看到天地，才能有心志和理性，讓我們靠心志和理性來尋求創造這一切的上帝。但我們的力量尚不足以說完對他的感恩。當我們為自己的罪所壓垮和吞沒，不願意沉思他給我們的光，沉浸在黑暗的邪惡之中，且以盲目為樂，他並沒有完全拋棄我們，而是向我們派出了他的聖言，也就是他的獨生子，為我們化成肉身、出生、受難，我們知道上帝是怎樣的關心人類。他用這一次犧牲，把所有人的罪都清洗乾淨，他的聖靈在我們的心中散播他的愛，一切困難都克服了，我們通過對他的沉思，到達了永恆的安寧和不可名狀的快樂。」[20]「我相信、堅持，並且充滿信仰地宣佈，父生出了言，也就是智慧，並用他造了萬物。言就是他的獨生子，父是惟一，子也是惟一，父是永恆，子也是永恆，永恆同在，都是至善，同等的好；聖靈既是父的靈，也是子的靈，與另外兩者實質相同，永遠同在。這個整體是三，因為其每個位格各有特點，一個上帝的神性是不可分割的，正如他的萬能是不可分割的萬能。」[21]「所以，真正的享受對象就是聖父、聖子和聖靈，他們是三位一體，是同一個存在，至高無上的。……因為要找到一個恰當的名稱來表述如此卓越的、超絕的存在，實在是不

19　轉引於希克著，王志成、思竹譯：《上帝道成肉身的隱喻》（南京：江蘇人民出版社，2000 年），頁 55。

20　奧古斯丁著，吳飛譯：《上帝之城——駁異教徒》（上冊）（上海：上海三聯書店，2007 年），頁 275。

21　奧古斯丁：《上帝之城——駁異教徒》（中冊），頁 103。

太容易，最好的表達方法只能是這樣：萬有都本於他，依靠他，歸於他的三位一體真神。……父只是父，子只是子，聖靈只是聖靈。同時，三位又同樣的永恆，同樣的不變，同樣的神聖，同樣的大能。在父是合一，在子是平等，在聖靈是合一的與平等的和諧；這三種屬性因父而同一，因數而平等，因聖靈而和諧。」[22] 這樣，在世人的眼中，聖父表現創造與統一，聖子表現恩典與救贖，聖靈表現愛與和諧，三位一體，都是神聖的永恆，說到其中一位，另外兩位當下即不言而喻。然而，在奧古斯丁乃至整個基督教神學裡，這種看似美妙圓滿的三位一體觀念常常都不過是一種詩意的比喻或情感的寄託，缺乏嚴密的本體支撐與邏輯論證，這也是為什麼神學家們被約翰·希克對「道成肉身」的嚴厲批判擊中要害而難以駁倒的根本原因。

　　約翰·希克在 1977 年一部題為《上帝道成肉身的神話》論文集中發表了上帝道成肉身乃是「隱喻」「故事」而非「真理」「事實」的觀點。雖然此時他便與論文集中其他「七名反基督者」為希臘正教會大主教判定「被一種具有魔鬼特徵的立場所虜了」[23]，對其進行打壓，但這絲毫也不能削弱他的批判火力，他義無反顧地宣稱道，「基督教作為惟一由上帝創立的宗教，具有世界性的中心地位。正是在這裡，我們感受到了張力。因為基督教或含蓄或明確宣稱自己的唯一優越性，把自己看作是上帝在世上的拯救活動的中心，這在我們時代的新的全球意識看來，已經

22　奧古斯丁著，石敏敏譯：《論靈魂及其起源》（北京：中國社會科學出版社，2004 年），頁 18。

23　希克：《上帝道成肉身的隱喻》，頁 1-2。

變得越來越難以置信了。」[24]大致說來，希克對卡爾西頓大公會議所規定的「道成肉身」這一正統教義的系統批判可以分為三步：

第一步，耶穌不是第二位格的「神」。「如其通常的做法，保羅讓耶穌順應他自己的神學，而幾乎不顧其歷史形象。的確，完全可以相信，耶穌對天父的意識比他同時代的任何人都更加有力和強烈。但我們必須補充說，而且實際上必須強調，把上帝體驗為天父，不等於把自己體驗為獨一無二的上帝聖子、神聖的三位一體的第二位格。」[25]他認為，正如猶太學者蓋札・弗米斯所說，：「在猶太人中，『上帝之子』一詞總是在隱喻意義上理解的。在猶太辭源中，使用這個詞，決不表示那個被如此稱呼的人享有神性。因而可以萬無一失地假定，如果基督教神學的發展環境是在希伯來而不是在希臘，那麼不會產生如傳統所理解的道成肉身教義。」[26]在古希臘神話中，傳奇英雄狄奧尼索斯與赫拉克勒斯等都是宙斯與凡人婦女所生的孩子，都被稱為「上帝之子」，以耶穌為「上帝之子」與此如出一轍。《聖經》中耶穌本人從未自稱是「上帝之子」。這一稱號是他的追隨者們保羅等人強加給他的，以便讓其生活充滿上帝的臨在和力量，「上帝之子」這一形象在猶太傳統中常常指一個接近上帝並為上帝所用的人，它表明的是耶穌的特殊性而不是排他性，換言之，耶穌本質上是類似於猶太教先知的一個聖人而非「神的第二位格」。

第二，即便耶穌是「道成肉身」的神，這樣的「道成肉身」

24　希克：《上帝道成肉身的隱喻》，頁 8-9。

25　希克：《上帝道成肉身的隱喻》，頁 36-37。

26　希克：《上帝道成肉身的隱喻》，頁 50。

也不是唯一的，類似的情況在邏輯上、在空間上可以發生無數次。「正當以地球為中心的托勒密宇宙圖景，在基督徒意識中逐漸為現代天文學所揭示的大大擴展了的宇宙圖景所取代時，西方思想家也開始猜測神在其他行星上道成肉身的可能性。」[27]只要宇宙各星球生物世界無窮多，「道成肉身」也必然無窮多，「地心說」被「日心說」取代後基督教必然就要面臨「神在其他行星上道成肉身的可能性」這一嚴重問題，而且從邏輯上只能給出肯定的答案，由於神是唯一的、創世紀的、博愛的神，必然也會在宇宙中其他星球上展現他的至善大能，而只存在於地球上的「凡人」聖母瑪利亞又不可能分身於其他星球，因此，唯一的神在其他星球上就只能是借助「另一個童貞女」懷孕而道成肉身「另一個耶穌」，這樣，基督教「三位一體的神」就絕不僅僅只是「三位」，而是「多位一體」。按照同樣的邏輯，我們在同一個地球上以此類推，除了降生於猶太民族那個「道成肉身的耶穌」之外，在世界其他民族文化傳統中當然也可能會有「其他道成肉身的事情」發生：「二心基督論與多重道成肉身之可能性之間的這一聯繫並非絕無僅有。相反，在任何一種基本的卡爾西頓基督論形式下，多重道成肉身的觀念都照樣可行。因為所有這樣的基督論都假定了兩個實在，即永恆的聖子與聖子所接受的人性。接受人性，這看來原則上可以發生無數次。」[28]因為無限的神的意識進入有限的人的意識，這種單向行為從邏輯上可以在任何有限的意識上表現出來，這必然會導致「多重道成肉身」的觀念與現

27　希克：《上帝道成肉身的隱喻》，頁 104。

28　希克：《上帝道成肉身的隱喻》，頁 106。

實。與此同時，希克還搬出「天主教最偉大的神學家」作為靠
山：「湯瑪斯・阿奎那說『聖子道成肉身後似乎有力量接納不同
於他現實擁有的人性的另一個人性。』又說：『我們必須堅持，
除了現實擁有的人性之外，神性位格還能接受另一個不同的人
性。』因此，三位一體的第二位格似乎可再次接受人性，如果有
二次接受人性，那就有可能三次、四次，或者實際上可有任意次
數，可能在耶穌道成肉身之前之後接受人性。……一個人可能會
問，從正統基督教的觀點看，為什麼除了《新約》中見證的之外
沒有其他道成肉身了呢？阿奎那並不忌憚提出這一問題。然而，
他想到的只有一個極端的假設，即上帝在所有個體的人身上接受
人性。另一個無疑更加重要的可能性是：在不同時間和地點存在
有限數量的道成肉身，為的是為他人做些事，如耶穌作為人類歷
史中的一個感召者所做的那樣。」[29]按照這個邏輯，「道成肉身
的耶穌」不僅不具備唯一性，而且還不一定具有「第一性」。

　　第三，既然耶穌本來就不是唯一的「上帝之子」，「道成肉
身」也可以在無限的時空中發生無數次，那麼，贖罪論中「基督
之外無真理」與「教會之外無拯救」的信仰就根本站不住腳。
「上帝道成肉身只能死一次贖去世人的罪，所以只存在惟一的道
成肉身。但這個『所以』真的靠得住嗎？阿奎那本人不得不說：
『靠不住』，因為他已肯定神可以有許多道成肉身。可以想見，
他假定其中只有一個道成肉身的死是贖罪之死，依據阿奎那所運
用的安瑟倫類型的補償理論，這死是必不可少的，如果有罪的人
類要獲得上帝的寬恕的話。但神的道成肉身還可做其他無法估量

---

[29]　希克：《上帝道成肉身的隱喻》，頁 109。

的事。他們可以教導真實的生活方式，使許多人在心中接受上帝的主宰；他們可以努力淨化各民族，給世界帶來正義與和平。」[30]換言之，就算耶穌是道成肉身的「上帝之子」，那麼他也最多只能是人類眾多「上帝之子」中的一位而已，就算耶穌可以替世人贖罪，具有這種贖罪能力與恩典的人在人類社會中也絕不止耶穌一個，更何況耶穌並非「上帝之子」，而只是一個聖人，他還沒有資格以神的身分來替世人贖罪，何況，基督教作為贖罪論前提的原罪論也有問題。「我們自己的思想世界，不管在教會內還是在教會外，都與之相去甚遠，那些傳統的贖罪論不再能履行任何有益的功能。」[31]希克說，「人事實上的一次墮落導致一種普遍的、傳承的墮落與罪過，這種觀念對受過教育的基督徒完全不可信。我們不把人看作是一對特別被創造的夫妻的後裔，而把各個物種都看作是從較低的生命形態經過極其漫長的時間逐漸進化而來的。我們不是把最早的人視為生活在與猶太——基督教一神論的上帝的交流之中，而是把他們視為可能持有一種原始的萬物有靈論的觀點。我們不是認為他們生活在與自然以及彼此的和諧關係之中，而是認為他們可能在一個常常很嚴酷的環境裡與其他動物以及其他人類群體進行生存競爭。如果出於對傳統語言的虔誠，我們希望保留『墮落』一詞，那麼我們可以說早先的人在隱喻的意義上說，就道德和靈性之不完美而言已經『墮落』。換言之，可以說他們似乎已從一種理想狀態墮落。但既然這一狀態從未存在過，那麼一同放棄墮落概念不是更好嗎？因為，如果我們

30　希克：《上帝道成肉身的隱喻》，頁111。

31　希克：《上帝道成肉身的隱喻》，頁154。

相信從沒有人從原初伊甸園的狀態墮落，那麼為什麼要冒險說似乎有過這麼一回事而把我們自己和其他人弄得稀里糊塗呢？」[32]

希克之所以要花這麼大的心力批判「道成肉身」，原因就在於他與許多非基督徒思想家一樣都深刻地洞察到這一事實：「道成肉身教義隱含了基督教和基督教文明的獨特優越性。但是，這種假設的優越性當今對我們許多人來說是非常曖昧不清的。當我們批判地考察其宗教合法性時，我們發現它確實是不可靠的。這一觀念在耶穌的教導中缺乏可靠的歷史基礎，使他在概念上可以理解的種種嘗試迄今為止也都是失敗的。況且，由於被用於為人類大量的罪惡作辯護，它已受到玷污。」[33]可悲的是在傳統基督徒的眼中，還常常以這個事實上只能是「莫須有」的「道成肉身」而沾沾自喜、自高自大。「道成肉身教義預設了世界各大宗教中唯獨基督教是由上帝親自創建的——因為基督教正統認為道成肉身只發生過一次，是上帝道成肉身的耶穌創建了基督教會。很顯然地，來到世上創建新宗教的上帝必定讓它取代其他所有宗教，讓全人類都皈依它。」[34]在希克看來，這種因不明事實真相、作繭自縛而不能與時俱進的所謂正統觀念恰恰陷入了耶穌本人早已警惕世人預防的危險：「他們是瞎眼領路的。若是瞎子領瞎子，兩個人都要掉在坑裡。」（馬太福音 15：14）希克認為，耶穌作為一個聖人應該也是持宗教多元主義的，「宗教多元主義認為，世界各大信仰是十分不同的，但就我們所能分辨的而

---

32 希克：《上帝道成肉身的隱喻》，頁 136。

33 希克：《上帝道成肉身的隱喻》，頁 187。

34 希克著，王志成、思竹譯：《信仰的彩虹——與宗教多元主義批評者的對話》（南京：江蘇人民出版社，1999 年），頁 105。

言，它們都是我們稱之為上帝的終極實在在生活中同等有效的理解、體驗和回應的方式。彩虹是由地球大氣折射成壯麗彩帶的太陽光，我們可以把它視為一個隱喻，把人類不同宗教文化解釋為對神性之光的折射。」[35]「世界各大宗教構成非常不同但同等有效地在生活中理解、體驗和回應宗教相關的終極實在的方式。」[36]

應該說，希克對道成肉身的「破論」是非常有力的，他拆除了基督教自閉城堡中最大的一根頂樑柱，為基督教積極參與世界文明對話掃除了一個最大的根本性障礙，傳統基督徒除了從信仰與情感上予以否定、排斥、憎惡以外，很難從邏輯上駁倒他。但是，希克的批判發生在已經漸趨於全球化的二十世紀，尤其是發生在 1962 年天主教「梵二會議」之後相對開明與寬鬆的宗教氛圍中：「梵二會議破天荒第一次宣佈的對話政策，一改近兩千年來唯我獨尊的態度，願意與其他的基督徒對話，以便爭取基督徒的統一，以及願意與其他宗教和解，以便互相理解。梵二會議在許多世紀的敵對之後第一次鄭重宣佈，其他基督教會和其他宗教都反映了真理之光，都是救贖之路。這是最令世人矚目的變化。」[37]「由於受到與其他文化和宗教不斷加深的、更有人性的相遇的挑戰，也因為清醒地看到非基督宗教中充滿真和美卻不見有明顯的基督臨在，以及受到羅馬天主教對其他信仰持更加積極的觀點（在 16 世紀特蘭托公會議中就已經播下種子，在梵二會議中首次結出果實）的影響。這些教會已經開始認識到甚至讚美

---

[35] 希克：《信仰的彩虹——與宗教多元主義批評者的對話》，序言。

[36] 希克：《信仰的彩虹——與宗教多元主義批評者的對話》，頁 184。

[37] 任延黎主編：《中國天主教基礎知識》（北京：宗教文化出版社，2005 年），頁 75。

起上帝在整個歷史中因而也在其他宗教中的自我展示性的和拯救
性的臨在。如果上帝的愛遍達所有人，那麼它準是可以讓他們具
體地、實際地得到的。……其他宗教，就它們所具備的種種真理
和德性而言，上帝都計畫讓它們在耶穌基督裡獲得最終的圓滿和
身分。」[38]

　　當然，在利瑪竇、龍華民那個時代，不管是西方還是中國的
傳教士們，以「道成肉身」為基礎的「三位一體」仍然是一個
「結結實實的真理」，他們沒有條件也沒有勇氣像希克這樣系統
深刻地自我批判，也不可能發現並接受基督教獨特的「三位一體
觀」其實跟佛教的「三身觀」一樣，都有著偶像崇拜、多神崇拜
的特質。正如希克所言，類似的「道成肉身」從邏輯上可以在有
限時空中發生無限次，基督教卻認為耶穌基督的「道成肉身」在
無限時空中乃是唯一的，但它又不能拿出十足的證據證明這種
「唯一性」，傳統觀念不過是將這種可能性寄託在童貞女感帝受
孕這種「普世性」的遠古神話之上，「耶穌基督降生的事，記在
下面。他母親馬利亞已經許配了約瑟，還沒有迎娶，馬利亞就從
聖靈懷了孕。」（馬太福音 1：18）「及至時候滿足，上帝就差
遣他的兒子為婦人所生，且生在律法以下，要把律法以下的人贖
出來。」（加拉太書 4：4-5）換言之，「道成肉身」的真實性
與必然性完全寄託在一個虛無縹緲的「聖靈」上。顯然，「耶
穌」最多與以「釋迦牟尼」為代表的十方三世一切佛一樣，在成
佛之前都是以一個完完全全肉身應世，是一個完完全全的人，而

---

[38] 尼特著，王志成、思竹、王紅梅譯：《一個地球　多種宗教》（北京：
宗教文化出版社，2003 年），頁 39-40。

不是神，但基督教把一個人當作神看待，還極度崇拜耶穌受難的十字架，按照猶太教、伊斯蘭教對無形的上帝或真主的「一神信仰」，這也是典型的偶像崇拜，並且還是一種邏輯上必定會導致多神崇拜的偶像崇拜。

我們由此反觀耶儒互動中的禮儀之爭，自身就隱含著偶像崇拜、多神崇拜特質的基督教又有什麼資格去排斥、鄙棄儒家的祭孔祭祖呢？即便當時的傳教士們受歷史的局限不可能有希克那種覺悟，受環境的局限也很難對儒家多神崇拜中滲透的人文精神都有深刻的認識，但他們至少可以選擇像利瑪竇一樣，為了最終實現歸化中國這一宏偉願望，抱著謹慎、隱忍的心態與適應、補充的策略去對中國傳統文化表示適當的理解與尊重，所謂「與人為善，於己為善」，在文化強勢的異邦傳教時，只有先成人之美才能最終成己之美。更何況如上所述，儒家的三命一德觀與基督教的三位一體觀也有著內在相通性，彼此融合之處遠遠大於衝突之處，還是雷蒙·潘尼卡說得好，「第三個基督教千年之任務是超越亞伯拉罕傳統的一神論，又不傷害各個一神論宗教的合法性和有效性。……它並不需要否定神聖者，卻向偉大的三位一體的直覺開放，三位一體是人類傳統的相遇點。」[39]除了佛教的三身觀在義理架構上比基督教的三位一體觀更為成熟以外，其實猶太教、伊斯蘭教的先知與儒家的聖人一樣，在某種意義上都有著「道成肉身」的內涵或作用（代天宣教、替天行道），一神信仰與所謂的「多神崇拜」「偶像崇拜」之間並非水火不容，各種文

---

39 潘尼卡著，王志成譯：《人的圓滿》（北京：宗教文化出版社，2006年），緒言。

化傳統中對民族聖人的祭祀在基督教看來都是偶像崇拜，但在其本民族的一神信仰看來並非如此，那麼，為什麼其他民族都要「以基督教之是非為是非」呢？

中國從遠古時代一直到夏商周，都一直延續著多神崇拜的文化傳統，從未間斷，西周末年，禮崩樂壞，天命下移，儒家興起，正如古希臘時期蘇格拉底將哲學從天上（宇宙論、本體論）拉回人間（人生論、社會學）一樣，孔子也將中國人的信仰與依靠從天祖崇拜、禮樂制度拉回到對人類心性與仁義的信仰與修持，中國多神崇拜的宗教精神一轉而為反求諸己的人文精神（鬼神崇拜──敬畏天命天命之謂性──尊德性而道問學），並最終成為中國傳統文化的主流意識形態。這種人文精神並不盲目排斥、反對流傳已久的多神崇拜，而是試圖將其賦予種種人文內涵，對其予以包容與豐潤，再加上與儒家義理形成互補的道家文化又帶有很強的多神論色彩，東漢以後逐漸發展出明顯崇拜多神的道教文化，幾乎同時，佛教的傳入讓中國文化中的多神崇拜更是變本加厲，在浸透著人文精神的多神崇拜這種文化形態已然發展到爛熟的明清時代，尚未完全站穩腳跟的基督教一上來就要撼動中國文化「多神崇拜」這塊民間社會的信仰基石，真可謂自不量力、愚不可及。天主教試圖以「一神信仰」來毀棄中國「天」「地」「君」「親」「師」的牌位而不供養，斥之為偶像崇拜、多神崇拜，但招致以《破邪集》作者群為代表的儒釋道三教知識分子的猛烈抨擊就是一個生動的教訓。

分析至此，我們已經可以得出一個結論，耶儒之間關於「上帝觀與祭祀觀」的爭論焦點或問題癥結甚至也不在於「一神信仰」與「多神崇拜」的不同教義，而是在於「基督本位」與「中

華本位」的不同標準，具體落實下來是「以耶穌之是非為是非」還是「以孔子之是非為是非」。

3、基督本位與中華本位

中國歷史上以「禮儀之爭」為代表的耶儒衝突，從理論上看是基督教信仰與儒家倫理的衝突，從實踐上看是西方神權與中國皇權的衝突，理論聯繫實踐，則是政治力量與文化力量合為一體的基督本位與中華本位的衝突。所謂「基督本位」，簡單地說，就是「基督之外無真理」與「教會之外無拯救」，本質上是一種以「普世主義」自居（自高自大）的排斥主義，骨子裡帶有很強的敵對性與侵略性，相比之下，「中華本位」雖然也帶著「吾聞用夏變夷者，未聞變於夷者也」的文化優越感與「尊華攘夷」的政治圖謀，但不管是在明清時期還是近現代時期的耶儒互動，儒家士大夫這種「中華本位」都是受傳教士們「基督本位」激發而被動產生的。在耶儒互動的問題上，絕大多數儒家主流知識分子都抱著「孔子加耶穌」（包容主義）的潛在心態，而絕大多數傳教士們則抱著「孔子或耶穌」（排斥主義）的假想預設（假想儒家必定排斥基督教，預設基督教最後必定歸化中國），耶儒雙方都沒有「孔子與耶穌」各行其是、並行不悖這一多元主義的想法，因為基督教一方始終帶著高低之別的眼光，而儒家一方則自然抱著主客之分的心態，除了以上反復分析過的「禮儀之爭」是一個生動的例證之外，近現代時期高唱的「本色神學」也帶著深刻顯明的烙印。

比如，徐松石（1900-1999）就以基督本位明目張膽地大力宣稱：「神要重用中華民族，神要使中華民族服務世界，神要使

中華民族澄清世界的宗教思想，神要用孔道幫助世界，神要藉中華民族調和世界文化。」[40]徐松石看似從排斥主義走向了包容主義，但實際上他與同時代的德國神學家卡爾・拉納（1904-1984）「匿名的基督徒」那種讓非基督徒非常反感的觀念並無不同，他們都認為基督教之外的其他文明都是「上帝的秘密臨在」結出來的果實，它們雖然因此而具有「聖言的種子」（「真理與恩典的要素」）[41]，但只有耶穌基督才是拯救的最後原因，只不過比起那些赤裸裸的排斥主義來說，他們多了一層迷惑世人的糖衣炮彈。

　　再比如，王治心說，「基督教好比一粒麥種，隨意栽在任何處所，都是相宜，不過有兩件事應當注意：一、必須落在地裡，吸收本地的肥料來滋養。二、必須死了，然後能生長，能結多果。」所謂「必須落在地裡」，是指要「吸收這一地方一民族的文化和思想，而成為這一地方一民族的土產。」所謂「必須死了」，是指「讓層層包裹著的西方儀式——風俗——習慣——思想——在地裡死了爛了！然後結出『中國本色』的許多子粒來。」[42]同樣，謝扶雅也說，「耶穌本為東方人，觀其品性，思想，行為，似更與東方的腸胃，融洽沆瀣，毫無格格不相入的氣質；我們情當迎他回家，樂敘團圓，不要任聽他長是『流落西方』啊！」[43]

---

[40]　徐松石：《耶穌眼裡的中華民族》，頁 219-223。

[41]　尼特著，王志成譯：《宗教對話模式》（北京：中國人民大學出版社，2004 年），頁 97。

[42]　王治心：〈中國本色教會的討論〉，《本色之探——20 世紀中國基督教文化學術論集》，頁 238。

[43]　謝扶雅：〈基督教新思潮與中國民族根本思想〉，《本色之探——20

「中國可以稱做世界上最深倫理的民族，……引領基督教與儒教契合的責任，勢必要落在中華民族的肩上。基督教本是一粒最優良的倫理的種子，不幸被種在本鮮倫理素養的西土，辛苦掙扎了二千年，只少少的開了一兩朵乾皺無力的花，而且常常給特種階級所利用，弄得滿天塵土，遂汩沒了耶穌的真面目，這是何等可惜！真正的基督教，還沒有在西方發現，這是西方有識者的公論。此後基督教，已要在倫理沃厚的土地上試種一下，然則栽養灌溉之勞，我國民族，又安能辭其責呢？」[44]這些論調比起徐松石來說，雖然看似「基督本位」越來越弱，「中華本位」越來越強，但作為基督教神學家，他們在骨子裡、血脈裡還是同樣的「基督本位」，他們的立論處處仍然是以基督教為出發點，並以基督教為歸終，他們借助中華民族與中華文化不過是為了更好地證明「一切來自上帝，一切通過上帝，一切在上帝之中」這個基督教最為樸實的真理。

當然，生活在 20 世紀那個內憂外患動盪不安與每個人的生命財產都息息相關的時代環境中，在中國人民飽受凌辱、華夏精神魂飛魄散的生存氛圍裡，也有很多深愛著這個民族與國家的本色神學家們首先都是作為一個人而不是基督徒去思維、去吶喊的，強烈的時代責任感讓他們自覺不自覺地轉換了視角，立論的起點與目標從「基督眼裡的中華民族」轉換為「中華民族眼裡的耶穌」，比如趙紫宸就說，「我們中國人忘卻了民族偉大的精神，沾染了喪家滅種的疾病。我們對於此情此境，作何感想？豈

世紀中國基督教文化學術論集》，頁 53。

[44] 謝扶雅：〈基督教新思潮與中國民族根本思想〉，《本色之探──20 世紀中國基督教文化學術論集》，頁 47。

不要一個救己救人、努力愛人的宗教來引導我們出這十八層地獄
麼？」[45]吳雷川也說，「要問基督教對於中華民族復興能有什麼
貢獻？最簡單的答覆，就是它能造成現今所需要的領袖人才。換
句話說：它所貢獻的就是基督徒。假使基督徒不能效法耶穌以自
成其為領袖，基督教在這時代的中國，就不能有什麼貢獻，並且
必要為這個時代所淘汰，為這個地域所摒棄。」[46]「自今以往，
中國民族要求復興，恐怕已得不著從容改革的機會，只有預備從
艱苦奮鬥中開出一條血路，前途才有光明的希望。這時更需要為
正義而犧牲自己的人們，基督教或者能多多益善地供給麼？」[47]
但這並不意味著本色神學家們已經從「基督本位」徹底轉到「中
華本位」了，因為「換位思考」並不等於「換了一個人」，我們
從儒家文化素養最為深厚的趙紫宸身上最能說明這個問題，他就
明確地說，「只有基督能救中國，因為基督是宇宙本原中的上善
上德，一入人心，便可使其得豐美的生命。中國的基督徒啊，你
有此透闢的認識麼？你的救主要你再黑暗中擎起福音的光輝，要
你去為中國，在艱難困苦中，一點一點，一段一段，一區一區地
創造一個新心理，一個新生命。」[48]「中國基督教的本性，同別
國基督教的本性一樣。所以中國人亦應當像別國人那樣，借著耶

45　趙紫宸：〈基督教哲學〉，《趙紫宸文集》（第一卷）（北京：商務印
　　書館，2003 年），頁 11。
46　吳雷川：〈基督教對於中華民族復興能有什麼貢獻〉，《本色之探——
　　20 世紀中國基督教文化學術論集》，頁 65。
47　吳雷川：〈基督教更新與中華民族復興〉，《本色之探——20 世紀中
　　國基督教文化學術論集》，頁 74。
48　趙紫宸：〈基督教與中國的心理建設〉，《本色之探——20 世紀中國
　　基督教文化學術論集》，頁 512。

穌基督的指導，重新回到上帝那裡。基督教福音的中心，——就是人類都需要基督——昨日，今日，明日，都是一樣的。不過基督教在各國的特種發展，乃是根據各國所有特別情形而轉移的。……讀者須知所述各節，乃出於我們的一種堅固信仰：即我們欲解決中國的時局問題，同解決別國的問題一樣，出了耶穌基督以外，沒有別的良法了。」[49]顯然，與徐松石相比，趙紫宸等人不過是將「群體性的基督本位」落實到「個體性的基督本位」而已，在堅持用基督「為我中華創造新心理，新生命」的同一前提與目標下，徐松石強調「基督他救」，強調整個中華民族應該去「去擔負在十字架下的工作」，而趙紫宸則強調「基督徒自救」，強調每個中國基督徒乃至每個中國人應該「去擔負在十字架下的工作」，兩者之間並無本質區別。

　　總體說來，本色神學家們雖然都打著基督教要與中國文化產生「血肉的化合」這面旗幟，但實際上他們的立場（基督本位）與中華本位之間的關係一直都只是「友誼的握手」，不管他們在耶儒互動方面的思維貫通與理論建構是多麼出色，如趙紫宸所作所為，也不管他們對未來基督教與中國文化「血肉的化合」有著多麼美好的藍圖，如范皕海所料所言，「我們不能預料將來的結果，作何狀況。然而我們卻可以決斷，他的成功，一定要放異樣光彩，照耀全世界，不是宋元明的理學，所可同日而語的。今天在座諸君，都是新時代的人物。我們要促進這新時代的理想，成為事實；我們當對於中國文化，有十二分的努力；我們更當對於

---

[49]　誠靜怡：〈中國基督教的性質和狀態〉，《本色之探——20 世紀中國基督教文化學術論集》，頁 268。

基督教，有十二分的努力。」[50]基督本位與中華本位之間仍然是界限分明的，對於他們來說，無論是「基督成全中華」還是「中華成就基督」，所表達的都是同一個意思——「基督成其為基督」、「一切歸於基督」而非「中華成其為中華」、「一切歸於中華」。

　　與本色神學家們相比，儒家知識分子在這一問題上的思考顯然不夠系統深入，即便是數量與能量上都足以與其分庭抗禮的現代新儒家群體，他們也都沒有像本色神學家們那樣去思維、構建「中華成全基督」、「基督成就中華」的文化路徑，反倒是之前的洪秀全、康有為、孫中山等人以各種獨特的方式高度凸顯了中華本位的主體意識，儘管常常顯得有些吃力甚至怪誕。如前所述，洪秀全的拜上帝教作為一種革命武裝，雖然同時違背了儒家與基督教的真精神，但他批改《聖經》、自作《真約》，拒絕在精神上與政治上受制於傳教士與基督教國家，搗毀學宮、焚燒經書，禁止偶像崇拜卻又將中國天人合一傳統思維下多神族群崇拜的神人同形同性世俗文化彰顯到了極致。兩方面一結合，可謂以一種畸形的方式高度凸顯了中華本位。相似的「怪狀」也出現在孫中山身上，作為一名虔誠的基督徒，他雖然並未像洪秀全一樣以革命領袖的身分大肆搗毀偶像、禁止多神崇拜，但卻通過「信教自由」的立法而百神自退，在很大程度上繼承並彰顯了中華文化和而不同、成人之美的傳統美德，以一種「不偽善、不伐善」的隱性作為凸顯了中華本位。

50　范睟海：〈中國倫理的文化與基督教〉，《本色之探——20 世紀中國基督教文化學術論集》，頁 438。

　　另外，同樣的怪狀也出現在康有為身上，他所領導的孔教運動顯然是以中華本位對抗基督本位或西方本位的，但他這麼做的結果反而導致了人們對「中華本位主義」的高度質疑，遭到新文化運動中新潮知識分子的尖銳批判，似乎對凸顯中華本位有過無功，然而，當我們從現代新儒家通過新文化運動返本朔源到近代變法改良運動時，站在歷史的制高點上，赫然發現，孔教運動至少在凸顯中華本位（民族主體意識）這一點上是有功的，它從無到有的興起經過新文化運動的片面否定之後，後者又被後起的現代新儒家進一步揚棄，經歷一個否定之否定的邏輯演變，實現了更高程度的肯定，從這個意義上來說，康有為作為造時勢的「先時之人物」當之無愧。

　　綜上所述，耶儒互動之「上帝觀與祭祀觀」反映出來的「三位一體與三命一德」、「一神信仰與多神崇拜」、「基督本位與中華本位」等義理衝突，從哲學上來看，在利瑪竇、洪秀全、孫中山、本色神學家的哲學體系中都有深刻的表現，因此，我們完全有必要在宏觀對比與歷史疏通之後，以耶儒互動為主題對其分別展開「微觀性」的人物思想研究，以便獲得更為深刻而真切的認識。

二、利瑪竇補儒合儒的適應哲學

　　作為中國歷史上耶儒互動的第一個重大理論結晶，利瑪竇補儒合儒的適應哲學雖然並沒有將基督教信仰和儒家倫理的宏大架構與精微義理都全面而深刻地彰顯出來，但以耶儒融合初始階段的標準來衡量，它在「上帝觀與祭祀觀」上種種粗線條的表現已

經基本到位了，足以令人滿意。尤其是在我們已經對「三位一體與三命一德」、「一神信仰與多神崇拜」、「基督本位與中華本位」等耶儒義理作出細緻的「內在批判」與「內在比較」之後，再高屋建瓴地俯視利瑪竇補儒合儒的適應哲學，赫然可見，它在這幾個方面都表現出了一種很明顯的「合目的性」：其適應哲學產生的原因中「宏偉目標指引下的堅忍心態與靈活策略」與「自上而下傳教路線優勢的發現與認定」這兩點大體和「基督本位與中華本位」相互對應；適應哲學的形式「以行合知」、「以知合意」這兩點大體和「三位一體與三命一德」相互對應；適應哲學的內容「補儒易佛」、「補古易今」這兩點大體和「一神信仰與多神崇拜」相互對應。

1、利瑪竇「適應哲學」的產生

(1) 宏偉目標指引下的堅忍心態與靈活策略

利瑪竇入華很大程度上是受了先驅者沙勿略悲苦而熱烈的精神感召，與他同時入華的耶穌會士都是抱著為沙勿略圓夢——打開中國國門並最終歸化整個中國的神聖使命來的，再加上利瑪竇剛到中國的真切感受，「向自西來，涉海八萬里，修途所經，無慮數百國，若行枳棘中。比至中華，獲瞻仁義禮樂聲明文物之盛，如撥雲霧見青天焉。」[51]讓他更加覺得這正是上帝賜給選民們一塊上佳的「流奶與蜜之地」（出埃及記 3：8），狂喜之下以為在這個天才聰慧喜愛文藝與和平的民族中，「很短的時間，

---

[51]　徐光啟：〈跋二十五言〉，朱維錚：《利瑪竇中文著譯集》（上海：復旦大學出版社，2001 年），頁 136。

可以歸化千千萬萬的中國人」，隨後發現明末社會上至朝廷官吏
下至黎民百姓都對洋人與洋教十分警惕，不得已退而求其次，主
張傳教事業「應慢慢來，逐漸同中國社會交往，消除他們對我們
的疑心，而後再說大批歸化之事」，即便是有生之年歸化中國的
夢想破滅以後，他還在有進無退地強調自己「主要的是為此偉大
的事業做奠基工作」，「是篳路藍縷、胼手砥足、驅逐猛獸、拔
出毒草的開荒的工人。」[52]所以，利瑪竇傳教活動中之所以會產
生出一整套適應哲學來，最根本的原因在於他有一個「歸化中
國」的宏偉目標，以及為此神聖事業而割捨、讓步、乃至獻身而
百折不撓、堅忍不拔的開荒志氣與聖徒行為。

（2）人文主義思想背景與耶穌會士的身分

　　從利瑪竇的求學經歷來看，他在羅馬學院受到系統而嚴格的
神學教育與科學教育的同時，深處文藝復興腹地的他也曾廣泛地
涉獵過人文主義思想，尤其是讀過宗教改革先驅愛拉斯謨等人的
著作，愛拉斯謨對教會僧侶和神學家禁欲主義和偽善之「瘋狂和
愚蠢」的深刻揭露，對空談神學三段論形式邏輯與宗教禮儀的無
情嘲弄，對建立在良知、自由、理性與知識基礎之上的快樂人生
塵世幸福的熱情歌頌相信都在青年時期利瑪竇的腦海中打下了深
深的烙印。這種人文主義的思想背景正好與注重以人為本，追求
現實美滿、人文化成的中國文化兩相契合，因而對於催生利瑪竇
傳教活動的適應哲學應該有著隱性而積極的構建作用[53]，這一點

52　朱維錚：《利瑪竇中文著譯集》，導言頁20。

53　「來華的耶穌會士如沙勿略、范禮安、利瑪竇和艾儒略實際上都是基督
　　教人文主義者。中世紀的宗教精神與非凡的科學知識和能力兼收並蓄，
　　他們的思想之開放性，即使與現代人相比，也是相當驚人的。」「耶穌

從他後來編譯出版的《交友論》風行士林可見一斑。

　　另一方面，從利瑪竇的宗教背景來看，耶穌會的教育重視通過人文科學（數學、幾何、天文學、地理學、物理學、機械學等）以及亞里斯多德、湯瑪斯‧阿奎那等人的理性哲學（包括邏輯學、倫理學、修辭學等）為仲介傳達信仰能力的系統培養，尤為重要的是耶穌會在人性觀上採取了與奧古斯丁、馬丁‧路德等人過於強調原罪、因信稱義與恩典救贖有所不同的樂觀態度，更加強調人在天主面前行善的意願與能力，強調通過個人的努力與行為而稱義得救的重要性。[54]這就在很大程度上緩解了基督教獨特的原罪說人性論與中國文化特別是儒家性善論之間的緊張與衝突，為「補儒」、「合儒」奠定了良好的理論基礎，而且還使得這一互動融合的實踐行為具備了主動的意願與生發的力量，給彼此減少了很大的阻力與斥力[55]。再加上耶穌會對於傳教經驗系統

　　會士不僅向文藝復興開放，而且他們自己就是文藝復興精神的宣傳者與鼓動者。」「耶穌會的外交宗旨是使『一切服務於人』。在貫徹這一宗旨中，耶穌會士表明他們自己對新體制、新觀念和新的思維習慣的高度寬容。這種自由主義常常表現在他們的行為和決斷中，以致有人認為耶穌會代表了與教義上的不妥協性相對的哲學上的彈性。」「『巨人時代』的傳教士理解並寬容中國文化與精神，他們更能為當今宗教上多元和民主的社會所賞識。他們被認為從事本土化工作的榜樣。」柯毅霖：《晚明基督論》，頁 10、15、20、94。

[54]　孫尚揚、鍾鳴旦：《一八四〇年前的中國基督教》，頁107-110。

[55]　「當新教片面強調恩寵的力量而否認任何人有為善的能力之時，耶穌會士則重新肯定了創造物的價值，創造物由天主創造，也有天主肖像的印記。他們區分了自然啟示和實證啟示、自然與恩寵、創造與救贖。這一區分對於解釋中國古代經典十分寶貴。」（柯毅霖：《晚明基督論》，頁 14）利瑪竇《天主實義》第七篇以「論人性本善，而述天主門士正

反思總結、理性規劃運用的鮮明特色，使得所有的耶穌會士在傳教過程中顯得更加具有寬容性與靈活性，這些優勢都在利瑪竇身上很好地統一了起來，成為其適應哲學不斷拓展、深化的潛在指引與成長方向，最終以豐碩的理論成果與傳教業績將沙勿略、范禮安等耶穌會領導者與開拓者所探索確立的適應策略成功地付諸了實踐。

（3）自上而下傳教路線優勢的發現與認定

如果說以上兩個方面都只是利瑪竇傳教活動適應哲學產生的單方面原因，那麼足以與此分庭抗禮甚至更為重要的另一方面則在於中國獨特的傳統文化與社會形態對外來傳教者的硬性要求。利瑪竇從番僧到儒士轉變的根本原因是他對自上而下傳教路線優勢的發現與認定。天資聰明的利瑪竇經過長達十年的適應、探索與洞察，發現在這樣一個傳統文化博大精深、聖王禮樂教化深入民心而又地廣人多遠非義大利等國所能相比的國度傳教，如果不首先從「內聖」與「外王」下手，就算不是舉步維艱有如風中火燭隨時即滅抑或被目為異端遭千夫所指的危險，也不知要何年何月才能初見成效。在沙勿略看來中國關閉的大門是一塊堅不可摧的岩石，而在已入國門的利瑪竇看來，更是時時都能體會到中國傳統文化所形成的意識形態堡壘牢不可破。所以，改服後的利瑪竇認識到，自上而下的傳教路線決不能僅僅只是從地方行政長官與儒家知識分子入手，結交名人名士，而是要更加大膽地從以皇帝為核心的中央領導圈入手[56]，從中國文化最源頭的原始觀念、

學」為標題即為明證之一。

[56]　「『耶穌會傳教的總策略從一開始就正確地確定了，不要讓人們感到震驚，從障礙較少的地方開始，在必要的地方順從那些不正當的方法，為

從當時中國文化影響最大的程朱理學與陸王心學入手，才能避免
了散儒、陋儒「以戈舂黍」，「以錐餐壺」的傳教悲劇，真正收
到自上而下，「若挈裘領，詘五指而頓之，順者不可勝數也」
（荀子・勸學篇第一）的理想效果，甚至探索、形成一種最適合
在中國傳教的長效機制，這種為外在情勢所逼、為宏圖遠志所計
而生發出來的一整套傳教思想決定了他只能選擇「適應哲學」。

2、利瑪竇「適應哲學」的內容

（1）以行合知

利瑪竇深知以自上而下的傳教路線實現歸化中國的宏偉目標
首要之務便是在於「得人」，即以崇尚身教而非言教的方式獲得
士大夫的認可與幫助。所以他說：「凡器之小而虛，則其聲揚；
器之大而充，則無音。何謂小人？中無學問，惟徒以言高焉。君
子充實而美，斯無言也。善行為善言之證也，行也無音而言
矣。」[57]有學者統計，利瑪竇與之交遊的「有王公貴族，如建安
王朱多㸅、朱謀瑋，樂安王朱多㸑；有朝廷命臣和地方名宦如兩
江總督郭應聘、肇慶知府王泮、江西巡撫陸萬垓、應天巡撫趙可
懷、大學士沈一貫，以及肇慶、韶州、潮州、曲江、英德、南雄
的知縣、同知；學術界、思想界的有李贄、章潢、祝世祿；文學

了能夠贏得最有教養的那個階層的友誼，以便逐步接近宮廷，這些告誡
幾乎都是必不可少的。他們認為，一旦皇帝皈依了，這場遊戲就得勝
了，因為整個中國社會都建立在一種家長制的關係之上。』」轉引於王
曉朝：《基督教與帝國文化》（北京：東方出版社，1997 年），頁
128。

57　利瑪竇：《畸人十篇》，《利瑪竇中文著譯集》，頁 562-563。

界有袁宏道、袁中道、李日華、馮時可等；史學家有焦竑、沈德符；畫家有張瑞圖、程大約；天文曆算家有徐光啟、周子愚、李之藻、孫元化；醫學家有王肯堂；政界有浙黨領袖沈一貫、東林黨人葉向高、鄒元標，吏部尚書李戴、禮部尚書馮琦，楚變事件中的馮應京、趙可懷，援朝明軍參軍李應試等等。」[58]對於一個並無顯貴地位的外國人來說，在中國這樣一個高度重視「修身」與「人言」的國度，能同時與這麼多名士顯貴真心結交，沒有高尚的人品而僅僅依靠豐富的學識是根本不可能的。

（2）以知合意

有些研究者將利瑪竇的傳教方式歸納為「啞式傳教」、「間接性傳教」、「科技傳教」、「慢慢來」等，筆者統一將其歸納為「以行合知」、「以知合意」並非標新立異，而是有感於以上概括都未能揭示出其傳教方式的本質特徵。「以行合知」彰顯出的「不言之教」與「以知合意」彰顯出的「難言之隱」所反映出來的正是利瑪竇傳教活動指導思想中「神學讓位於人學——知識光顯於行為——行為則迎合人意」這一本質結構，換言之，利瑪竇是一個高度自信的聖徒，因為只有真正「素質過硬」的聖徒才會潛意識便以善巧方便來主動選擇妥協，並且不以妥協為妥協，不因處處迎合人意而迷失自我，虧待天主，反而能在主的恩典下過得身心通泰、滋潤榮耀。這也是為什麼利瑪竇高度重視皈依者的品質而非數量，並且作為一名通過準軍事化培養、絕對服從長老的耶穌會士在中國祭祖、拜孔等禮儀制度上敢於一意孤行的根

---

[58] 林金水：〈利瑪竇交遊人物表〉，轉引於孫尚揚、鍾鳴旦：《一八四○年前的中國基督教》，頁118。

本原因。利瑪竇在華傳教 20 多年中文著述也多達 20 多種，可謂著述等身，這不僅是因為他發現在中國傳教士不能去的地方書籍都能進去，書上印的東西往往想當然地被認為是真理，這比起雄辯術與宣教術等西方傳教手段更為有效，而且更重要的是，它可以很好地打開「以行合知」與「以知合意」的內在貫通處。比如利瑪竇深得中國士人「君子以文會友，以友輔仁」的個中三昧，故而在應建安王朱多𤊫之請精心編制的《交友論》中，刻意淡化宗教意味，去除上帝色彩，一味以西方人文主義迎合中國士大夫的倫理趣味，該書後來果然在士林風靡一時，為利瑪竇贏得了廣泛而持久的美譽。再比如被利瑪竇的同事們認為傳教效果要好過《天主實義》的《二十五言》這本小冊子，最重要的一點也是因為《二十五言》作為一本靈修進德的作品，並不是以西方人慣用的邏輯推理去說服人，而是以中國人習慣的名言雋語、比喻例證來感召人，與重視道德修養與覺悟體證的中國傳統士大夫如出一轍。尤其是該書強調天爵人爵的志欲之辨、盡心知性的慎獨之說、君子（大丈夫）小人（賤丈夫）的德行之分，更是中國文化中「修身之學」的核心命題，在晚明這個小人道長、君子道消的時代，從一個外國傳教士的口中說出來，會帶給士人多大的震撼？！他的主觀之「知」有意無意地暗合了這麼多客觀之「意」，難怪該書的成功會連他自己都始料不及。再比如翻譯《幾何原本》是為了迎合中國人「未能事人，焉能事鬼」的人本意識，並證明基督教天賦理性的普世性，繪製世界地圖時故意將中國畫在世界的中央位置也是為了迎合中國人自古便以神州大地

為天下中心的華夏意識等等，不一而足[59]。

　　這裡講的「以知合意」主要包括三方面的內涵：一、從上下關係來看，「以知合意」首先是「合人意」（人義／世俗價值）而非「合神意」（神義／神聖價值），這方面主要表現為重視現實功利的科技傳教；二、從內外關係來看，「以知合意」首先是「合他意」而非「合己意」，這方面主要體現為利瑪竇潛心學習漢字、研讀中國古代經典，肯定祭祖、拜孔等中國傳統禮儀制度，不僅不以偶像崇拜視之還為此向教會長老多方辯解。三、從本末關係來看，「以知合意」首先是「合上古之意」而非「合後世之意」，這方面主要表現為利瑪竇以中國經典中固有的「天」、「帝」「上帝」附會天主教的「上帝」與「基督」為切入點，闡發基督教神學精義，以「補儒易佛」的方式將基督教與佛教在性質上嚴格區別開來，貶斥佛教，嚴守門戶，再以「補古易今」的方式將基督教與儒家在程度上拉開距離，貶低儒家，自高身價，環環相扣、步步為營地想辦法最終實現在義理上歸化中國的美夢。

（3）補儒易佛

　　中國歷史上的外來宗教如景教、佛教、伊斯蘭教之所以都不反對儒家，固然有出於儒家作為中國主流意識形態乃是官方與民間都不可動搖的心理基礎這一現實考慮，但最源頭、最根本的還是因為在宗教徒或神學家們看來儒家所主張的仁義禮智信等入世倫理不僅不妨礙而且有利於充實並落實宗教的出世倫理。換言

59　「羅明堅在他一句著名的話中表達了適應精神『為了使中國人臣服在基督的足下，我們的表現就得像個中國人。』」柯毅霖：《晚明基督論》，頁48。

之，在他們看來，儒家倫理乃是宗教倫理很好的烘托與載體，只有同屬於宗教倫理且信仰有別的其他宗教才真正彼此構成敵對。異常智慧的利瑪竇當然也對這一點了然於胸，他明確地說，「儒家的道理，沒有任何與天主教道理相衝突的地方。」「儒教不是一個正式的宗教，只是一種學派，是為了齊家治國而設立的。因此，他們可以屬於這種學派，又成為基督徒。」所以他最基本的傳教態度便是「補儒易佛」或「合儒斥佛」，穿過十年僧袍的利瑪竇對佛教在中國基層社會的影響當然非常清楚，追求出世的佛教信仰才是中國文化中與基督教最難相容的部分，就以最為典型「偶像崇拜」問題來說，利瑪竇對儒、佛採取了兩種截然不同的態度[60]。認為儒家的祭孔、祭祖這一社會傳統禮儀制度並非偶像崇拜，因為「從皇帝到平民，儒教最隆重的事，是在每年的某些季節，給逝去的祖先獻供……他們認為這是盡孝道。所謂『事死如事生，事亡如事存，孝之至也。』」他們並非認為死人會吃上述

---

[60] 利瑪竇在對待儒佛偶像崇拜問題上使用雙重標準顯然不僅是出於對儒學的認識與尊重，更多地是出於明確的功利目標：一方面固然是因為在理論層面上佛教的宗教性與儒家的倫理性給基督教留下的地盤在他看來有著天壤之別，另一方面更重要的原因還是在於實踐層面上反對佛教只會開罪無權無勢的佛教徒而反對儒家則會開罪有權有勢的所有中國人，「不讓祭天會開罪天子皇帝，不讓祭孔會開罪官僚士人，不讓祭祖會開罪民間百姓（正如康熙聖旨所言：敬天及事君親、敬師長者，係天下通義，這是無可改處）。所以他們一面是『否認』祭的宗教性，一面還擦去其宗教性。」「耶穌會士有傳教策略，為中國宮廷重簷之下的教會利益計，不得不低頭。來華耶穌會士中有許多人具有一流的學者氣質，但他們畢竟是團體中人，他們對中國文化和儒家精神的評論，受當時教會的制約，他們的褒揚和批評，多少都帶有功利目的。」李天綱：《跨文化的詮釋：經學與神學的相遇》，頁 290、299。

東西，或者需要那些東西，他們說這是因為不知道有什麼別的方法，來表達對祖先的愛情及感恩之情。有些人曾對我們說，訂立這些禮法主要是為著活人，而非死人；即是說，那是為了教導子孫和無知的人，孝敬仍然在世的父母。看到有地位的人，事奉過世的仍像在世的，自然是一種教訓，無論如何，他們並不想逝去的人是神，不向他們祈求什麼，祝望什麼，與偶像崇拜無關，或許也能說那不是迷信」，至於祭孔，也是「為了感謝他在書中傳下來的崇高學說，使這些人能得到功名和官職。他們並不念什麼祈禱文，也不向孔子求什麼，就像祭祖一樣。」[61]即便當有些傳教士或總會長老表示異議，利瑪竇也極力進行勸服。可是對於拜佛、念經的行為，利瑪竇的反對態度卻十分堅決，認為不僅全無益處，而且「奚啻無益乎，大害正道。惟此異端，愈祭拜尊崇，罪愈重矣。」認為佛法是「最惡之人以邪法制服妖怪，以此異事自稱『佛仙』，假布誠術，詐為福祉，以駭惑頑俗，而使之塑像祀奉」的「有著羊皮而內為豺狼極猛者」。[62]利瑪竇之所以會採取如此截然不同的態度，根本原因是：在形式上，佛教本質上是出世宗教，儘管其宗教性已經因其高度重視倫理行為而減弱了許多，而儒家本質上是入世倫理，儘管它也有宗教性的一面但始終都並未成型。換言之，儒家崇拜的祖先與孔子歸根到底是人而不是神，佛教以釋迦牟尼投胎成佛為基礎的三身說與基督教以耶穌道成肉身為基礎的三位一體說本質結構基本相同，都是對神而不是人的崇拜，這在教義與教行上都構成了直接敵對，再加上十方

---

[61]　以上引文皆轉自孫尚揚、鍾鳴旦：《一八四〇年前的中國基督教》，頁140。

[62]　利瑪竇：《天主實義》，《利瑪竇中文著譯集》，頁82-84。

三世一切諸佛作為法身佛應化而現，數量繁多、五花八門，各種廟宇金身令人十分眼花繚亂，這種大肆張揚的偶像崇拜，勢必遭致基督徒的深惡痛絕。

（4）補古易今

雄才大略的利瑪竇當然不會泛泛而論淺嘗則止，為了使自己在諸如偶像崇拜問題上的「補儒」工作成果不致落空並得以繼續生長，邏輯上他必然要向「補古易今」推進，即「附會六經中上帝之說，以合於天主」[63]。換言之，如果能從源頭上說明六經中的上帝就是天主，那麼，中國人祀天配天的祭祖祭孔便自然不會有龍華民等傳教士所認為的嚴重問題了[64]。而要做到這一點，首當其衝的便是要對其時主導官方意識形態的程朱理學展開批判，有意識地逐步回溯，最後直達六經中語焉不詳的「上帝」觀念，好在這片神秘的高天厚土之間大展拳腳[65]。極為湊巧的是，利瑪

---

[63] 比如據馬愛德等編《天主實義》中英文對照本「附錄索引」，僅《天主實義》一書便 6 次引《易經》、18 次引《尚書》、11 次引《詩經》、2 次引《禮記》、2 次引《左傳》、3 次引《大學》、7 次引《中庸》、13 次引《論語》、23 次引《孟子》。轉引於李天綱：《跨文化的詮釋：經學與神學的相遇》，頁 24。

[64] 正為如此，龍華民等人在反對祭祖祭孔的同時，也必然會反對利瑪竇以中國經典中的「天」、「上帝」指稱基督教「天主」的作法。

[65] 「利瑪竇當時急需在儒家經典中詮釋出一個有人格的神，有父、有子、有瑪利亞，接近《聖經·新約》中描述的『上帝』形象，因此只得拋棄宋儒『無聲無臭』的詮釋。……但利瑪竇到底還是承認了『無聲無臭』，要用『道理』來推導『上帝』，利瑪竇應該明白，這種理性的上帝，並不和《聖經》相違背，……不少耶穌會士也接受儒家的『無形無聲』理論，康熙後期在華的耶穌會士孫璋作《性理真詮》，比《天主實義》更多受宋明儒學的影響，比利瑪竇更傾向『無形無聲』的『上

竇所不得不採取的這種思維方式剛好也暗合了孔孟以下歷代儒家知識分子「返本開新」「以述為作」的一貫作風，這在客觀上非常有利於他的獨特詮釋為士人所理解所接受，「附會於儒理，使人猝不可攻。」[66]

　　利瑪竇在《天主實義》第二篇「解釋世人錯認天主」集中火力對時人服膺的「太極」之「理」展開批判，首先亮明自己「補古易今」的立場：「余雖末年入中華，然竊視古經書不怠，但聞古先君子恭敬天地之上帝，未聞有尊奉太極者。如太極為上帝萬物之祖，古聖何隱其說乎？」[67]然後快捷地從宋明理學中的「太極」過渡到中國古經中的「上帝」，以便順從他們的概念來發揮天主實義。他說：「吾天主，乃古經書所稱上帝也。《中庸》引孔子曰：『郊社之禮，所以事上帝也。』朱注曰：『不言後土者，省文也。』竊意仲尼明一之不可以為二，何獨省文乎？……歷觀古書，而知『上帝』與『天主』，特異以名也。」[68]當他通過輾轉騰挪、移花接木的方式一旦證明「古經書所稱上帝」即是「吾天主」，後面的一切事情就都好辦了：順應儒家向來崇尚堯舜禹三代聖治的厚古薄今觀念，從整體上來否定今儒的成就，「子不見世愈降，俗愈下乎？父之世不如祖，生我世不如祖父，

帝』，遭到羅馬教廷的禁毀。」「利瑪竇確實迎合了萬曆年的『復古』風氣，並企圖把它從一般的『博古』和『風雅』的標榜，引導到與『六經』中有關的『天』和『上帝』的經典解釋上來。」李天綱：《跨文化的詮釋：經學與神學的相遇》，頁34-35、41。

66　《四庫全書總目子部雜家類存目提要・畸人十篇二卷》，《利瑪竇中文著譯集》，頁512。

67　利瑪竇：《天主實義》，《利瑪竇中文著譯集》，頁17。

68　利瑪竇：《天主實義》，《利瑪竇中文著譯集》，頁21。

而我以後轉於益下者，孫也。人增咎，天增罰，不善之殃矣。」[69]同時，利瑪竇也可以借中國古經中對上帝之道語焉不詳的巨大發揮空間而系統來闡發天主實義，說明儒家的仁義禮智、三綱五常都只有進一步提升到以天主為對象才算得上是真正的大仁大義，天主才會在後世予以公正的審判與至善的安置。顯然，不管是「補儒易佛」還是「補古易今」，利瑪竇的初衷與目的都是為了「超儒舉耶」。

3、利瑪竇「適應哲學」的意義

(1) 「德行」為先為重，「知識」為後為輕

耶儒互動抑或是其他任何兩種不同文明之間的互動，最重要的一點莫過於互動者在世俗生活中純潔高尚而又平實中正的德行，利瑪竇正是以此獲得了中國士人的廣泛認可與普遍讚譽。這種「德行」大體上可以包含四個層次，一是利瑪竇作為天主教聖徒的「與神同工之德」，「二十餘年，且夕瞻天泣禱」[70]，忠心侍奉天主未曾有一絲一毫的偏離與懈怠；二是利瑪竇作為外國人的「與人同行之德」，對待他人不分信徒非信徒都醇厚樸實真情真意；三是利瑪竇作為外國神學家的「適應當地文化傳統之行」，探玄索引，鉤深致遠，以善於學習勤於著述的方式表達了對兩種不同文明的尊重。四是利瑪竇作為傳教者的「適應當時社會需要之行」，以數學、幾何、天文、地理知識有功於人、有益於世。雖然這四種行為都包含有知的重要成分，但總體講來，

---

69 利瑪竇：《畸人十篇》，《利瑪竇中文著譯集》，頁451。
70 利瑪竇：《天主實義引》，《利瑪竇中文著譯集》，頁6。

德、行是內在本質，知、識是表面現象，樹立德行是根本目的，傳播知識是權宜手段[71]。

(2)「相同點」為先為重，「不同點」為後為輕

耶儒互動抑或是任何兩種不同文明之間的互動首先都應該立足於相同點而非不同點，這一道理顯而易見，問題在於具體實行起來往往難以靈活變通，利瑪竇給我們提供了一個很好的範例。對於中國的上帝崇拜、祖先崇拜與聖人崇拜，利瑪竇都不以「偶像崇拜」視之，雖然這與中國文化「以人為本」「天人合一」本質相關，但從基督教的立場上來看，至少中國人對「人像」與「實物」的崇拜行為和祭祀禮儀已構成對天主的褻瀆，光這一條便足以堅決反對。利瑪竇採取了避實就虛、後發制人的靈活策略，試圖從古代經典中的「上帝」、「天」的觀念來說明二者的相通性甚至是相同性，從思想源頭自上而下進行梳理會通。這種對相同點的探尋與重視決定了利瑪竇在耶儒互動中努力的重點，一是對中國儒家經典的研讀先於、重於對聖經與神學著作的譯介，二是對天主論的詮釋與強調要先於、重於對基督論的傳播與讚美。直接導致的結果便是令基督教區別於其他出世宗教如佛

---

[71]　「西比斯有一個奇怪的看法，認為利瑪竇最大的錯誤的估計是：他自己及其同伴的高尚道德乃是基督教真理的見證。利氏的繼承者不能跟從這樣的高標準。」（柯毅霖：《晚明基督論》，頁 50）我們從利瑪竇的繼承者龍華民們捨本逐末的種種造作來看，這個看法不僅一點都不奇怪，而且充滿了歷史的滄桑，按照新教邏輯，與其說這是利瑪竇「最大的錯誤的估計」，毋寧說是上帝對整個人類「最大的錯誤的估計」。在中國這樣一個極力追求「高尚道德」的文明古國傳教，除了通過利瑪竇及其同伴這樣的「高尚道德」來榮耀上帝之外，還有什麼別的良法可以更榮耀而不是更辱沒上帝呢？

教、伊斯蘭教的獨特性質不明不顯。但在我們今天看來，這兩大缺憾並未對利瑪竇的傳教活動產生重大影響，相反，當時面對這塊景教與也里可溫教並未留下多少精神痕跡的神州大地，如果利瑪竇一開始便翻譯出聖經並極力宣揚「基督」這一文化異質點很可能立即便成為中國儒道釋三家知識分子攻擊的眾矢之的[72]，「聞聲興起攻之」，「恐欲昭而彌暝之」[73]，勢單力薄之下自保自存尚且舉步維艱，遑顧傳教、夢想歸化中國。所以聰明的利瑪竇採取了非常理性地方式牢牢將主動權控制在自己手裡，以免因遭到膚淺誤解與片面攻擊而陷入被動困局[74]，「吾將譯天主之公教，以徵其為真教。姑未論其尊信者之眾且賢，與其經傳之所云，且先舉其所據之理。」[75]這樣一來，任何時候利瑪竇都可以

---

[72] 正如研究者所言，「依利瑪竇的傳教方法，基督是終點而非起點。」「從 17 世紀上半葉開始，就有人批評耶穌會士在傳教中把基督擱置一旁，並隱瞞了耶穌基督被釘十字架這一事件，其目的無非是避免傷害中國人的感情。」（柯毅霖：《晚明基督論》，頁 403、3）中國文人士大夫們最難接受的就是基督論，他們怎麼也鬧不清：為什麼中國人的罪要一個外國人用命來贖？為什麼這種情況竟然在西元前後就已經成為事實了？為什麼原本好好的中國人突然之間祖祖輩輩、子子孫孫就都成了罪人？

[73] 利瑪竇：《天主實義引》，《利瑪竇中文著譯集》，頁 7。

[74] 雖然 1615 年，耶穌會已經獲准翻譯聖經，並且當時也有很多中國人為此向利瑪竇提出請求，但他總是明智地謝絕，究其原因，應該不僅僅只是因為此時已經精於中文寫作的利瑪竇認為從事這項艱難而漫長的工作事倍功半，最根本的原因應該是擔心《聖經》中文譯本一出，有被人誤解而成為眾矢之的危險，很可能會弄巧成拙。相關內容可參考孫尚揚、鍾鳴旦：《一八四○年前的中國基督教》第十一章「聖經在十七世紀的中國」。

[75] 利瑪竇：《天主實義》，《利瑪竇中文著譯集》，頁 8。

得心應手地引用、疏通彼此經典中的相同點，消除因文化背景不同、理解思維不同而造成不必要的義理衝突。

(3) 教徒教區「品質」為先為重，教徒教區「數量」為後為輕

任何一種宗教或文明在異域他鄉的傳播都應當先在某處「定點培養試驗」經歷整個生根、發芽、開花、結果的過程，才能真正具備富有生命力的可複製性與可傳播性，不能奢望一開始便隨處能播種、到處會發芽、遍地開花結果。換言之，如果沒有過硬的品質適應新的環境，深深地扎下根來，很快便將面臨被淘汰、被吞噬的生存困局。利瑪竇對品質而非數量的重視最顯明地體現在他與當時的士大夫們保持長久而固定的交往，至誠精心，深耕細作，並不像其他傳教者如其後的艾儒略那樣在教區與教徒事務上進行急劇擴張[76]。利瑪竇不僅是以「得人」為上，而且是以得「大人君子」為上，今天我們看到，若非深受利瑪竇長久教化的徐光啟、李之藻、楊廷筠這「天主教三大柱石」在受教、傳教、護教上的積極作用[77]，利瑪竇在歷史上是否能產生這麼大的影響或許就要另當別論了，通過這種「柱石級」人物的作用，不管是對基督教在中國的就地扎根，還是對基督教向士大夫階層以及中

76　「利瑪竇於其逝世前的一年，仍強調了採取極其謹慎作法的必要性，以及首先在那裡與上層人物建立聯繫的意義。他寫道：『寧可少要幾名好的基督徒，也不要一大批濫竽充數的人。』如果可能的話，那麼則需要『一些上層文人和官吏，他們能夠以其權威，而使那些對這一新事物感到擔心害怕的人放心。』」謝和耐：《中國與基督教：中西文化的首次碰撞》，頁 28。

77　「此三位文士改奉天主教的最大原因，是他們認為天主教與中國傳統的儒學不存在任何歧義與矛盾。……『不脫六經之旨』……與儒學『脈脈同符』。」顧衛民：《基督教與近代中國社會》，頁 61。

國各地、各領域的傳播與滲透都能收到水到渠成的功效。這一點在瞿太素與葉向高這兩位與利瑪竇長期交往並且為其人品學識深深折服的關鍵人物身上也體現得非常明顯，前者不期而然地為利瑪竇打開了新的傳教局面，無異於利瑪竇傳教活動的「救命恩人」，後者則不僅在利瑪竇死後為他爭取了御賜的墓葬之地，而且還為其後的艾儒略在福建傳教提供極大便利，使得後者收穫了最終受洗教徒萬餘人、大小教堂難以數計的驕人成果，算得上是利瑪竇傳教活動的「續命恩人」。遺憾的是急功近利、恣意擴張的艾儒略並沒有像立意深遠、謹小慎微的利瑪竇一樣深耕細作，很快便引起了社會的反教活動[78]。

　　綜上所述，雖然與佛教傳入之後對中國文化的深遠影響相比，明清之際的天主教傳入仍然堪稱失敗，但筆者認為在耶儒互動發展的第一個「實質性」階段，利瑪竇的「適應哲學」卻是成功的，它給後世不同文明之間的有益對話與良性融合留下了非常寶貴的經驗。正如研究者在總結以利瑪竇為代表的晚明耶穌會士

---

[78] 「艾氏在閩傳教二十五年，……他利用自己的美譽，仰仗在福建的名士推展教務，成績卓著，受洗教徒達萬餘人，建大堂 22 座，小堂不計其數。明末清初的傳教士沒有哪位取得過這樣驕人的傳教成果。這樣大的目標當然會引人注目，時勢的變化也是當地一些士子僧徒將懷疑、仇視的眼光投向艾氏的重要原因。當時，福建巡撫正率兵向盤踞於臺澎的荷蘭殖民者作戰，對西方人自然多加注意。又加上有多明我會的傳教士從菲律賓來到中國，他們初來乍到，『不諳中國風俗，異服異言，貿然到內地傳教，華人皂白不分，謠言大起，謂教士與外洋海盜，聲氣相通，將大不利於中國』。在這樣的背景下，便有一些福建的士子僧徒於崇禎七年（1634）起而反教。」孫尚揚、鍾鳴旦：《一八四〇年前的中國基督教》，頁 263-264。

的歷史貢獻所言：「這為數不多的一夥人，以他們所創建的中國與歐洲的思想聯繫，部分地改變了中國歷史的進程，也改變了自那以後的世界。如果不是後來的曲折，把他們燦爛輝煌的貢獻貶低了，耶穌會士所做出的傑出貢獻還會更加光彩照人。……他們願意將『歐洲人主義』的偏見拋擲一旁，通過他們的適應性，他們清白地結交上層人物，有著單純的自我滿足感，他們善於發現好的事物，不願意關注壞的事物，他們將同情與理解用於與中國的接觸中。對重建世界各民族間的文化交往關係，他們指出了一條路。同時他們自身的榜樣仍給我們提示一種方法。耶穌會士不應該僅僅在中國和天主教世界內部享有榮譽，而應該在所有同意這樣一句中國格言的人中間享有榮譽，這句格言就是：『四海之內皆兄弟』。」[79]

三、洪秀全、孫中山應用耶儒的兩種形態

洪秀全與孫中山作為近代中國民主革命領袖，都在應用基督教或儒家的思想武裝民眾，力圖去舊更新，但他們由此形成的兩種革命哲學之間有著很大的區別，屬於應用耶儒的兩種形態：洪秀全是「新瓶裝舊酒」，基督教對他來說不過是用來包裝民間宗教與皇權專制這些「舊酒」的一個「新瓶子」，不舊也舊；孫中山是「舊瓶裝新酒」，儒家對他來說可以成為一個容納三民主義與知難行易這些「新酒」的一個「舊瓶子」，不新也新。從本章

---

[79] 鄧恩：《從利瑪竇到湯若望──晚明的耶穌會傳教士》（上海：上海古籍出版社，2003年），頁354。

所論耶儒互動主要內容來看，與義大利傳教士利瑪竇的「基督本位」相比，土生土長的中國人洪秀全、孫中山當然更多地體現出「中華本位」：洪秀全的拜上帝教名為基督教「一神信仰」而實為儒教「多神崇拜」，孫中山的「三民主義」看似套著「三位一體」的基督教模型，實則滲透的是「三命一德」的儒家精神。

1、洪秀全背離儒家與基督教的「新瓶裝舊酒」

(1) 洪秀全的「新瓶子」：從儒生走向基督教

洪秀全接受基督教「獨一真神」的信仰，創立拜上帝教的初衷是為個人利欲而非純潔信仰，完全是出於對個人仕途的絕望，外來新教排斥一切偶像邪神的嶄新教義，與他力圖徹底脫離、摒棄舊聖賢舊經典舊制度的主觀願望不謀而合，在他面前展現出了一個光宗耀祖的新天地，重新又點燃了建功立業揚名於世的新希望，可以說，正是不期而遇的《勸世良言》中粗略的基督教教義讓他的政治生命（而非宗教生命）獲得了新生。終其一生，拜上帝教都是其武裝自己、武裝群眾在政治、思想上去舊更新的工具，宗教信仰作為世俗手段而非超俗目的顯現於世。因此，洪秀全領導的太平天國運動與中國歷代農民起義一樣，都打著「替天行道」的旗號，以「受命於天」的新神權服務於「應運而生」的新皇權，從神道設教的角度來看，太平天國不同之處在於它有一個更為系統、新鮮而頗顯精緻的拜上帝教作為起義前後凝聚人心的意識形態。在洪秀全的拜上帝教中，當宗教信仰與政治要求和諧一致時，政治要求是血肉，宗教信仰是外套，以光鮮為榮；當兩者發生衝突時，政治要求是主人，而宗教信仰是僕人，惟主命是從。在儒生、政治家、宗教徒三個身分中，洪秀全首先並始終

都是一個正常的政治家或革命家，其次是一個從鬱鬱不得志到大遂平生之願的變態儒生，最後才是一個對基督教略知一二、打著神靈旗號褻瀆神靈的變態基督徒，洪秀全自始至終都只是在利用基督教這個「新瓶子」，包裝好他自己的腐舊思想，作為組織革命的精神食糧，以便更好地武裝他人[80]。

（2）洪秀全的「舊酒」成分之一：背離儒家的皇權專制

　　一般認為，太平天國是中國歷史上規模最大、人數最多、時間最長、戰爭水準最高的一次農民戰爭，其實，它也是在思想上專制革命對象最為徹底的一次。雖然歷代革命都打著「弔民伐罪」「替天行道」的旗號，但他們最多也只是極力「神化自己」，而不曾一開始就「妖化敵人」。可是洪秀全卻在以「天王」神化自身的同時，大面積覆蓋性地妖化所有敵人，頒發〈奉天誅妖救世安民諭〉、〈地轉天旋好誅妖詔〉，將敵軍統統定性為「妖魔」、「鬼路」。與歷代革命領袖相比，洪秀全不僅橫向上將無道、有罪的面積由極少數荒淫無道的「殘賊之人」擴大及許多被逼無奈而完全可以倒戈相向的普通敵軍，而且在縱向上還

80　「拜上帝教是近代中西文化結合的先驅，但卻帶有嚴重的畸形性。突出表現為在拜上帝教中，中西文化的結合極為混雜；其結合在很大程度上既對基督教有依賴性而又扭曲了基督教的宗教精神，既對中國傳統文化有繼承性而又窒息了中國傳統文化的人文精神；拜上帝教對中西文化結合採取的是極為功利主義的態度，將文化完全屈從於現實的乃至私利的需要。」（宋德華：〈拜上帝教：中西文化畸形結合的產物〉，《學術研究》2002 年第 8 期）「太平天國是傳統民變的特殊標本，也是中西碰撞的旁生枝節，無論作為民變，還是作為西化，它都顯得十分另類。」（秦暉：〈太平天國：傳統民變的特殊標本、中西碰撞的旁生枝節〉，《看歷史》2011 年第 8 期）

將他們無道、有罪的程度從「害虐烝民」又升級為「妖魔鬼路」，顯然這些都背離了儒家「湯武革命，順乎天而應乎人」、「誅一夫紂」的革命初衷[81]。

洪秀全打著解救民懸的口號推翻清朝，想要開創一個與歷朝歷代完全不同的「新天新地新人新世界」，讓天下男女皆為兄弟姊妹，平等和諧，共用「公平正直之世」。可是在定都天京後，不僅天朝的各級政權體系與歷代專制皇權並無本質區別，還立即下令拆散居民家庭，實行全民軍事化的社會管理，為了最大限度地發揮軍隊戰鬥力，他以「現下殘妖尚未滅盡，成家合好尚未及時」[82]為由，實行嚴厲的全民禁欲主義，作出所有軍民已婚者不得同居、未婚者不得婚配這樣極端違背人道的專制規定，而他自己卻妻妾成群，還常常以嬪妃爭寵而得意洋洋，顯然與儒家「卑宮室，而盡力乎溝洫」、「君子不以其所以養人者害人」這種「先天下之憂而憂、後天下之樂而樂」的基本觀念完全背道而馳。因為洪秀全有兩套不同標準的家庭觀念：為了美化教徒的革命理想所形成的以上帝為父、所有人都平等為兄弟姐妹的上帝大家庭觀念；以及為了神化以「天王」為領袖的領導者特權所形成的一個以上帝為父、眾王為子高高在上的上帝小家庭觀念。「上帝小家庭的實質無非是借神權來烘托君權，營造洪氏家天下。……倘若沒有上帝大家庭作為依託，上帝小家庭也就成了無

---

81 「今商王受無道，暴殄天物，害虐烝民，為天下逋逃主，萃淵藪。予小子既獲仁人，敢祇承上帝，以遏亂略。……以濟兆民，無作神羞。」（《今文尚書·武成》）「賊仁者謂之賊，賊義者謂之殘，殘賊之人謂之一夫。聞誅一夫紂矣，未聞弒君也。」（《孟子·梁惠王下》）

82 崔之清、胡臣友：《洪秀全評傳》，頁190。

源之水，無本之木。太平天國歷史的演變正驗證了這一點。洪秀全起初十分重視宣傳上帝大家庭的理念；太平天國之所以在初期勢頭強勁，與起義群眾情緒高漲、對未來充滿憧憬有很大關係。但隨著歲月的流逝，洪秀全上帝大家庭的意識越來越淡漠，上帝小家庭的意識越來越濃厚，整日關心自己如何作為江山，言必稱『爺哥朕幼永作主』、『父子公孫永作主』云云，從而導致上帝光環逐漸褪色，太平軍內部士氣低落，人心渙散，局勢遂急轉直下。」[83]

縱觀洪秀全一生行事，幾乎全是追求外在功利目標的作為，我們很難見到儒家核心要義「反身」、「修道」在他自己日常生活中有所體現，雖然他早期的《原道救世歌》《百正歌》等著作也曾強調過「只將正道覺斯民……只將正道淑其身」，但那只是他在革故鼎新之時缺乏新的精神資助彷徨無主而不得不回吃老本的無奈之舉，並非想要通過自己的德性與修行去感化別人，而是暫時借助傳統儒家道德這一收拾人心的利器來達到自己傳教的目的而已。當他跟隨羅孝全接受了為期三個月較為正規的基督教訓練，對新的理論有了較為系統的認識以後，態度便急轉而下，由溫和的德性改良主義而至於激進的政治革命主義，基督教思想的成分立馬取代傳統儒學占據了主導地位。儒家思想在洪秀全的精神結構中，自始至終都只是表層皮相，正因為他對儒家的立身修道居仁由義從未有過親身體驗與精神收穫，其後才會對儒家的聖人與經典顛三倒四地為所欲為。從早期撤去孔子牌位，貶斥孔子的神聖性，到 1848 年的《太平天日》，借皇上帝之口判定孔子

83　崔之清、胡臣友：《洪秀全評傳》，頁 75。

儒教害人，以凸顯他本人的宗教權威。1850 年至 1853 年，隨著革命運動的高漲與太平天國的建立，洪秀全的反孔非儒也走向了妖化孔孟、搗學宮、毀經書的暴力極端，雖然在 1853-1864 之間，也曾公開承認了儒家經典中有關「君君、臣臣」等觀念的某種合法性，但不過是為了鞏固和強化皇權專制，正如對待基督教一樣，他對待儒家也是呼之則來揮之則去，為所欲為[84]。

(3) 洪秀全的「舊酒」成分之二：背離基督教的民間宗教

洪秀全創立的拜上帝教實質上是以專制皇權的內容採取民間宗教的形式，在基督教一神信仰、來世永生與儒家血親倫理、今世幸福的正面掩護與精心包裝下，作為太平天國革命運動的意識形態。他所採用的民間宗教主要有以下三種形式：

第一，神靈附體受命

在中國民間，神靈附體受命最為普遍的主要有兩種形式：一是借助專業的靈媒，通過巫覡感知和扮演鬼神，傳話受命，比如洪秀全生活的山區所流行的降僮巫術；二是借助常見的靈事，比如普通人感知和解讀的神靈托夢之類。洪秀全在 1837 年第三次科考失敗後悲憤交加而猝然病倒，一連 40 餘日臥床不起、高燒不退，神志昏迷之時伴隨升天異夢，被一老人接上天庭，受命為天王，下凡斬妖，君臨天下，創建新朝，病中常常「瘋瘋癲癲」地說些表達這一意思的「瘋言瘋語」，顯然是將民間宗教神靈附體受命的這兩種普遍表現形式不經意之間就很粗糙地合二為一了，後來在傳教與革命過程中，為了爭取更多的信徒追隨自己斬

---

[84]　「洪秀全開近代以來批孔反儒之先河，然而他批判儒學又利用儒學。」顏炳罡：〈洪秀全與儒耶會通〉，《東嶽論叢》2002 年 11 期。

邪留正並維護自己的神聖地位，便順理成章地將自己神化得越來越精緻。一個很鮮明的例證是，早在紫荊山傳教時期，因馮雲山被押候審而群龍無首，就有不少教徒動輒詭稱神靈附體，各自發號施令，野心勃勃的楊秀清、蕭朝貴分別托稱天父上帝、天兄基督附體下凡。1848 年 4 月到 10 月短短半年內，楊、蕭等人或為形勢所逼或為私欲所繫，紛紛如法炮製了洪秀全「升天受命」這一原本僅屬於拜上帝教教主的專利，嚴重威脅到洪秀全的「教主」與「天王」地位，於是洪秀全也一半為形勢所逼一半所私欲所繫創作了《太平天日》，開始系統地神化自己，從理論上解決天王升天受命獨一無二以及諸王為天王所封賜、所差遣的宗教疑惑與政治難題，這樣，便順理成章地從「神靈附體受命」過渡到「多神族群崇拜」。

第二，多神族群崇拜

在洪秀全的潛意識與現實精神生活中，多神崇拜一直占據著主體地位，在以他為神權核心的「神靈附體受命」譜系中：上帝是天父，耶穌是天兄，洪秀全是耶穌之弟即上帝次子，馮雲山、楊秀清、韋昌輝、石達開分別是第三、四、五、六子……。蕭朝貴為「雨師」，馮雲山為「雲師」，韋昌輝為「雷師」，石達開為「電師」，他們分別是高天「貴人」、「正人」、「仁人」、「義人」。這樣，「由洪秀全的個人神化，演進為整個領導集團的集體神化，而且還有天父、天兄附身的經常出現，使上帝家庭與領導集團的決策指揮劃上等號，強化了諸王的神權，加固了內部團結的聯繫紐帶，並使領導集團的決策增添神聖的權威。武裝鬥爭也帶有濃烈的聖戰色彩，有利於統合軍心，鼓舞士氣，加強

精神力量，推動反清戰鬥的勝利發展。」[85]

　　第三，神人同形同性

　　洪秀全首先借助「神靈附體受命」將受命個體與非受命個體區分開來，進而以「多神族群崇拜」將受命個體群體化，最後通過「神人同形同性」將受命群體（正）與非受命群體（邪）區分開來：先用一個道教的「玉皇大帝」將基督教無形無象的上帝轉變為中國本土有形有相的皇上帝[86]，然後利用基督教的神魔二分觀念將這個在世俗中以「天王」為核心的神人同形同性落實到思想鬥爭與革命鬥爭中。在以拜上帝教組織革命群眾時，洪秀全的第一步是「區分」：信與不信；第二步是「定性」：信者是真兄弟真朋友、是上帝子女，不信者是魔鬼、是妖徒鬼卒；第三步是「劃界」：我方是正、敵方是邪，我方是神、敵方是魔，我方領導是皇上帝、敵方領導是閻羅妖，我方「生前皇上帝看顧，死後魂升天堂，永遠在天上享福」、敵方「溺信各邪神，則生前惹鬼纏，死後被鬼捉，永遠在地獄受苦」[87]；第四步也是最後一步就是「殺敵」，在他的帶領下「奉天誅妖救世安民」，「男將女將盡持刀，……同心放膽同殺妖」[88]。

　　很多傳教士始終都未能透析洪秀全通過民間巫術來宣揚「萬邦歸爺是真理」的本質：信仰基督的目的是為了與神交往——與神交往的目的是為了取而代之——取而代之的目的是為了滿足私

85　崔之清、胡臣友：《洪秀全評傳》，頁 253。

86　相關研究可參看閔麗：《太平天國的宗教信仰與道教關係研究》，四川大學博士學位論文，2003 年。

87　洪秀全：《洪秀全集》，頁 20。

88　洪秀全：《洪秀全集》，頁 183。

欲、神化他的皇權專制，在「神靈附體受命」這一點上，基督教
與民間巫術對洪秀全的作用並無本質區別。他對基督與聖經自始
至終都既不信仰也不尊重，因此才會根據個人圖謀與政治需要任
意「修訂」《聖經》，將修訂後的《新約》改稱《前約》，強調
自己所得到的神諭更新、更具有權威性，並且還自造《真約》凌
駕於《舊約》、《前約》之上，作為政教合一的拜上帝教中地位
最為尊崇的聖經。雖然他也看似經常讚美上帝、耶穌，強調認
罪、贖罪，但對「三位一體」觀與「信、望、愛」等基督教根本
教義自始至終都並不理解也不想理解，因為他從頭到尾所信、所
望、所愛的都不是上帝或耶穌，而是一個神化得越來越系統精緻
的他自己，他強調「吾儕罪惡實滔天」，其實這個「吾儕罪惡」
並不包括他自己，而是指他所不滿的一切人和一切事，相應地，
他讚美「幸賴耶穌代贖全」，這個「代贖全」也不是指天兄耶
穌，而是指作為上帝次子下凡的他自己。他接受並大力宣傳人人
都是上帝子女、天下一家的觀念是為了團結一切可以團結的革命
力量去斬妖除魔，他接受並創造性地發揮基督教的天堂地獄之說
是為了展示一切可以展示的革命成果大開空頭支票。一言以蔽
之，基督教只是洪秀全皇權專制這一政治大局中「衝鋒陷陣」
「始亂終棄」的一枚棋子而已。

2、孫中山契合基督教與儒家的「舊瓶裝新酒」

(1) 孫中山的「舊瓶子」：從基督徒回歸儒家

　　同樣出生於廣東、胸懷大志的農家子弟孫中山，9 歲時聽老
兵馮爽觀講述太平天國故事，敬慕革命英雄，即慨然以「洪秀全
第二」自居自勉，10-13 歲在村塾接受傳統文化教育，13-26 歲

接受的都是西方文化教育且絕大多數為教會主辦,求學過程中曾積極參加各種宗教活動:課程、唱詩班、早晚祝禱、教堂禮拜、研究教義、熱心傳道、折毀木偶、破除迷信、受洗入教、立志獻身等等,深深打上了基督教的烙印,其後終其一生都信仰基督教。不少研究者認為孫中山是中國最偉大的基督徒,以其革命哲學與革命事業為基督教在華碩果。但筆者通過審閱《孫中山全集》,「視其所以,觀其所由,察其所安」,以為論據不足[89],孫中山與洪秀全一樣,在中國歷史舞臺上,他們本質上都是政治家,其次才是儒生與基督徒。「戴季陶在《孫文主義之哲學的基礎》記述了一段對話:去年有一個俄國革命家,去廣東問先生,『你的革命思想,基礎是什麼?』先生答覆他說:『中國有一個正統的道德思想,自堯舜禹湯文武周公至孔子而絕,我的思想,就是繼承這一個正統思想來發揚光大的。』那人不明白,再又問先生,先生仍舊把這一句話來答覆。這段話,成為民國時期對孫中山文化定位的一個基本調子。當時的政府首腦與學術界,大都不離戴季陶的這種說法。」[90]參照孫中山的相關言論來看,他繼承、弘揚正統的出發點主要有三:第一,一個本土政治家的愛國熱忱與民族主體意識;第二,認為三代之治周孔之道確實對革命運動建國大業有利;第三,個人以及政黨順天應時經世濟民偉大理想的心靈依託與精神鼓勵。

　　筆者認為,不管是革命前他所服膺的基督教信仰,還是革命

89　相關研究可參考劉家峰、王淼:〈革命的耶穌:非基背景下教會人士對孫中山的形象建構〉,《浙江學刊》2011 年第 5 期。

90　黃明同、張冰、張樹旺等:《孫中山的儒學情結》(北京:社會科學文獻出版社,2010 年),頁 6。

後他更強調的儒家精神[91]，在孫中山這裡，都只是可以用來裝盛其西學教育中的政治思想、功利主義、科學理性等「新酒」的「舊瓶子」，儘管這些高檔的「舊瓶子」在酒香、酒性、酒品上都能夠與他的「新酒」——三民主義與知難行易——很好地配套相容、與之俱新。

（2）孫中山的「新酒」成分之一：契合儒家的三民主義

　　關於三民主義的理論來源，孫中山曾明確指出：「兄弟底三民主義，是集合中外底學說，順應世界的潮流，就是美國大總統林肯底主義，也有與兄弟底三民主義符合底地方，其原文為"The government of the people, by the people, for the people"，這話苦於沒有適當底譯文。兄弟把他譯作『民有、民治、民享』。"of the people" 就是『民有』，"by the people" 就是『民治』，"for the people" 就是『民享』。他這『民有』、『民治』和『民享』主義，就是兄弟底『民族』、『民權』和『民生』主義。」[92]顯然，三民主義直接取材於林肯的思想，但這種以民為本、自下而上的近現代思維方式與儒家崇尚「天下為公」、「天下歸仁」的精神也一脈相承，正如賀麟所言，「孫中山先生無疑是有儒者氣象而又具耶穌式品格的先行者。……他的民權主義，即可以說是最能代表儒家精神的民主政治思想。……他對於權與能的分別，對於自由平等的真意義的注釋，皆一掃西洋消極的民主主

---

[91]　相關研究可參考朱春暉：〈孫中山的終極關懷〉，《廣西社會科學》2006 年第 2 期；習五一：〈簡論孫中山的宗教觀〉，《宗教研究》2009 年第 3 期。

[92]　孫中山：〈在中國國民黨本部特設駐粵辦事處的演說〉，《孫中山全集》第五卷，頁 475。

義和道家的自由放任的自然主義的弊病，而建立了符合儒家精神，足以為開國建國大法的民權主義。而且，他在創立主義、實行革命原則中，亦以合理性、合人情、合時代為標準，處處皆代表典型中國人的精神，符合儒家的規範。……他革命建國的事業，是符合儒家合理、合情、合時的態度的，而他所創立的主義亦是能站在儒家的立場而作出的能應付民族需要和世界局勢的新解答。」[93]

由於當時中國正處於一個內政外交顧此失彼、革故鼎新風起雲湧的「三千年未有之大變局」，孫中山順應世界潮流，吸納中外各種學說為我所用的三民主義首當其衝的意義便是救國救民。

在孫中山看來，作為三民主義救國救民起點的「民族主義」，本質上是儒家的王道主義，「想來救國，必須要存一種『文王百里而王』的心思，才可以治中國。」[94]他首先區分民族與國家這兩個不同的概念，認為：「民族是由於天然力造成的，國家是用武力造成的。用中國的政治歷史來證明，中國人說王道是順乎自然，換一句話說，自然力便是王道。用王道造成的團體，便是民族。武力就是霸道，用霸道造成的團體，便是國家。」[95]所謂「天然力」，是指血統、生活、語言、宗教和風俗習慣這五種民族形成過程中天然進化的力量，因此，孫中山的民族主義與思想狹隘、情感鄙陋的所謂「民粹主義」截然不同，它只不過是要順其自然地拯救、維護和發展中華民族上下幾千的自

---

93 賀麟：〈儒家思想的新開展〉，《文化與人生》，頁 15-16。

94 孫中山：〈在廣州全國青年聯合會的演說〉，《孫中山全集》第八卷，頁 326。

95 孫中山：《三民主義・民族主義》，《孫中山全集》第九卷，頁 186。

然種類與文化傳統，並不帶有任何自負的清高之態與排外的殺伐之氣，他崇尚王道、貶斥霸道，主張首先通過恢復忠孝、仁愛、信義、和平、格物致知修齊治平等傳統道德與智能來救國救民。所以在主張恢復國粹時，孫中山同時釐清了民族主義與世界主義的相互關係。認為當前歐美列天天鼓吹世界主義，說民族主義過於狹隘，目的是為了壟斷全球利益，不給弱小民族復興的機會，是變相的帝國侵略主義，我們不能受其誘惑，應該先恢復民族自由平等的地位，不在強權與武力面前屈服，用我們仁愛、和平的好道德作為基礎，先治其國，再平天下，由民族主義推己及人而自然擴充為世界主義，等到中國通過民族主義強盛起來之後，用道德公理對付強權政治，濟貧扶弱，對世界負一個大責任：「用固有的道德和平做基礎，去統一世界，成一個大同之治，……便是我們民族的真精神！」[96]顯然，這種民族主義與儒家在「天行健，君子以自強不息」、「地勢坤，君子以厚德載物」的基礎上，通過「己欲立而立人，己欲達而達人」、「己所不欲，勿施於人」、「親親而仁民，仁民而愛物」的自然延伸形式，最終致力於實現「天下為公」、「天下歸仁」的大同理想是完全一致的，同時又增加了新的時代內涵。

　　從民族主義的角度來看，只有使西方功利強權的文化服從於東方仁義道德的文化，世界才會日趨光明。從世界主義的角度來看，只有用公理去打破強權，各民族真正自由平等，世界才能和平繁榮。所以孫中山在強調民權主義時，也是首先從民族而非世界的角度立論，只有世界上各民族都用民權打破本國君權，用公

---

[96]　孫中山：《三民主義·民族主義》，《孫中山全集》第九卷，頁253。

理打破世界強權才能最終實現。他認為中國發展到民權時代，只有以三民主義為立國之本，以五權憲法為制度之綱，在道德上改良人格，在法律上爭取民權，依靠人民完全行使群居生活中的政治權力，自下而上地選舉出德才兼備的領導，實現人群自治，用民主共和取代皇權專制，才能根本避免歷史上一治一亂的悲劇重演，子子孫孫永享太平。孫中山認為堯舜禹三代之治就是將民權主義與人格之教的完美結合，「兩千多年前的孔子、孟子便主張民權。孔子說：『大道之行也，天下為公。』便是主張民權的大同世界。又『言必稱堯舜』，就是因為堯舜不是家天下。堯舜的政治，名義上雖然是用君權，實際上是行民權，所以孔子總是宗仰他們。孟子說：『民為貴，社稷次之，君為輕。』又說：『天視自我民視，天聽自我民聽。』又說：『聞誅一夫紂矣，未聞弒君也。』他在那個時代，已經知道君主不必一定是要的，已經知道君主一定是不能長久的。」[97]

　　民族主義落實於民權主義，而民權主義則直指民生主義，在孫中山看來，世界主義是各國民族主義、民權主義進化與拓展的自然結果，但這種結果的出現還在根本上有賴於各國民生主義的理想實現，正如戴季陶所說：「先生一生的精神，全部是注在民生主義……先生所領導的國民革命，最初的動因，最後的目的，都是在於民生。」孫中山提出通過「平均漲價地權」、「節制私人資本」和「發達國家資本」來開源節流、解決民生問題，組織號召社會上先知先覺的發明家、後知後覺的宣傳家與不知不覺的實行家這三類人「萬眾一心，舉國一致，而歡迎列國之雄厚資

97　孫中山：《三民主義・民權主義》，《孫中山全集》第九卷，頁 262。

本，博大規模，宿學人才，精練技術，為我籌畫，為我組織，為我經營，為我訓練」[98]，修建鐵路、水路、公路、海港、河埠、造船廠、造車廠，生產與衣、食、住、行相關的生活資料，開發鐵、銅、煤、油等能源礦產，發揚中華民族「厚德載物」、「自強不息」的傳統精神，把中國從痛苦世界變成一個安樂世界，「為生民立命」、「為萬世開太平」。

（3）孫中山的「新酒」成分之二：契合基督教的知難行易

　　在孫中山的整個革命與建國思想體系中，「知難行易」學說的心理建設具有輔翼「民族主義」、潤滑「民權主義」、開啟「民生主義」的關鍵性作用，是他革命過程中百死千難的經驗結晶。一方面，在革命過程中，孫中山發現，《尚書・說命》中「知之非艱，行之惟艱」的思想誤導了中國幾千年，是他革命事業中威力萬倍於滿清、可畏可恨的最大敵人，因為它不僅能「殺吾身」，還能「奪吾志」，自己與革命領袖們幾十年來殫精竭慮的革命謀略與百折不回的革命志向，幾乎就因為革命黨人革命群眾對革命宗旨與革命運動的不理解不支持而冰消瓦解、一敗塗地，這讓他深切認識到革命事業中「攻心為上」、轉變思想觀念的重要性。另一方面，在革命理想中，他的建國方略雖然集合中外學說、順應世界潮流，卻因為當時社會觀念有「知之非艱，行之惟艱」這一大敵橫梗其中，常常被視為理想空談而拒絕落實，絕大多數不知所措的人民群眾與聞風興起的革命黨人畏難不進，並非力不能行，而是不知可行、當行。「以難為易，以易為

---

[98] 孫中山：《建國方略之一・孫文學說》，《孫中山全集》第六卷，頁227-228。

難。……畏其所不當畏，而不畏其所當畏。……此中國積弱衰敗之原因也。」[99]他提出「知難行易」主要說明兩個道理：其一、能知必能行，如果能普及教育，使全國人民都有科學知識，知道哪些事情可行、當行，自然能行之人越來越多。其二，不知亦能行，所謂「倉廩實而知禮節，衣食足而知榮辱」，普及教育的基礎是實業發達，民生暢遂，所以當務之急是將國外先進的知識、技術、人才與資金為我所用，一方面直接發展社會經濟，另一方面也間接促進科學教育。「有志者事竟成」，只要敢於開創、把握時機，上下齊心協力，就一定能收到理想的效果。

為了讓知難行易學說的傳播減少阻力、更加深入人心，孫中山也像利瑪竇在華開創傳教事業時一樣，採取了「崇尚古儒、貶斥後儒」的策略：在極力批駁王陽明知行合一等觀點的基礎上，一方面，他回溯至遙遠的上古時代，認為三代以前人民由草昧進至文明，看似不知而行、重行輕智，但上至聖賢下到百姓都在冒險猛進、苦心孤詣地總結實踐知識創造文明，其實是一種「知難行易」；另一方面，他也在中國古代聖人孔孟學說中找到了理論支撐，「倘仍有不信吾『行易知難』之說者，請細味孔子『民可使由之，不可使知之』，此『可』字當作『能』解。可知古之聖人亦嘗見及，惜其語焉不詳，故後人忽之，遂致漸入迷途，一往不返，深信『知之非艱，行之惟艱』之說，其流毒之烈，有致亡國滅種者，可不懼哉！……《孟子》『盡心』章曰：『行之而不著焉，習矣而不察焉，終身由之而不知其道者，眾也。』」此正指

99　孫中山：《建國方略之一・孫文學說》，《孫中山全集》第六卷，頁198。

心性而言也。由是而知『行易知難』，實為宇宙間之真理，施之於事功，施之於心性，莫不皆然也。」[100]

　　雖然這些論說讓「知難行易」表面上看起來也很有儒家色彩，但其實它骨子裡卻更加契合基督教的精神。因為儒家經典所強調的「知難行易」與孫中山並不相同，其所謂知行主要志在道德修養的內聖領域，雖然也指向外王，但這種內聖外王之道本質上是一種非功利主義，試圖通過聖德王化的上行下效來維持社會的和諧穩定，社會道德水準越高，教化越強，一個人的知行越能合一，真知越能行，篤行越有知，知與行徹底扎根在心性上；而孫中山所謂的知行主要關乎政治經濟的外王領域，雖然也強調人格，但這種心理建設本質上是一種功利主義，試圖通過國家制度與科學技術的推廣執行來實現社會的繁榮富強。社會科學水準越高，分工越細，一個人的知行相去越遠，知者不必自行，行者不必自知，知與行徹底扎根在知識上。孫中山的知難行易學說雖然更多地是時代的產物，但基督教文化注重通過科學與知識從萬事萬物中發現個體的渺小與造物主的偉大，應當也對他有著潛移默化的影響，尤其是聯繫到基督教強調以神為本、唯神為義，「知難行易」可以說正是基督教「因信稱義」在知行學說上的條件反射——「信主」（知）難，「與主同工」（行）易。所謂「吾心信其可行，則移山填海之難，終有成功之日；吾心信其不可行，則反掌折枝之易，亦無收效之期也。」[101]「大丈夫作事，能相

---

[100] 孫中山：《建國方略之一・孫文學說》，《孫中山全集》第六卷，頁196-197。

[101] 孫中山：《建國方略之一・孫文學說》，《孫中山全集》第六卷，頁158-159。

信即從之而行。」[102]另外，孫中山生平有很多關於「徹底」與
「犧牲」的論述，顯然都浸透著的基督教精神，比如關於理論的
徹底性，「古人說『知易行難』，我的學說是『知難行易』。從
前中國百事都腐敗的原因，是由於思想錯了。自我的學說發明以
後，中國人的思想便要大改革。拿我的學說去做事，無論什麼事
都可以做得到的。」[103]這種徹底「除舊佈新」的思維顯然與儒
家謹慎地「返本開新」並不相類，再比如，他認為「有了高深學
問，才有大膽量；有了大膽量，才可以做革命軍。所以做革命軍
的根本，還是在高深學問。」[104]這種從根本上依靠高深學問而
非高尚德行來獲得革命膽量與力量在思維方式上顯然與儒家相去
甚遠，而深得基督教神髓。再者，關於革命的徹底性，他認為中
國絕大多數普通群眾常常都抱著「甯為太平犬，不為亂世王」的
心態，「所以樣樣敷衍苟安，枝枝節節，不求一徹底痛快的解
決。」[105]而歷代的革命運動比如太平天國等，又都只是通過武
裝暴力改朝換代，並沒有變革人們根深蒂固、習而不察的那些導
致中國一治一亂的皇權專制等腐朽思想。「故前代為英雄革命，
今日為國民革命。所謂國民革命者，一國之人皆有自由、平等、
博愛之精神，即皆負革命之責任，軍政府特為其樞機而已。」

---

[102] 孫中山：〈在上海國民黨歡迎會的演說〉，《孫中山全集》第二卷，頁
    484。

[103] 孫中山：〈在廣州對國民黨員的演說〉，《孫中山全集》第八卷，頁
    577。

[104] 孫中山：〈在陸軍軍官學校開學典禮的演說〉，《孫中山全集》第十
    卷，頁 297。

[105] 孫中山：〈在廣州全國學生評議會的演說〉，《孫中山全集》第八卷，
    頁 114。

[106]這些雖然與儒家以民為本、全民皆兵的思想也大致相合，但主張教化風行的儒家總體上既不謀求也不認為一次革命就能徹底痛快地解決心性問題與制度問題，雖然孫中山也認為「民國一天沒有建設成功，三民主義一天沒有完全實行，我們的犧牲便沒有一天的止境。」[107]但他在強調革命黨人與革命群眾因改造新世界而犧牲重於泰山、無上光榮的時候，卻又說，「遇到了敵人的槍炮子彈，能夠速死更是我們所歡迎的。……有了非常的志氣，便能夠看破生死關頭，以死為幸福。如果人人都能夠以死為幸福，便能夠一百人打一萬人，用一萬人打一百萬人。」[108]要徹底認「知」這種歡迎速死、以死為幸福的精神顯然對於深受儒家「未知生焉知死」影響而厭戰惡殺的中國人來說會很「難」，而對於崇拜十字架的一個普通基督徒來說卻再容易不過了。雖然我們也考慮到革命領袖講話的場合多數是為了鼓舞士氣、凝聚人心，但與洪秀全僅僅以在世享福與死後升天為許諾相比，孫中山強調純粹的犧牲精神絕不僅僅只是一種政治謀略，而更多地是他基督教信仰自覺不自覺的流露與宣洩。因此，從耶儒互動的角度或者更為廣泛地說從中西文明對話的角度來看，孫中山浸透著基督教思想的知難行易學說，對中國以儒家文化為代表的知行合一學說有一個非常重要也非常新穎的補充作用[109]。

---

106 孫中山：〈中國同盟會革命方略〉，《孫中山全集》第一卷，頁296。

107 孫中山：〈在廣州中國國民黨懇親大會的演說〉，《孫中山全集》第八卷，頁283。

108 孫中山：〈在陸軍軍官學校開學典禮的演說〉，《孫中山全集》第十卷，頁298-299。

109 相關研究可參考宋志明：〈從孫中山看中國近代知行觀念的更新〉，

小　結

　　孫中山在「驅除韃虜、恢復中華」這一革命鬥爭目標上與洪秀全看似基本一致，實則不然：出自儒生的洪秀全與劉邦、朱元璋、黃巢、李自成等歷代農民革命領袖一樣，打著順天、應民、興漢的口號，打心底卻並沒有多少保國保教保種的主張與意志，乃是一種不自覺、狹隘的民族主體意識，「作為中國歷史上舊式農民起義的最高峰，太平天國是一幕既想掙脫枷鎖卻又無法超越封建制度的悲喜劇。」[110]洪秀全雖然大力宣稱要建立「新天新地新人新世界」，但他借助拜上帝教的革命手段、主要利用農民的革命組織與農業社會皇權專制的革命目標，骨子裡散發著腐舊氣味；相比之下，孫中山生活在一個國計民生都更為動盪危急、燭事明理也更為深遠洞達的時代，有一種非常自覺、廣泛的民族主體意識，接受近代西方政治理念、依靠知識分子組成政黨，建立民主共和國，以「新黨新政新主義新民國」來謀求資本主義的發展，這些對於當時的中國人來說，骨子裡透著一股新潮氣息。

　　洪秀全以新的宗教為口號卻並未給社會帶來多少新觀念，大張旗鼓地反對淫祀百神實質上卻又在淫造百神，身受儒學教育卻對專制禮教抱著或傾心求靠或暴力摧毀或歪曲利用等變態心理，反復無常，這些都使當時整個社會的精神空氣變得更加渾濁；孫中山未以宗教為口號卻使民主共和的新觀念深入人心，並未大張旗鼓反對淫祀百神卻因主張信仰自由而百神自退，深受基督教教

《河北學刊》2011 年 3 月。

[110] 洪秀全：《洪秀全評傳》，頁 453。

育卻對儒家學說自始至終都堅持繼承發揚的行為姿態，這些都使當時整個社會的精神空氣變得更加明淨。

洪秀全與孫中山作為中國近代明顯同時受過儒家和基督教思想影響的革命領袖，他們的新舊之別是如此懸殊。簡而言之，洪秀全領導的太平天國運動在思想、制度上的革命是「假新」，其初衷和目的是專制主義，過程中主要利用的是中國傳統民間宗教，並未脫離政教合一、迷信皇權的陳舊觀念；而孫中山在思想、制度上的革命是「真新」，初衷和目的是共和主義，過程中主要利用的是西方近現代政治思想，他宣揚的政教分離、科學民主在當時都是嶄新觀念。

他們夢想大同的革命理想雖然都有儒家天下情懷與基督教世界主義的元素，但二者差別也很大：洪秀全取耶為用，實則非耶，為公是手段，為私是目的，「太平天國」看似更加超脫、更具世界性而非民族性，其實卻很世俗、狹隘、排外，追逐個人私利，因此洪秀全可謂非儒非耶（與儒家精神與基督教精神相反，冒牌的儒教徒與基督徒），徒有皮相；而孫中山取儒為用，實亦合儒，為私是手段，為公是目的，「中華民國」看似更加世俗、更具民族性而非世界性，其實卻很超脫、博愛、包容，崇尚普世價值，因此孫中山可謂亦儒亦耶（與儒家精神與基督教精神相合，真正的儒教徒與基督徒），實存骨血。

因此，我們也可以反過來說：如果將耶儒真精神比作歷久彌香的陳年美酒，將三民主義與知難行易比作「新瓶子」，孫中山浸透耶儒精義的革命方略與建國思想可謂「新瓶裝舊酒」，芬芳四溢；如果將民間宗教與皇權專制比作腐朽不堪的「舊瓶子」，洪秀全飽含個人私欲的改朝換代與天國幻想雖然也算是「舊瓶裝

新酒」，但耶儒真味在酸臭掉渣的陶泥與銅銹摻雜攪和地糟蹋下，全然變質了[111]。

---

[111] 「如果太平天國成功以後，一定把這種變質的基督教定為國教。所以太平天國的失敗，照我看來還是基督教的大幸。因為他們雖然採取基督教的形式，卻失去了基督教的精神。」（王治心：《中國基督教史綱》，頁 136）這個評論同樣適用於太平天國對儒家思想的糟蹋，從這個角度來看，洪秀全與太平天國的失敗可以說是基督教、儒家以及耶儒互動在中國的發展過程「不幸中之大幸」，以此為鑒，足以警醒後人。

第三章 耶儒互動的主要內容（中）

上一章對耶儒互動主要內容的論析雖然旨在由表及裡，但我們從其代表人物利瑪竇、洪秀全、孫中山等人來看，顯然總體上還停留在對「身體」的安頓上，更多地是出於政治環境或文化生態的現實需要，更多地表現為一種功利性的訴求，尚未「登堂入室」——進入超功利的心性領域這一耶儒互動最為本質的理論內核，探討由「人身」深入到「人性」、由「國體」逼進至「國魂」，正是本章論析的理想目標。

一、原罪論與性善論

如果說基督教文明與儒家文明分別是歐美各國與中國的「國魂」，那麼，這種「國魂」產生的理論根源則分別為基督教的原罪論與儒家的性善論。只有將原罪論與性善論內在的張力與合力揭示出來，耶儒互動中衝突與融合的各種主題才能得到最為合理的解釋與處理。筆者以為，原罪論與性善論作為兩種「反向行駛」的人性理論，其根源又在於前者是以神為本、旨在彰顯神性之愛（恩典），而後者是以人為本、旨在強調人性之愛（仁

義）；在神性之愛拯救人類原罪的過程中，形成了一整套他律倫理，而在人性之愛主導善行的過程中，形成的是一整套自律倫理；從哲學上來看，以原罪論與神性之愛所生發的一整套他律倫理，本質上是一種「神學的道德學」：「一切來自神，一切通過神，一切在神之中」，而以性善論與人性之愛所生發的一整套自律倫理本質上是一種「道德的神學」：「一切來自人，一切通過人，一切在人之中。」

1、神性之愛與人性之愛

　　神學家們常常將基督教的博愛與儒家的仁愛進行比較，認為前者是無差別亦無差等的「博愛」，後者是有差別有差等的「仁愛」，並以此為據，得出基督教信仰高於、優於儒家倫理的結論，但儒家知識分子對此並不認同，從本色神學運動以來，至今仍然聚訟不已。因此，我們非常有必要在具體討論「本色神學家貫通原罪論與性善論的兩種途徑」之前，首先對「神性之愛」與「人性之愛」的起源與表現作出系統分析。

　　顧名思義，「神性之愛」與「人性之愛」的根本區別就在於前者源於「神」，後者源於「人」，基督教認為，「神人之間必然橫臥著一條深淵」[1]，即無限與有限、絕對與相對的截然有別，為了更好地詮釋這一點，脫胎於猶太教的基督教發展出了獨特的原罪論。在猶太教中，猶太人作為「上帝選民」雖然是有限的，但可以分享神的無限性，每個人都是「上帝之子」，都內在

---

[1]　巴特著，魏育青譯：《羅馬書釋義》（上海：華東師範大學出版社，2005 年），頁 95。

地具有神性，因此，猶太教不僅沒有像基督教那樣的原罪論，反而有著類似於儒家的性善論，後起的基督教為了區別、超越於猶太教，提出「道成肉身」學說，認為只有耶穌是「上帝之子」，他具有完全的神性與完全的人性，是有限而無限的，除了耶穌之外，所有人都是有限的，並且與無限的神之間不可溝通，除非通過耶穌基督。為了在根源上說明人的有限性，基督教設定，人類始祖亞當背棄神意自甘墮落，從此人類就由「無限的神國」墮入了「永恆的死地」，變成徹底有限的存在，「在人身上、通過人而存在、形成、擴展的東西，無論何時何地都是不虔和不義，人的王國永遠不會成為上帝的王國。人性的東西無一例外都在被動地或自發地隨波逐流。雖然看上去好像在水上翱翔或者逆流而上，卻無一例外都在隨波逐流。」[2]然後，基督教運用循環論證的方法，又反過來從這個有限的人類（墮落越來越深）需要上帝的拯救來證明耶穌基督「截斷眾流」、「捨生取義」的合法性，並進一步由理性信仰逼進至情感體驗，認為上帝以犧牲獨子耶穌（即上帝自我犧牲）的無辜生命將人類所犯的罪惡一次性贖清，這種神性之愛本身是一種純粹的、絕對的恩典，猶如萬丈光芒照進黑暗角落，黑暗除了徹底接受光之外，別無選擇。因此，每個人都應該信仰耶穌基督，通過耶穌基督與上帝重新和好，在末日審判後徹底超越人類生老病死等有限性，重新回歸無限的「上帝之國」。

由此可見，在這個循環論證（原罪越大，恩典越重——恩典

---

[2]　巴特：《羅馬書釋義》，頁 57-58。

越大，原罪越深）中[3]，原罪與恩典相互作為起點與終點，上帝的主動與耶穌的捨命是超越一切差別與差等的無限行為，但關鍵在於作為理論基礎的「原罪」是由基督教設置的，原本並不是人類的共性，比如猶太教與儒家就都不認為人類負有原罪，基督教的這種理論等於是給其他文明傳統中的人都強制安上一個原本並不存在的「罪名」，並且在要求對方「無罪認罪」的同時還強行要求對方接受基督的恩典。顯然，這是試圖用一種新的思想去徹底蕩平世間各種文明、各個民族由來已久的諸多差別與差等（同一個人類世界中的差別、差等），這種「非法的暴力行為」導致的直接結果必然是基督徒與非基督的大差別與大差等（上帝之國與人類世界之間的差別、差等）。占人類少數比例的信教者以重獲新生、置身光明的上帝子民自居，而將人類絕大多數不信基督教的國家與民族都肆意貶低為黑暗罪惡的舊世界，其自高自大的所謂博愛心態與博愛行為造成了比主張「親親之殺，尊賢之等」的仁愛更大的差別與差等，但真正的問題還不止於此，而是在於這種帶著很大必然性的悲劇結果也完全違背了基督教的原罪論本

---

[3]　「正如基督教信仰所正確宣稱的，任何關於幸福與完美是人的常態與本性的說法，本身都染有罪的污漬，所以才需要基督這個第二亞當來恢復第一亞當在墮落之前的本來面貌。若問何以在基督教中會有如此強烈的罪感，那麼答案就是：對基督的盼望加深了人的真正所是與實際所是之間的對峙。摧毀了正常狀態的威信。然而，如果不對人的真正所是與實際所是之間的對立感到不安，那對基督的信靠就不會在人的靈魂中找到寄存之處，雖說對基督的這種信靠也能澄清上述對立。」「基督教的恩典說與原罪說交織在一起，而且只有在原罪說準確描述了人的體驗後恩典說才具有意義。」尼布林著，成窮、王作虹譯：《人的本性與命運》（貴陽：貴州人民出版社，2006 年），頁 239、378。

義，成為充滿了生存悖論的基督教自身最為悲劇的生存悖論之一：「正如現代一位傳教士所說：『現代世界假宗教之名而行的，在很大程度上乃是人的放肆的自我宣傳。』（克納麥：《基督教在非基督教世界中的使命》）……一旦基督徒認為，他比別人更能懺悔，並因得到這個啟示而比別人更能稱義，那他就加重了他的自以為義之罪，就是懺悔的各種宗教儀式成為他驕傲的工具了。新教正確地批評了天主教過於簡單地把教會等同於上帝之國，這種等同由於允許一個處於歷史相對性之中的宗教制度，去為它的教義要求無上真理的品格，為它的標準要求無上的道德權威，故又把這個制度變成人的驕傲的又一工具。因此，路德認為教皇乃是敵基督者，這個看法在宗教上是正確的。從某種意義上說，基督在世上的代理者必定是敵基督的。整個當代的政治形勢都證明了天主教的教會學說是有很多危險的。各處的天主教都聲稱是在反對上帝的敵人，卻不知道這些所謂的敵人只不過是腐敗的封建制度的背叛者。」「一種原則上克服了人的自傲的宗教，最終依然使人狂妄自負。」[4]因為在基督教神學中，原罪的根本原因就在於人（從亞當開始）的自高自大（自以為偷吃禁果之後便能和神一樣知曉善惡），在於人的驕傲所導致的與上帝的疏離和背棄，最終陷入「沉淪」與「自我神化」的罪惡之中，並進一步導致更高程度（無知更甚、罪惡更深）的驕傲，人性原罪或社會罪惡的生產鏈條就是「驕傲──疏離──背棄──沉淪──自我神化──更加驕傲」的惡性循環。換言之，站在原罪論的立場來看，越是認為自己「無罪」，越是自大驕傲、背棄上帝，因此

---

[4]　尼布林：《人的本性與命運》，頁178、409。

越是「有罪」，而越是承認「有罪」，越是自覺空無、敬畏上帝，因此越能「獲得拯救」。「對我們來說，上帝是未識的，並且永遠是未識的。在這個世界上，我們是無家可歸者，並且永遠是無家可歸者。我們是罪人，並且永遠是罪人。」「在上帝發言的地方，在上帝被人認識的地方，談不上什麼人的狀況、人的所有、人的享受。上帝所選的人，永遠不會宣稱是他選擇了上帝。」「以上帝的真理為標準衡量人，誰還能頑抗？難道有誰能在某一時刻、某一地點、以某一方式逃脫『趴下』的命運？」[5]

　　根據這種基督教神學：神性之愛與人性之愛的區別是無限與有限、天國與塵世的區別，進一步說，由於塵世自亞當以來一直陷於罪中，其有限性不足以產生任何真理與仁義，因此，神性之愛與人性之愛的區別乃是真理與謬誤、義與不義的區別，以儒家性善論為代表的仁愛，它與基督教博愛的根本區別，並不在形式上的有無差別差等，而是在內容上的義與不義，儒家越是深信「人之初、性本善」，越是認為通過「天命之謂性，率性之謂道，修道之謂教」、「親親，仁民，愛物」就能「天人合一」地實現人的無限性，越是驕傲自大，走向自我神化，深陷在罪裡。「人們首先抬高自己，然後才低估自己與上帝之間的距離。人在基督之外和沒有基督的情況下和上帝建立關係，這種關係的中樞就是奴隸的不義。……暗地裡將自己和上帝同一化，必然導致公開地將自己和上帝相隔絕。自己這小上帝似乎不需要那大上帝也行。人阻擋和包圍了真理即上帝的神聖性，使真理適應人自己的尺度，從而剝奪了真理的嚴肅性，消除了真理的影響力，使真理

5　巴特：《羅馬書釋義》，頁 82-83、60、59。

失效、變得平庸、蛻化為非真理。這些通過人的不虔表現出來，而不虔則必定使人墮入新的不義。人若成了上帝，那麼偶像就必定赫然而立。偶像若受到崇拜，那麼人必定感到自己才是真正的上帝，才是造物主，是自己造就了上帝。──這就是阻力，它妨礙我們去仰望那個指出了塵世局限、意味著我們得救的全新天地。」[6]

「神之義」與「人之義」的區別是無限的造物主與有限的被造物之間的區別，是絕對真理與相對真理的區別，基督教用「神的絕對性」來否定、拯救一切「人的相對性」，去揭示人類一切美妙的謊言，「所謂人的義只是幻覺，在這個世界上無義可言。然而，一種在上帝面前的和來自上帝的義卻可能存在。不會有什麼聖人、不同凡響者、英雄、超人、義者，……然而，一種位於一切對立性彼岸的、上帝按其形象創造的新人卻可能存在。」[7]在他們看來，儒家的性善論雖然極為重視謙虛、敬畏、溫和、內斂等各種性德，但還是必然會導致驕傲自大，尤其是在妄自以先天的血緣關係為前提的「親親──仁民──愛物」這一有差別差等的人性之愛去處理塵世事務的時候，一切作為都是以一個膨脹的自我為中心的，很容易就會導致自我神化。應當說，當我們反觀古今中外一切僭稱天子的專制獨裁者打著「親親之殺、尊賢之等」的旗號盡其所欲，基督教崇尚絕對的「上帝之義」確實擊中了塵世間「人之義」虛妄惡俗的要害，從耶儒互動的良性發展來看，

6　巴特：《羅馬書釋義》，頁 47。
7　巴特：《羅馬書釋義》，頁 73。

這一點對於儒家義理的自我批判與自我修復是非常重要的[8]。

2、他律倫理與自律倫理

　　基督教的「神性之愛」以「神之義」為唯一標準，而儒家的「人性之愛」則以天人合一的「人之義」為理想依據，基督教認為與上帝分離的人是絕對不可靠的，只有通過反求諸神、懺悔信望的他律倫理才能解輕社會個人與群體的罪惡，而儒家認為與天合一的人是絕對可靠的，只要通過反求諸己、反身而誠的自律倫理，就一定能夠成就社會個人與群體的美善。儘管如此，基督教的他律也必定要落實到基督徒的自律（比如主動回應上帝的呼喚、接受基督的拯救）才能得以實現，而儒家的自律也必定要上升到天道的層次，通過「存天理、滅人欲」的道德他律才能避免自律的沉淪與偏失。因此，基督教的他律與儒家的自律在「聖人之道」上有著最佳融合的機會，縱觀中國耶儒互動史，以利瑪竇為代表的歷代傳教士對孔子的肯定以及以趙紫宸為代表的本色神學家們用「理想人格」來對接孔子和耶穌，理論上的根本原因即在於此。

　　為了區別猶太教等其他宗教，對於基督徒來說，他律倫理並

8　比如有的學者認為：「從儒家的角度看，基督教的『罪人-拯救』說法乃是一種重視小人問題的思路。我們認為，重視小人問題並不是勸做小人，而是要走出君子困境。……儒家所倡的修身養性淡化了小人問題，終於導致在實際生活中深深陷入君子困境。基督教的墮落意識和認罪意識呼喚罪人的信心（相信耶穌是救主），從而在信任情感中指出一條接受拯救之路。我想，走出君子困境而成全君子之道，基督教的『罪人－拯救』說法是值得認真思考的。」謝文郁：〈《中庸》君子論：困境和出路〉，《文史哲》2011 年第 4 期。

非首先體現在謹守上帝誡命與律法，而是體現在徹底打開自己、接受耶穌基督的恩典與拯救。因為，「上帝之義在耶穌身上顯示出來並得到證實。通過耶穌，我們獲得了從上帝出發、在上帝揚棄萬有的悲憫之光照耀下觀察歷史的能力。通過耶穌，我們得知這種悲憫意味著什麼：萬物的終結和萬物的新生。……我們信仰耶穌，就是信仰上帝之義的真實性和普遍性。我們信仰耶穌，上帝之義以及上帝之稱義就作為不可能的可能性在我們面前顯示出來並得到證明。我們從這一前提出發，我們觀察自己，接近眾人。」「墳墓彼岸的真理在耶穌身上對我們說：唯獨上帝是義的，唯獨上帝稱義。只有從上帝出發，始終只有從上帝出發才有人之義可言。」「最大程度的神人距離才是真正意義上的神人一體。時間與永恆，人之義與神之義、此岸與彼岸在耶穌身上明白無誤地截然分開，因而也就在上帝那裡合二為一、同樣明白無誤地渾然一體。」[9]耶穌基督是基督徒們超越有限抵達無限的唯一通道，只要他們想要掙脫「造物性給他套上的枷鎖」，想要出離血肉之軀軟弱無能深陷塵世的身體囹圄，除了接受基督的捨命救贖以外，別無選擇。

　　基督教的他律與自律通過神人一體的耶穌基督（既有完全的神性又有完全的人性）得到本質性的統一，但這種統一與儒家通過聖教王化而實現的他律與自律天人合一並不相同：對於基督教來說，有限的人類在死後復活之前不可能獲得徹底的無限性[10]，

9　巴特：《羅馬書釋義》，頁 101、102、108。

10　「可以肯定的是，有義之人站在最後審判前時不會相信自己擁有正義，他們的良心不安證明歷史的最後問題是，在上帝面前，凡活著的人都稱不上有義。」尼布林：《人的本性與命運》，頁 547。

因此在因信稱義的時候，「最大程度的神人距離才是真正意義上的神人一體」，而對於儒家來說，由於人性（天命之謂性）本身就是有限而無限的存在，因此在率性修道的時候，「仁者渾然與物同體」，人的有限性徹底消融於天道的無限性，完全能夠抵達天人「體用一源，顯微無間」的理想境地。換言之，基督教的聖人耶穌始終是基督徒「異己」的存在，任何人都不可能完全消融於耶穌基督之中，也不可能成為耶穌基督、完完全全地生活在上帝的懷裡，而儒家的聖人孔子等始終都是人們「親己」的存在，「人皆可以為堯舜」，任何人都能通過體證徹底消融於天道之中，所謂「維天之命，於穆不已，文王之德之純，純亦不已！」

　　顯然，基督教與儒家統一自律與他律的兩種不同形態在義理上具有很強的互補性，在具體修行過程中，基督教時時意識到吾性不足，因此處處渴求外在啟示，而儒家時時意識到吾性自足，因此處處倚重內在體悟。按照基督教的原罪論，儒家這種悟道修行勢必會讓人越來越驕傲自大、最終導致自我墮落與自我神化。比如，「謝顯道見伊川，伊川曰：『近日事如何？』對曰：『天下何思何慮？』伊川曰：『是則是有此理，賢卻發得太早。』伊川直是會鍛煉得人，說了又道：『恰好著工夫也。』」[11]在人生體驗老到的程頤看來，一個毛頭小夥子在悟道修行之初就膽敢自稱已經達到了天人合一的境地，這是何等的狂妄！再比如，王陽明通過畢生磨練與體悟，提倡「良知即是天理」，認為人們「致良知」達到極致時，人的良知能夠無處不在、無處不中、無所不有、無所不通，有如陽光普照、月印萬川，而他很多學生並沒有

11　朱熹、呂祖謙：《近思錄》（北京：中華書局，2011 年），頁 67。

經歷王陽明那樣艱難困苦玉汝於成的磨練與體悟，不在「事上磨
練」、「著實做工夫」，「時時於良知上理會，久久自當豁然有
見」，一開始就把老師的最高成果拿來作為自己的最初起點，直
接就認為自己尚未開悟、培育好的良知能夠等同於天理，這又是
何等的無知！王陽明本人在實際的教學過程中看到弟子們修行時
或固步自封或劍走偏鋒所表現出來的「虛玄而蕩」、「情識而
肆」等嚴重弊端，背離了自己「致良知教」的初衷，所以他在五
十歲「始揭致良知之教」時便諄諄告誡弟子們說：「我此良知二
字，實千古聖聖相傳一點滴骨血也……某此良知之說，從百死千
難中來，不得已與人一口說盡，只恐學者得之容易，把作一種光
景玩弄，不實落用工，負此知耳。」[12]儘管如此，許多陽明後學
仍然沒能避免「無事袖手談心性，臨危一死報君王」的生存悲
劇。

　　因此，我們通過耶儒互動，學習、瞭解基督教統一自律與他
律的義理形態，對於儒家在理論上的發展與在實踐上的進步都是
很有幫助的[13]，再比如，基督教對「理性與啟示」的分析對於從

12　王守仁，吳光等編校：《王陽明全集・年譜二》（上海：上海古籍出版
　　社，1992年），頁1279。

13　比如有的研究者甚至認為，「明清之際耶穌會傳教士與中國學者就人性
　　論問題展開了深入的對話，爭論的主要問題是：如何看待人性與獸性的
　　區別以及靈與肉的關係？如何看待基督教的原罪說和作為善惡之源的自
　　由意志？道德之善是率性還是克性、是復其初還是在實踐中生成？對話
　　既使西方學者加深了對中國哲學人性論的理解，也從多方面啟迪了中國
　　哲人的思想，深刻地影響了李贄、徐光啟、楊廷筠、王夫之、黃宗羲、
　　戴震、焦循、趙翼等人的理論創造。在這一過程中，中國哲人既吸取了
　　西方哲學的精華，又在會通中西的基礎上加以淋漓酣暢的創新，從而把

邏輯上打開儒家「仁者渾然與物同體」的內在張力，更好地理解
自律與他律的統一也很有啟發性，德國神學家蒂里希在《系統神
學》談到，並非像一般人所理解的那樣是由於消極的無知與無奈
才導致人們被動地求助於啟示，而是因為現實生活中理性內部的
衝突導致了人們對於啟示的主動尋求：「理性內部的結構與深度
之兩極性，造成了生存條件下的自律與他律理性的衝突，正是在
這種衝突之中，產生了對神律的追求。理性之靜態因素與動態因
素的兩極性，造成了生存條件下的理性之絕對主義與相對主義的
衝突。這種衝突導致了對於具體——絕對者的追求。理性之形式
因素與情感因素的兩極性，造成了生存條件下的理性之形式主義
與非理性主義的衝突。正是在這種衝突之中，產生了對於形式和
神秘合一的追求。在所有這三種情況下，理性都不得不走向對啟
示的追求。」[14]蒂里希不僅將情感、體驗、神秘統統都納入理性
的軌道，而且將理性的終端直指基督教他律倫理的核心——神
律，顯然在理論上能夠有效預防修行者空談心性、侈談心性與率
性而為、任性而為的行動趨向，當我們進一步考察「最終啟示克
服自律與他律之衝突」蒂里希所給出的方案時，更能真切地感受
到它對於程朱之學的他律主義弊端（過於嚴酷、死板的權威主
義）與陸王之學的自律主義弊端（過於輕浮、放蕩的自由主義）
都能給出來自基督教方面的有益啟示：「啟示克服自律與他律之

中國哲學的人性論提高到了一個比基督教哲學更高的水準。」許蘇民：
〈明清之際哲人與基督教的人性論對話——兼論對話對中國哲學發展的
影響〉，《學術研究》2010 年第 8 期。

[14] 蒂里希：《理性與啟示》（系統神學第一部），何光滬選編：《蒂里希
選集》（上海：上海三聯書店，1999 年），頁 981。

間的衝突，是通過重建兩者本質上的統一。……最終啟示包含著
兩個對自律與他律重新合一，具有決定性的因素，一個是最終啟
示承載者身上對存在基礎的完全透明性，還有一個是這啟示內容
之仲介（指耶穌基督）的完全自我犧牲。第一個因素使得自律理
性不會喪失其深度，不會變得對惡魔的入侵空虛而又開放。正像
在作為救主的耶穌身上表明的，神聖基礎的臨在，向理性創造性
的一切形式提供了精神性的實質。它賦予它們以深度之維，使它
們在用禮儀和神話表達這種深度的種種象徵之下結合起來。最終
啟示的另一個因素，即有限仲介之自我犧牲，使得他律理性不會
確立自身而反對理性的自律。他律，乃是有限存在物以無限存在
者的名義所要求或行使的權力。如果它這樣做，它就會變成惡魔
性的東西，而不再是最終啟示了。最終啟示遠遠不是他律性的和
權威主義的，它起的作用是解放。『信我的，不是信我』，耶穌
在第四福音書中這樣說，這就摧毀了對他的神聖權威的任何他律
性解釋。」[15]

　　總體說來，雖然基督教的他律倫理與儒家的自律倫理即便是
在本色神學運動時期也未能得以系統融合，但不管它們是作為歷
史上耶儒互動的理論背景還是作為未來耶儒互動的理論前景，我
們對其進行內在疏通（揭示異質性、展示互補性）都是非常必要
的。

---

[15]　蒂里希：《理性與啟示》（系統神學第一部），何光滬選編：《蒂里希
　　　選集》，頁 1060-1061。

3、神學的道德學與道德的神學

「基督教的倫理性」是一個與「儒家的宗教性」同樣看來有道理卻又很生硬的名詞，這是因為基督教倫理是建立在神學基礎之上的，抽掉了神學（神性之愛），便無所謂基督教倫理，而儒家宗教則是建立在倫理學基礎之上的，抽掉了倫理學（人性之愛），便無所謂儒家宗教。所以，在耶儒互動中，基督教的倫理性與儒家的倫理性、基督教的宗教性與儒家的宗教性、基督教的倫理性與儒家的宗教性之間都並不構成真正的對等，只有基督教的宗教性與儒家的倫理性之間才會產生真正深刻的互動，才能對兩種不同文明各自的理論與實踐都將產生巨大的震動與驚喜。

如果說，基督教信仰的是神性之愛，信仰：「一切來自神，一切通過神，一切在神之中」，那麼，儒家信仰的是人性之愛，信仰：「一切來自人，一切通過人，一切在人之中。」[16]從哲學上來看，前者是一種以原罪論為基礎的「神學的道德學」，而後者則是一種以性善論為基礎的「道德的神學」。由於儒家信仰的人性是與天合一的人性，因此，它並不會從一開始就強烈排斥基督教那種「神學的道德學」，反而會潛意識認為這種「天學」能夠對儒家的「聖學」起著補充的作用，中國歷史上耶儒互動中以徐光啟、李之藻、楊廷筠為代表的儒家知識分子們都以行事著述歷史性地證明了這一點。問題出在基督教方面，由於它所信仰的是一個與人性截然分離的神性，自然從一開始就會反感、排斥儒

16　雖然中國歷代儒家聖賢自始至終都信仰「天命」，但這種「天命」從春秋時期就已經深深地打上了人的烙印、灌滿了人文精神。圓融地說，儒家所信仰的是一個完全能夠與天合一、蘊含著無限真善美的人性。

家對（有限、有罪的）人性的信仰。雖然基督教沿襲了猶太教希伯來聖經（舊約）的基本觀念，也肯定人具有上帝的形象，但如前所述，它更強調的自亞當開始人類背棄神意所犯的原罪以及「第二亞當」耶穌基督的無辜流血為人類贖罪，強調「因一人的悖逆，眾人成為罪人，照樣，因一人的順從，眾人也成為義了。」（羅馬書 5：19）所以，在基督教神學看來，儒家對人、人性的信仰無疑就是人類犯罪的最高表現形式[17]，因為基督教中，「關於罪的最為經典的定義，也即聖保羅的定義。……人的罪就在於他試圖使自己成為上帝。」[18]與猶太教、伊斯蘭教、佛教、道教等將希望寄託在神靈之上的宗教相比，儒家將一切希望都寄託在人性之上，因此自我神化、自我崇拜的程度也更深，儘管表面上看來佛道二教淫造百神、自我神化更加厲害，但其實他們對人性的信仰亦即基督教所謂的驕傲自大程度更淺，按理說，基督教應該更加排斥儒家而非佛道二教才對，然而由於儒家本質上是一種倫理而非宗教，在信仰神靈的問題上並不像佛道二教那樣具有排他性，並且儒家和而不同、成人之美的倫理學也給基督教一神信仰的理論與實踐都留下了無窮的自由空間——給神留足了地盤[19]，所以，中國耶儒互動史上，我們清楚地看到，傳教士

---

[17]　「路德正確地認為，罪人不願被視為罪人，乃是罪的最後形式。人不再認識上帝的最後證據，是他不知道自己有罪。……自以為義使我們陷入了最大的罪咎。」尼布林：《人的本性與命運》，頁 177。

[18]　尼布林：《人的本性與命運》，頁 127。

[19]　正如研究者所言，「儒家思想只是學說而非宗教，是以和基督教信仰是絕對可以並行不悖，甚至互相融匯的。不過站在基督教信仰的立場，我們對於傳統的儒家思想，不免有所補充，甚或有所修正而已。」（何世明：《基督教與儒學對談》，《世明文集選 1》（北京：宗教文化出版

們基本上都一以貫之地抱著補儒、易佛、斥老的心態與策略。但這並不等於基督教基於原罪論對神的信仰與儒家基於性善論對人的信仰之間最深層的矛盾已經解決。按照原罪論的思維：「人的罪就在於虛榮和驕傲，妄以為他自己、他的民族、他的文化、他的文明是神聖的。所以，罪就是人不願承認他的受造身分與對上帝的依賴，就是謀求自己生活的獨立和安全。就是這種『虛妄的想法』，替人隱藏了對他那受限制的、偶然的與依賴的生存特徵，並試圖賦予這一生存以無條件真實的外觀。……人在認識過程中，總是超越了世界並把世界納入到自身之中。他高估了他知識的完整性，更高估了他生存的自足性。」[20]儒家的「罪」不僅是源於個人驕傲，而且導致了整個民族的集體驕傲，「集體驕傲乃是人妄想否認他生存的有限性與偶然性的最後的（在某些方面也是最為可悲的）努力。……罪的此種形式所造成的客觀的社會歷史邪惡也最多。從家庭驕傲到民族驕傲的整個序列中，集體自私與團體驕傲都是比單純個人驕傲更容易產生不義和紛爭的溫

社，1999 年），頁 14）「中國儒家倫理對外域宗教的改造是在長期的和平氛圍中進行的，這種柔性的潛移默化過程雖然不像舊大陸西部不同宗教體系之間的暴力衝突那樣驚心動魄，但卻比後者更深刻和更具有持久性效應。它不僅同化了與世無爭的佛教，……而且也馴服了暴戾剛烈的伊斯蘭教，……總而言之，一部中國外來宗教史，就是一部外來宗教被儒家倫理所同化的歷史。」（趙林：《中西文化分野的歷史反思》，頁 131）「這一儒家化的企圖不僅僅利瑪竇想做，佛教家也想做。佛教是一個直接的對手，它會占據道德的而非宗教的儒家留下的宗教地盤。利氏的策略是通過給予儒家一個宗教的靈魂而成全它，但又不讓佛教徒先做。」（柯毅霖：《晚明基督論》，頁 71）

[20]　尼布林：《人的本性與命運》，頁 126。

床。」「比起個人來，團體在追求它的目的時更專橫、更虛偽、更自私、更殘忍。」[21]

儒家的性善論堅信人的德性可以直契天地，人的智慧完全可以洞察宇宙的普遍法則，儒家的聖人能夠「與天地合其德，與日月合其明，與四時合其序，與鬼神合其吉凶。先天而天弗違，後天而奉天時。天且弗違，而況於人乎？況於鬼神乎？」而且聖人並非遙不可及，「人皆可以為堯舜」、「滿街都是聖人」，顯然，站在基督教原罪論的立場來看，整個華夏民族都狂妄到了的極致（「先天而天弗違」），罪孽之深可謂無與倫比，回顧中國歷史上的耶儒互動，雖然這一理論上的嚴峻挑戰尚未與基督教完全正面地兵刃相向，但並不能保證未來不會發生，因此，我們有必要提前從學術的角度思考預防與化解之道。

問題出在基督教方面，當然他們也應該主動提供一個至少在自己看起來合情合理的解決方案，我們深入思考，發現契機還是出現在與原罪論深深交織在一起的恩典觀上，恩典之所以是恩典，就是因為人類原本不配獲得，是上帝、基督白白賜予的，惟其如此，「恩典」才配以「福音」的形態表現出來：「福音的喜訊就在於：上帝將人的罪性歸於自己；並在他自己的心中克服那在人生中所不能克服的一切，因為人的道德無論前進到何種地步，都脫離不了自我誇耀的罪惡範圍。」「基督教信仰之所以認為基督的啟示是最後的啟示，是因為這個終極問題被這樣一種信念解答了：上帝將人的罪歸於自己並納入自己，如果沒有神的這種主動與犧牲，就不可能有神的和解，也不可能平息人的不安良

21　尼布林：《人的本性與命運》，頁 193、190。

心。這個啟示不僅是解釋歷史全部意義的最後範疇,而且也是每個人不安良心的最終解決。」「基督教稱基督為『第二個亞當』,其意義即在於此。」²²所以,基督教並不需要提供任何多餘的解決方案,他們對待儒家性善論的驕傲自大與對待希臘、羅馬世界的各種普遍的驕傲自大可以完全相同,因為基督教思考的首要問題從來都不是有罪的人如何才能與上帝和好,而是去理解「上帝將人的罪歸於自己並納入自己」(已經作出、還將繼續保持)的主動與犧牲這一觀念與事實(「上帝自己已成了人的罪和驕傲的犧牲品」),任何人只需要否定自己就可以自然接受到來自上帝的福音,通過上帝之子與上帝和好。基督教作為一種世界性的偉大宗教,其普世性的獨特魅力由此可見一斑。

　　然而,歷史的弔詭在於,耶儒之間最為核心的原罪論與性善論的「主力部隊尚未展開正面交戰與近身肉搏」之前,社會的普遍觀念就已經發生了巨大的變化,因為整個世界從來都不是基督教抑或儒家的天下,除了宗教、道德自身的革新以外,二十世紀以來人類社會政治、經濟、科學、哲學、文學、藝術等各領域所取得的飛速發展大有令基督教、儒家等傳統宗教倫理成為(像猶太教一樣被世界主流價值邊緣化)「文明古董」的態勢,「神學的道德學」與「道德的神學」都已經不再處於絕大多數世俗民眾精神關注的核心,「整個基督教的拯救學說,因創世、墮落、贖罪等奇特說法所具有的不可思議的特徵而在表面上受到了拒斥。但現代人實際上認為這種種教義不只是不可信,而且也與人毫不相干。」「現代人類學的最大確信,乃是它在處理惡的問題時所

---

²²　尼布林:《人的本性與命運》,頁 129、130、133。

抱的樂觀態度。現代人有一種在本質上安穩的良心；在錯綜複雜的現代文化中，再沒有比現代人在反對基督教關於人是罪人的觀念上表現出如此多的一致了。認為人在他人格的中心有罪即在他的意志中有罪的看法，受到人們普遍的拒斥。正是這種拒斥才似乎使基督教的福音與現代人了不相關，這一事實較任何不相信福音的事都更屬害。」[23]相比之下，似乎富於世俗生活氣息與草根民主精神的儒家至少在二十一世紀的遭遇會比基督教要好得多，因為「相信人的德性可以由理性之注重仁愛和反對自私的衝動來加以保證，這種信念已成為現代思想中的確定趨向。」[24]

　　分析至此，我們已然發現，本書耶儒互動上篇討論的主題「由世俗價值逼進至神聖價值」，中篇至此討論的是「神聖價值產生的前因後果」，不管是在邏輯演繹上，還是在歷史推進上，下篇所要面對的都是「由神聖價值變現為世俗價值」的時代主題。當然，在此之前，還是要對本色神學家貫通原罪論與性善論（包括神性之愛與人性之愛、他律倫理與自律倫理、神學的道德學與道德的神學）的宗教學路線（本耶）與倫理學路線（合儒）展開微觀性的案例分析，作為本章所論耶儒互動主要內容的歷史證明。

二、本色神學家貫通原罪論與性善論的兩種途徑

　　縱觀基督教在中國傳播的四個時期，20 世紀的本色化神學

23　尼布林：《人的本性與命運》，頁 86、20。
24　尼布林：《人的本性與命運》，頁 98。

運動之前，唐代的景教、元代的也里可溫教與明清之際的天主教
都未能在耶儒互動的核心領域即原罪論與性善論的融貫上系統深
入地展開討論並作出富有成效的理論建樹，究其原因：從社會環
境來看，前三期都是弱勢文明對強勢文明的適應，以「求同存
異」為傳教理念，而第四期則是強勢文明對弱勢文明的輸出，以
「歸化中國」為傳教目標，基督教從被動轉為主動，很自然地希
望能占據理論制高點，對中華民族開顯並發揮其自身獨特優勢；
從文化心態來看，中華民族早已為儒家「人之初、性本善」的思
想所浸透，根深蒂固，而「原罪論」與「性善論」格格不入，前
三期傳教者包括利瑪竇在內，都不敢輕易在此地短兵相接、傷筋
動骨，以免「偷雞不成蝕把米」，反成眾矢之的，身陷千夫所指
的悲劇境地。正如何世明所說，「一般人傳講基督教福音，未必
一定會談論『罪』的問題，尤以對中國的知識分子為然。最大的
原因，是恐怕引起別人的反感。中國傳統的讀書人，不少人自許
為君子，自以為素來『仰不愧於天，俯不怍於人』，所謂『平生
不做虧心事，半夜敲門也不驚』，為什麼平白無端地要說自己有
罪，又要承認自己是罪人呢？這的確是近乎侮辱，實在不易使人
心悅誠服。因此在教會中，傳統的讀書人比較少，而基督教信仰
又一直不能進入中國傳統的文化思想中扎根生長，這可能是原因
之一。可是要傳講基督教，卻是必須談『罪』的。原因是基督教
是以拯救為主要任務的宗教，聖子基督所以要道成肉身到世上
來，唯一的目的，便是施行拯救。是以我們稱祂為救主，而不稱
之為教主。」[25]到第四期本色化神學運動時，由於中外政治、經

25　何世明：《基督教本色神學叢談》，《世明文集》第一輯宗教與文化

濟、文化各領域都早已大動干戈、傷筋動骨了，基督教總結了拜上帝教運動、反洋教運動、孔教運動與非基督教運動留下的經驗教訓，明確意識到此時最需要做的便是更快、更全、更強地凸顯出自身的核心價值，以便不僅立於不敗之地，而且還寄望能領導弱勢文明脫離黑暗落後的時代困境，走向光明。

歷史證明，基督教在神州大地深深地扎根下來，開花結果，也正是第四期新教傳入以後本色化神學運動延續至今的事情[26]，基督教各種基本觀念在逐漸為中國知識分子全面認知的同時也逐漸與中國文化從衝突走向融合，然而，「罪與救贖，是基督教的核心信仰，此一信仰若不能深入中國文化的血液中，則欲想基督教要在中國文化的園地裡深深扎根，是非常困難的事。」[27]從本色神學建構的角度，基督教的「原罪論」與中華民族以儒家為代表的「性善論」之間的融會貫通可謂「難中之難，無過此難」。在筆者狹隘的視野內，發現二十世紀的本色神學運動期間主要開掘了兩條融貫之道：一是走自下而上、人而神的倫理學路線，返本開新，以趙紫宸的「人格主義」為代表[28]，一是走自上而下、

（六）（北京：基督教文藝出版社，1987年），頁135。

[26] 「我們不應該再把基督教看為一種洋教了，因為它已經在我們中國文化園地裡生了根，而且已是根深蒂固。」王治心：《中國基督教史綱》，陳文淵「序」，頁3。

[27] 何世明：《基督教儒學四講》，《世明文集》第一輯宗教與文化（二），頁68。

[28] 雖然當時還有許多本色神學家的態度與趙紫宸基本一致，比如著有《人格教育論》、《人生哲學》並提出「君子基督徒」、「人本主義的基督教」這些重要概念的謝扶雅以及用儒家「天道」、「仁愛」、「內聖外王」去詮釋、調和基督教「上帝」、「聖靈」、「耶穌」的吳雷川等，

神而人的宗教學路線，溯源清流，以徐松石的「二重良心」論與
何世明的「失諸正鵠」說為代表[29]，並且，這兩條路線最終在他
們融通耶儒的「孝道觀」上相互匯合。從本章所論耶儒互動主要
內容來看，徐松石、何世明強調的是基督教「原罪論」境域中的
「神性之愛」與「他律倫理」，本質上是一種「神學的道德
學」，而早期的趙紫宸凸顯的則是儒家「性善論」境域中的「人
性之愛」與「自律倫理」，本質上是一種「道德的神學」。

1、自下而上、人而神的倫理學路線

首先應當指出的是，趙紫宸早期以「人格主義」為核心的本
色化人學建構，主觀目的是在神人同性、人格日擴的基礎上以神
人合作、彰善行善的方式來創造自己、創造社會、創造文化，在
華夏大地多災多難之際實現救國救民[30]。時過境遷，我們以哲學

但他們都並未因此而發展出一整套足以貫通「原罪論」與「性善論」的
系統學說。相關資料可參看張西平、卓新平主編：《本色之探──20
世紀中國基督教文化學術論集》；趙士林、段琦主編：《基督教在中
國：處境化的智慧》；唐曉峰：《謝扶雅的宗教思想》。

29　何世明所謂「融貫神學」的各種主張在之前的本色神學運動中都能找到
思想源流，他的意義在於積數十年之功對基督教與儒家做了比較系統的
疏通，因此筆者將其作為 20 世紀本色神學的下斷，但目前大陸學界對
何世明還缺乏必要的關注，主要見於李志剛、馮達文主編的《文明對
話：儒學與基督教》（成都：巴蜀書社，2009 年）「紀念何世明博士
逝世十周年」專題。

30　事實上，這種倫理化的傾向是趙紫宸神學前後期一以貫之的，只不過前
期表現得更為濃烈、更具代表性而已。正如一部研究專著在系統梳理其
前後期神學特徵的基礎上而歸納的「結語」所言：「在趙紫宸的神學思
想裡，無論是早期那位內在的帝父，還是後期那位超越的造物主，趙紫

史的眼光，才發現他早期的「人格主義」通過自下而上、人而神的倫理學路線，返本開新，在客觀上可以貫通「原罪論」與「性善論」。也正為如此，與徐松石、何世明等人以基督為本位、力圖論證「儒家也有原罪論」不同，早期的趙紫宸乃是以中華為本位[31]、想要說明「基督教也是性善論」。

（1）以人為本、自下而上地推出基督教也是「性善論」

　　「一般人之對於基督教，都只仰望耶穌的人格。對於他那博愛的心懷，服務的熱心，犧牲的精神，大都予以讚揚，甚至以之為百世不一見的聖哲，值得人們敬仰學效，可是談到認罪悔改，接納拯救，便視為迷信，只好敬謝不敏了。然而罪與拯救卻是基督教最主要的資訊。沒有罪與拯救，便根本沒有基督教，也根本

宸始終關注的是它的道德屬性。除了上帝作為聖善和愛的存在外，上帝的其他超越屬性在趙紫宸的神學思想中很少提及；無論是前期那位擁有完全上帝意識的『人而神』的耶穌，還是後期神學中那位上帝話成肉身，入世作啟示的『神而人』的基督，他始終是以擁有完美道德人格的『善範』的形式出現的。他之所以能救世，因為他向人們示範了一條建立在道德行為基礎上的得救之路；無論是前期神學中的自力的救贖論，還是在後期神學中神人合力的救贖論，趙紫宸認為人類的罪始終是一種道德人格上的淪落，人類的道德行為始終是人類從罪中得以救贖的關鍵因素。……按照基督啟示的愛的犧牲精神來實行道德的行為、發展道德人格是解決世上一切惡現象的『唯一法門』。」唐曉峰：《趙紫宸神學思想研究》（北京：宗教文化出版社，2006 年），頁 357-358。

[31] 「他的可貴之處在於，很大程度上，他是自覺地站在中國人的立場上思考問題，並藉此選擇自己所要借重的神學工具，恰當地為中國本土文化歸位。」劉國鵬：〈趙紫宸的「本色化」神學思想〉，《中國圖書商報》2004 年 4 月 16 日。

無需基督。」[32]趙紫宸早期崇尚「人格救國」，就是從「耶穌的人格」切入的，但與一般意義上基督教強調「罪與拯救」不同的是，趙紫宸主張的卻是「善與拯救」，他的論證大體分為三步：

第一步，凸顯耶穌的「人性」、「人格」而非「神性」「神格」[33]。在這個以人為本、崇尚聖賢人格的國度，儒家文化素養深厚的他首先力主「耶穌的教育，是人格教育」[34]，「耶穌的人生哲學之第一義──人格主義」[35]，「耶穌倫理學的要綱，只有一點，就是尊重人格。……耶穌宗教學的要綱，也只有一點，就是尊重上帝。尊重上帝，就是尊重上帝的人格。……耶穌處世的教訓，也只有一點，就是人為著發展而努力直前。」[36]「這一天很快就會到來，沒有什麼可以阻止西方的『神而人』的基督變成

---

[32] 何世明：《基督教儒學四講》，頁 54。

[33] 「所以耶穌基督在世界，完全是人，無有任何超乎人的特殊權利。」（趙紫宸：〈成身論〉，林榮洪編：《近代華人神學文獻》（北京：中國神學研究院，1986 年），頁 179）「耶穌之所以吸引我，不是他是上帝或上帝的兒子；倒不如說，他支配了人的注意力和興趣，乃是因為他是一個徹頭徹尾的人。……我一聽到耶穌宣稱自己是人子，我就不管這個名詞是否還有別的意義，我是高興的，因為在這裡我獲得了保證，有理由相信他所教導的是真的，因為他有人性。」「西方所理解的神──人基督，會成為中國人的人──神耶穌；中國人會透過他們的祖宗早已發現的真理，來瞭解他和他的教訓。」（古愛華著，鄧肇明譯：《趙紫宸的神學思想》（北京：中國基督教協會，1999 年），頁 141、158）三條引文均轉自肖安平：〈趙紫宸的宗教人格論〉，《金陵神學志》2005 年第 1 期。

[34] 趙紫宸：《基督教哲學》，《趙紫宸文集》（第一卷），頁 165。

[35] 趙紫宸：《耶穌的人生哲學》，《趙紫宸文集》（第一卷），頁 203。

[36] 趙紫宸：《耶穌的人生哲學》，《趙紫宸文集》（第一卷），頁 231。

中國的『人而神』的耶穌。」[37]為了融合中國文化，趙紫宸強調的是耶穌的「教主」（以人為本）而非「救主」（以神為本）的地位，認為耶穌的基督色彩越濃，他就離人生越遠，因此他要恢復那個直接與人傾心而談、愛心洋溢的耶穌，在一個完完全全、徹頭徹尾的人性的基礎之上，以普羅大眾自謀發展的處世人格為背景，突出教主耶穌的人格[38]，然後通過耶穌的人格貫通上帝的人格。顯然，他走的是一條自下而上、人而神的倫理學路線[39]。

---

[37]　趙紫宸：《我們的文化遺產》，轉引於唐曉峰：《趙紫宸神學思想研究》，頁 106。

[38]　正如研究者所言，「關於基督在世為人的神性，趙紫宸的解釋極富創見。他認為成身為人當然是品格方面、道德方面的神性。基督在世為人的神性，當然不在於全知全能的絕對，而在於『至聖至善純慈純愛的整全』。在趙紫宸看來，也只有在道德神性這一點上，基督的神性和人性才能統一。」參見吳玉萍：〈基督教在近現代中國基督教神學家觀念中的道德詮釋——對趙紫宸的人格主義思想及道德神學的探討〉，載羅秉祥、趙敦華：《基督教與近代中西文化》（北京：北京大學出版社，2000 年），頁 108。

[39]　在早期的趙紫宸這裡，足以貫通耶儒的「人格」從本體論意義上來講當然是一個完完全全的「成品」而非「半成品」，相比之下，丁光訓「半成品」（基督是圓，人是圓弧、是上帝創造的半成品）的神學主張要與中國文化疏離得多，更難為中國文化所親和、化合，儘管丁光訓一直都在對趙紫宸「上帝是愛」的觀念進行深入的闡釋和不遺餘力的推廣，看似與中國文化的融通更進一步。因此，筆者雖然認同中國本色神學「構建一個實踐的倫理的基督論的可能性」（陳永濤：〈倫理的基督論〉，《金陵神學志》2003 年第 1 期），但並不贊成嚴錫禹〈半成品，中國神學一個可能的進路〉（《金陵神學志》2004 年第 3 期）中所認為的「『半成品』」至少擁有一個樂觀向上的人論〉等學術觀點。關於丁光訓的「半成品」神學，可參看《丁光訓文集》（譯林出版社，1998 年）中〈理解上帝的心〉、〈一個中國基督徒的上帝觀〉、〈來自解放

　　第二步，將上帝、耶穌理想人格的開顯與實現都落實在大眾不斷戰勝困難的善德善行上，並與儒家文化對接。「人的光是道德的光，人格的光。……孔丘是光，……耶穌是奇麗的靈光……上帝有無，誰能知道呢？只有努力行善，開拓人格的人能知道！他們努力直前，過一高峰，又有一高峰在面前的雲光裡矗立著，越一崇嶺，又有一崇嶺在面前煙霧裡橫亙著；他們便知道生命無盡藏，人格無盡藏，也便認識了無盡藏的生命人格之本原。人有光，乃知上帝是真光！上帝的善德，誰能瞭解呢？只有努力行善，擴展人格的人能瞭解。」[40]他從實踐中「人格的光」反本溯源而證本體上「上帝的真光」，在邏輯上是從有到有，從善到至善，所謂「人我貫通，神人同生」的「人格」，它的起點與歸結都是「神人同性」，整個反本溯源的過程則更像是「上帝之子」猶太教徒的「因行稱義」，與新教所強調的以原罪論為基礎的「神人異性」以及「因信稱義」都並不合轍，卻與儒家的性善論相互吻合[41]：「孔子的道理與耶穌的道理，所有的同點，即在此

神學、德日進神學和過程神學的啟發〉、〈與金陵同學談人的終極性問題〉諸篇以及趙士林、段琦：《基督教在中國：處境化的智慧》第二章「趙紫宸倫理的神學」與第六章「丁光訓博愛的神學」。

[40] 趙紫宸：《耶穌的人生哲學》，《趙紫宸文集》（第一卷），頁 220。

[41] 丁光訓也強調中國神學應該淡化「罪」與「因信稱義」，強調：「我們不把罪說得神乎其神，好像罪天罪地，好像世界上除了罪沒有什麼別的了」，「我們不止生在原罪之中，我們更是生在原恩之內」，「恩強於罪，新亞當的恩強於老亞當的罪。福音的信息是上帝的愛，是基督的恩典。原罪不是福音。原罪已經伏在基督的原恩之下」（《丁光訓文集》，頁 202-203），這一點與趙紫宸大體一致。相關研究可參看歐陽文豐：〈對淡化「因信稱義」的神學思考〉、王光輝：〈從淡化「因信稱義」看神學思想的調整〉，均載於《金陵神學志》2003 年第 1 期；

平淡實踐，重人倫，尊德性的淺顯上。……《中庸》裡孔子說：『道不遠人，人之為道而遠人，不可以為道。』又說：『仁者人也。』從人而推，所以先聖與耶穌救主，做的都是本諸身的工夫，都能夠『動而世為天下道，行而世為天下法，言而世為天下則。』」[42]

　　第三步，從「上帝是父的觀念」推出「上帝與人同性」，說明基督教也是性善論，給前兩步論證提供邏輯保障，並將「拯救」最終定格在以「性善」為基礎的神人合作（自律倫理與他律倫理相結合）、人格創造上：

　　從上帝是父的觀念，上帝的德性，不難一一演繹而推得。上帝與人同性，所以人若有道德的光輝，上帝亦必因此而得尊榮。人的善德足以彰顯上帝的善德，人能表彰上帝的善德，上帝便因此得尊榮。人無善德，雖朝呼上帝，夕號天父，非但不能榮耀上帝，且復自己不為上帝所認識。上帝是聖善的，只承認有聖善行為的人；德同則相知，德異則相外，因善德是人神共有的性情之要素。

　　上帝創造宇宙與人類，是創造自己；吾人創造天國，最高潔、最豐滿的人神合作生活，也是創造自己。……創造天國，即是人類創造人格，人類創造人格，是人類創造社會，創造文化。沒有人格，則萬事全不得有。……世上的問題，籠統言之，概括言之，乃是創造更高人格的問題。

　　天國是演進的神人合作生活，是廣大包容的人神合作生活。

羅明嘉：〈關於「因信稱義」的通信〉，《金陵神學志》2004 年第 4 期。

[42] 趙紫宸：《耶穌的人生哲學》，《趙紫宸文集》（第一卷），頁 232。

論其微，則天國在人心；論其顯，則天國在天下。天國臨格與否，端在於人努力發展道德的人格與否，端在於人努力建設天國與否，端在於人努力遵行上帝的旨意與否。

人格日以擴大，始則愛一家，人格與一家等大；繼而愛一鄉，人格與一鄉等大；繼而愛一國，人格與一國等大；終而愛一世界，一宇宙，一上帝，人格就與一世界，一宇宙等大，浩瀚蒼茫而與上帝同前了。[43]

這樣，趙紫宸從「上帝是父」（「上帝是最聖潔、最高遠、最純粹、最完全的人格標準」）推出「神人同德」──「神人同善」，再從上帝創造天國、創造人類要求「神人合作」「人格日擴」──「發展人格，開拓天國」，在中國本土人文生態中創發性地表述了基督教「上帝在愛中作工」、「人在愛中回應，與主同工」等基本觀點，與儒家人性論的綱領「天命之謂性、率性之謂道，修道之謂教」、「大學之道，在明明德，在親民，在止於至善」、「天行健，君子以自強不息」完全融貫起來了[44]。他清醒地認識到其人性論與基督教的正統觀念截然有別，而與儒家性善論傳統並無本質不同：「人覺悟自己與同類與上帝有同一生命，──這覺悟是耶穌的教訓，即我人所謂基督教。人覺悟自己人格裡有力量足以自啟，自創，自製，自治，而為一切行為的轉移，──這覺悟是耶穌的教訓，與中國古聖賢的教訓，若合符

---

[43] 趙紫宸：《耶穌的人生哲學》，《趙紫宸文集》（第一卷），頁 192、204、197、241。

[44] 「人格論一方面體現了基督教的上帝觀，另一方面也使得在中國人的世界觀中早已存在的思想能貫徹到底，達到完美之境。」參見肖安平：〈趙紫宸的宗教人格論〉，《金陵神學志》2005 年第 1 期。

節，與保羅的見解頗有出入。不過耶穌的教訓，非保羅全部的教訓，足以為現時代的基督教。」[45]顯然，趙紫宸也是主張淡化保羅「因信稱義」、「恩典救贖」的教義而強化耶穌的人格教育來本色化神學，與孟子以降基於性善論的「盡心──知性──知天」「成性成身」（美性美身、修齊治平）的儒家義理路徑保持一致。[46]

---

[45]　趙紫宸：《耶穌的人生哲學》，《趙紫宸文集》（第一卷），頁 257。

[46]　孟子與保羅分別代表著兩種性質迥異的真理言說與文化傳統。（可參考趙傑：《兩種生命的學問──孟子與保羅人生觀比較研究》，山東大學博士學位論文，2006 年）趙紫宸（1888-1979）承接了孟子的傳統，而同時期同樣著作豐厚而又系統深刻的王明道（1900-1991）則發揚了保羅的傳統，他在〈普世人類都是神的兒子麼？〉說道：「耶穌並未曾說神是普世人類的父，普世人類都是神的兒子。祂所講的乃是，『神是信耶穌的人的父；只有信耶穌的人是神的兒子。』……全部聖經沒有一段說到亞當是神的兒子。……保羅絲毫沒有這個意思……他又清楚講明惟獨信基督的人是神的兒子。……或有人說，神對人類的愛心是那樣深厚，祂創造他們，養育他們，為他們預備一切需要的好處，賜極大的恩惠與他們，甚至將祂的獨生子賜給他們，為要拯救他們，使他們出死入生，這豈不足證明祂是他們的父，他們是祂的兒子麼？我要回答說，這絲毫不能證明神是普世人類的父，他們都是祂的兒子。你以為神這樣愛世人就是因為他們是祂的兒子麼？如果這樣，神的愛與我們的愛不過都是一樣了。我們都是愛自己的兒子，為他們預備一切的好處，為他們作極大的犧牲。如果神這樣愛我們，就是因為我們是祂的兒子，那樣祂的愛有甚麼超過我們的地方呢？不，祂的愛超過我們的愛，而且遠超過不知道幾千百倍，我們只能愛兒子，但祂卻愛仇敵；愛那些被祂所創造、所撫育，非但不知道報恩，反倒恨惡祂、辱罵祂、攻擊祂，抵擋祂的那些人類。我們以為神愛世人是因為他們是祂的兒子所以愛他們麼？不是這樣。祂愛世人不是因為他們是祂的兒子，乃是因為他們是祂的仇敵。『因為我們作仇敵的時候，且藉神兒子的死得與神和好。既已和好，就

（2）說基督教也是「性善論」所要面臨的理論挑戰

　　雖然「神以自己的形象造人」、「人以上帝為父」一直都是基督教最基本的信念，但總體來說，因受希臘哲學影響，自保羅、奧古斯丁以降所謂正統的人性論卻是建立在神人分離基礎之

更要因祂的生得救了。』（羅五 10）。我們只愛自己的兒子，神卻愛仇敵，甚至將祂的獨生子為他們舍了，好叫他們得生命。這就是神的愛奇妙偉大的地方。誰能找出聖經中有甚麼話證明神是普世人類的父，普世的人都是神的兒子呢？不能，絕對不能！全部聖經從頭到尾沒有這種道理。聖經中只說無論甚麼人信神並祂的兒子基督耶穌，神便藉祂的靈和祂的道重生他們，他們既被神所生，便成為神的兒子了。……這種錯誤的道理所產生的結果是甚麼呢？在不信的人，一方面以為悔改不悔改，信基督不信基督，都是無關緊要的。無論如何，世人都是神的兒子，不會有災禍，不會有審判，不會被定罪。因此他們便不想急速悔改，投靠基督求祂拯救。在信的人，一方面以為世人既都是神的兒子，都是一家的人，便不再存一種戰兢謹慎的心與世人分別，以致凡事效法世界的樣子，與不信的人同流合污，墮落到極可憐的地步。在傳道的人，一方面如果信這種道理，便不再有可傳的資訊。世人既都是神的兒子，我們還叫他們作甚麼呢？不需要悔改信主，不需重生，不需要接受救恩，更不需要逃避將來的忿怒。最多不過勸他們勉勵作好人，大家彼此相愛罷了。請問這種錯誤的道理是不是使許多人受欺騙遭損害呢？世人都是神的仇敵，他們若不悔改信基督，絕對沒有別的方法進到神的面前作他的兒子。」（《王明道文庫精選集》，來源：基督徒生活網）這些觀點顯然與趙紫宸以上帝為父推出性善論的觀念截然相反，在當時中國文化的語境也具有很強的代表性，甚至被不少研究者認為是「一位最受一般中國信徒尊崇的人物」，「他的護教神學深深地影響著 20 年代以來中國教會大眾神學的路線」，但由於王明道所主張的屬靈出世、因信得救等西方傳統觀點並無多少新意，不像趙紫宸等人與儒家義理發生了深度融合，因此未列入本書的考察範圍，僅以此處大段引文豹窺一斑，存而不論。

上的原罪論：人濫用上帝所賦予的自由意志，背棄神旨，墮陷惡中，並因自高自大、自私自利而越陷越深，除非信靠神子基督為人類捨身贖罪的恩典，絕不能自拔自救。這種傾向於性惡論的人性論顯然與儒家建立在天人合一（天命之謂性）基礎上的性善論有著巨大的區別。「儒家說人皆可以為堯舜，佛教說人皆可以成佛，道家也可以說人人可以成為真人。這幾句話，都是以他們全部的教義作根據的，那是表示一個基本的肯定，是一個原則，而不只是一個松冷的感想。所以，如果依據基督教義，不可以直接地說『人皆可以為基督』，只能說人人跟隨基督，這就表示它與儒道釋三教之間，有著重要的差異性。」[47]這種差異正好是基督教文化與整個中國文化異性異質的主要表現之一，當然也是本色神學所必須要擺脫的巨大困境之一。因此，趙紫宸在大力主張「人格救國」，宣揚「中國的弱，不弱於列國的強大，而弱於中國人人格的萎靡」、「特別是現代的中國人非有耶穌對於人深切的信仰心，不可以有為」[48]時，新儒家牟宗三的質詰就非常具有挑戰：「不能堅持說只有一個是基督，其他人只能作基督徒。你若要否定『一切眾生皆可成佛』、『人人皆可以為聖人』，這樣我們不接受。為什麼一定要通過基督呢？……耶穌也不過是個聖人，為什麼必須通過他始能得救呢？為什麼單單耶穌可以直通，我們就不能呢？這是抹殺天下生命的本質。……這樣一來，就不

---

[47] 張德麟：〈儒家人觀與基督教人觀之比較研究〉，《道與言──華夏文化與基督文化相遇》，頁 450。

[48] 趙紫宸：《耶穌的人生哲學》，《趙紫宸文集》（第一卷），頁 204、257。

能和中國文化的教義形態相適應,當然要產生相互排拒性。傳教士說耶穌是上帝派遣下來的,不像中國是由道德實踐轉成的,那麼主體本身就不能開出。主體之門不能開,對於人類的尊嚴是一大貶損。光要靠上帝的恩寵來解決罪惡,實在渺茫的很,等於沒有解決。罪惡是要靠自己顯露一個超越的主體來自己用工夫。……不能說是天天犯罪,跑到禮拜堂去痛哭流涕,就天下太平了。」[49]雖然對於所有理論成熟的宗教來說,自力救贖與他力救贖說到底都不可能絕對分離,基督教早期的神學家中也有像奧利金、尼撒的格列高利等人強調過神人合一的性善自救論,但總體而言,基督教是主要宣揚他力救贖的宗教,與對基督恩典的絕對信靠相比,對個人主體性的重視遠遠不夠,對人的可靠性、可塑性抱著質疑的態度,認為恩典之所以是恩典,就是因為人原本不配獲得,無論一個人擁有多好的德行、多高的智慧,付出多大的努力,最終都不足以自我超拔、自我救贖,因為這些在神眼中相對於人所造做的惡來說都微不足道,說「人皆可以為基督」,正好是人在神面前妄自尊大、墮陷於罪的表現,「罪是人錯用他的自由去反對上帝,此事導致人跟上帝隔絕」、「罪是自我中心,它的極致是驕傲,自我神化。」[50]從這個意義上說,基督教本來就是建立在大大貶損人類尊嚴的原罪論基礎之上的。應對這一挑戰,趙紫宸的作法是剝離西方神學背景,以「耶穌的人格」打開主體之門,回到父神上帝創世造人本身,以他固有的中國傳

49　牟宗三:《時代與感受》,《牟宗三先生全集》(第 23 冊),頁 203-204。

50　張德麟:〈儒家人觀與基督教人觀之比較研究〉,《道與言——華夏文化與基督文化相遇》,頁 467。

統文化為背景，對神旨進行善意的邏輯演繹，與古羅馬神學家尼撒的格列高利可謂一脈相承，後者早已指出：「人是按著『神的形象』造的。這就等於說是神所造的人性分有一切善。因為神是完備的善，而人是他的形象，那麼這形象必與原型一樣，也充滿完備的善。由此可見，我們身上是存在著一切優秀的原則，一切美德和智慧，以及我們所能想像的一切高級的東西，而這一切最突出的一點乃是我們不受制於必然性，也不受縛於任何自然力，我們是自由自決的。」[51]由此可見，趙紫宸從「上帝是父的觀念」推出基督教也是性善論的思維有理有據且源遠流長[52]，他強

---

[51]　尼撒的格列高利著，石敏敏譯：《論靈魂和復活》（北京：中國社會科學出版社，2004 年），頁 41。

[52]　「有學者評論：『1941 年是趙先生神學思想的分水嶺，從此他由人本主義轉為神本主義。』」（駱振芳：〈趙紫宸神學思想中的智慧（一）〉，《金陵神學志》1993 年，總第 18 期）趙紫宸集中論述「惡的問題」，前期以《基督教哲學》、《耶穌的人生哲學》為代表，在倫理學的層面，認為惡的存在是道德的缺乏與渙散，可以通過人格的努力向前與創新而得以消滅，人與上帝全心協力，不僅可以自治自救，而且還能將他的同類從罪惡中救出來；後期以《基督教進解》、《神學四講》為代表，從宗教學的層面，開始將惡與原罪放在一起考慮，認為惡來源於始祖亞當背離神旨的墮落，罪是違逆上帝的心態與行為，經歷牢獄之災的他拋棄了人性的理想化構思，認為單憑人力除惡有如以卵擊石，不可能自拯自拔，除非信靠基督恩典，與上帝和好，通過聖靈的感召與引導而贖罪重生。其人性論早期與保羅、奧古斯丁所確立的神學正統背道而馳，後期則走向復歸。「有學者甚至說，『在趙氏早期的著作中，罪所占的地位是微不足道的』。」（古愛華：《趙紫宸的神學思想》，頁 138）參見萬震靈：〈淺析趙紫宸創造論中的「惡的存在」〉，《金陵神學志》2007 年第 1 期。但筆者以為，趙紫宸前期強調性善與人格創造，後期強調原罪與恩典救贖，看似在人性論上有較大

調「神人同性」的人格論與西方現代著名哲學家柏格森強調「生命衝力」的創化論、懷特海強調「持續變化」的過程論、舍勒強調「愛的秩序」的位格論等「機體哲學」彼此交相輝映,最終用「人格日以擴大……與一世界,一宇宙等大,浩瀚蒼茫而與上帝同前」這種不僅在中國文化與基督教文化都有著深厚歷史淵源而且在全世界範圍都有著很強現代性意義的神學主張有力地回應了來自基督教外部「不可以直接地說『人皆可以為基督』」的理論挑戰。

(3)可將自下而上、人而神的路線貫徹到底,完善論證

　　總體而言,前期的趙紫宸以倫理層面的「人格主義」來貫通原罪論與性善論,根本缺陷在於沒有從神學層面正面回應基督教內部「唯獨恩典」的理論難題,他並沒有將「自下而上、人而神」的路線貫徹到底,從神人合一的角度,解決神人分離的問題,邏輯論證還有待完善。事實上,這是可以做到的,因為:「表面上看來,唯獨恩典肯定拯救是完全出於上帝的恩典,這似乎是在否定人的角色與努力,並肯定拯救是完全的他力。然而,這種以恩典排斥了人的努力的觀點,並不能代表基督宗教之整體立場,至少被封為天主神學代表人物的阿奎那,就不認為恩典與本性／自然為對立,他反而認為,『神恩並不抹殺自然,而是要成全它。』……上帝不是被迫／無奈地去創造世界,而是出於愛與恩典,因此所謂的本性／自然,嚴格來說,就不是純粹的本性／自然,而是已蒙恩的本性／自然。……人一直在上帝的眷顧／

的轉向,其實按照人具有神的形象、上帝是父的觀念是可以在邏輯上前後貫通的。可參看劉若民:〈淺論人具有上帝的形象〉,《金陵神學志》2002年第3期;唐曉峰:《趙紫宸神學思想研究》。

恩寵之下，而人之具有自身主體之醒悟的能力，本身已是一恩典之結果。」[53]「對最早的基督教來講，行動則是主要的……通過絕對性的行動，使這個世界變得聖潔，使這個世界充滿了上帝。」[54]筆者以為，這種解釋完全符合基督教「以神為本」的邏輯，即「信」與「義」對人來說都是被動的，是天主與基督主動施恩的結果，基督徒的「信」本質上是人對上帝造人、基督救人的行動回應，「信」的本質是「行」。換言之，即便完全因循新教原罪觀與恩典觀的邏輯，也不可能否證猶太教「所有人都是上帝之子」的觀念，因為犯罪的始祖亞當是有限的人而不是無限的神，他的罪與破壞力都是有限而非無限的，「人的罪當然可能扭曲人同上帝的關係，但是他不能扭曲上帝對人的關係。上帝的臨在使得人不可剝奪地、無可避免地成為神的形象。」[55]也就是說，將「自下而上、人而神」的路線貫徹到底，必然就會得出原罪有限而神愛無限，因此惡有限而善無限的結論，人性惡是人後天濫用自由意志的選擇性作為，是有條件的，而人性善則是上帝恩典先天灌注在人的身上，是無條件的。[56]所以，「在早期教會的人觀中，與奧古斯丁的原罪論人觀背道而馳的，並不僅有愛任

53　賴品超、林宏星：《儒耶對話與生態關懷》（北京：宗教文化出版社，2006 年），頁 36-38。

54　布伯著，劉傑等譯：《論猶太教》（濟南：山東大學出版社，2002年），頁 43。

55　莫爾特曼著，隗仁蓮譯：《創造中的上帝》（北京：生活・讀書・新知三聯書店，2002 年），頁 313-319。

56　正為如此，不僅同屬於亞伯拉罕信仰的猶太教與伊斯蘭教都沒有「原罪觀」，而且即便在基督教內部，無論是不同教派之間，還是神學發展的不同階段，對「原罪」的看法也有不同，甚至正相反對。

紐，也有基督宗教中的苦修主義和柏拉圖派。苦修主義的傳統對
人性採取一種較為樂觀的看法，相信人性中可提供資源，以維持
一種通過對上帝的順服而有的對善的委身。亞當犯罪所帶來的影
響，基本上是一種外在環境的污染，而不是對人性本身的破壞，
人仍然是自由與良善；而一些聖者的德行，不僅顯示出人性中有
此性能，更是邀請人去加以仿效，而基督更可說是所要仿效的最
高典範。至於基督宗教中的柏拉圖派，相信在人性中有神聖形
象，此神聖的形象不但是指人的自主自決，更是人在智性上的，
對上帝的知識的性能，相信人的靈與上帝的靈之間有一種共性。
例如奧利金說：『每一個分享靈智之光的心靈，必定和其他分享
這光的心靈，共有一個本性。所以，若是屬天之靈，由於他們在
智慧與聖潔上有分，而接受了一份靈智之光，也就是神性；同
時，若是人的靈魂也從這光和智中接受了一份，那麼屬天之靈與
人的靈魂必定是共有一個本性和實體了。』」「在尼斯的格列高
利的神學中，人性良善的教義是受到確認的。根據他的拯救論，
救恩並不是單靠『自力』或『他力』，而是神性與人性的『合
力』的結果。人類在拯救或成神的過程中所扮演之角色是受到肯
定的，但這不是對神聖恩典的否定或拒絕，因為分析到最後，人
為的努力仍然源自上帝的恩典。」[57]從這個意義上說，我們甚至
可以借用《中庸》「天命之謂性」來類比基督教的「神恩」，以
「率性之謂道」類比「自然（稱體之性：信與行）」，而以「修
道之謂教」類比「拯救」，這些內容都是其「人格主義」倫理學
的「本有之理」與「必至之勢」，所謂「宗教是人與神通連的生

---

[57]　賴品超、林宏星：《儒耶對話與生態關懷》，頁 26、80。

活，人與上帝渾然同體而為真元，由是而有愛有仁，幽微通明而為一。」[58]因此，如果趙紫宸將自下而上、人而神的路線貫徹到底，他的終端就是用基督教有人格性的「上帝」取代或成全中國缺乏人格性的「天」，起點則是將中國人敬天地、禮神明、拜祖宗、祭山川鬼神等謀求現世安穩的利益主體轉而為「人我貫通，神人同生」的超功利主體「人格」：「因為上帝是人格，崇拜他的人要用人格誠心崇拜他。人要瞭解上帝，一定要將人能想得到的最高人格作為上帝觀；人要得到這最高人格觀念，一定要愛己愛人，尊敬人的人格。」[59]「人在自己的人格裡覺得心清足以自見，人格與上帝的人格相交感，相交流，於是乎自見之際，即見上帝。凡是不能清楚明白自己人格的偉大的，他們也決然不能見上帝。人與人的人格有交流交觸的同性，人與上帝的人格，也依樣有交流交觸的同性。不但如此，人在上帝中，上帝在人中，上帝是人格鮮明的前行勢力，人是上帝前行勢力得展的人格。……人因清心而使同胞心清，而見自己，見同胞，由此而見上帝。」[60]

　　事實上，貫通天人的「人格主義」在理論上不僅能夠救中國，而且也能救中國的基督教。趙紫宸曾經明確地說，「基督教在中國的運命，將有依於三件事。第一，是人對上帝的信仰，這是一切根本的根本。……第二，必須要信眾的行為，比平常的人們更加高超清潔，更加猛勇雋永。……第三，須有待於西方的基

58　趙紫宸：〈基督教與中國文化〉，《本色之探——20 世紀中國基督教文化學術論集》，頁 3。

59　趙紫宸：《耶穌的人生哲學》，《趙紫宸文集》（第一卷），頁 288。

60　趙紫宸：《耶穌的人生哲學》，《趙紫宸文集》（第一卷），頁 214。

督教的轉向與上前。」[61]關於第一件事，如果以性善論、人格主義為基礎，按照自下而上的倫理學路線走下去，普適開來，再加上其他本色神學家在此方向的努力，比如王治心的《中國歷史的上帝觀》、《中國宗教思想史大綱》、《中國基督教史綱》與謝扶雅《人格教育論》、《中國倫理思想述要》、《基督教與中國思想》等學術專著對「中國人固有思想」的系統梳理與有意引導，證明中國人宗教思想並不薄弱、證明中國文化與基督教教義並不抵觸，是可以融通、可加改造、可資利用的，用王治心的話來說，「基督教所唱導的上帝一神，原與中國固有的信天思想不背，……與社會的宗教信仰毫無隔膜。傳基督教者，果能利用這種社會的宗教信仰，不傳而自廣矣。基督說：『我來不是要廢掉，乃是要成全』，本此精神，把中國學者及一般社會的對天思想，加以發揮，加以修正，以基督教明瞭的上帝觀，表彰於中國，這就是我們唯一的責任。」[62]中國人將來接受一位人格神的信仰不僅是可能的，而且似乎是「順理成章」、「天經地義」的。關於第二件事，20 世紀湧現出一大批德才兼備、與主同工的本色神學工作者（傑出的本色神學家與本色牧師）在「宗教是行」上取得的成就從當時開始以至於今所產生的廣泛而深遠的影響，事實證明已經改變或創造了外來基督教在中國本土歷史的發展命運。關於第三件事，2001 年以「9・11 事件」（《文明的衝突？》）與「文化對話年」（聯合國成員國一致同意）標誌著

61　趙紫宸：〈基督教與中國文化〉，《本色之探——20 世紀中國基督教文化學術論集》，頁 32-33。

62　王治心：《中國歷史的上帝觀》（上海：中華基督教社，民國十五年），頁 310。

21 世紀已由文化「獨白時代」進入了「對話時代」，在撒母爾・亨廷頓、漢斯・昆、列奧納德・斯維德勒等人更多地以類似「行政的舉措」（借助機構）引領世界宗教對話潮流的同時，他們的同齡人，以雷蒙・潘尼卡、保羅・尼特、約翰・希克等人為代表的宗教多元主義者們也都以類似「書生的方式」（依靠著作）引領著基督教神學的新動向與新思潮，使得 21 世紀前後「西方基督教的轉向與上前」非常明顯：真理與實在的顯現由一元性逐漸轉向多元性，即便在自詡為惟一由上帝創立、具有世界性中心地位的基督教中，富有遠見的神學家們也都從「上帝必定讓它取代其他所有宗教，讓全人類都皈依它」這種盲目自大的城堡思維中大踏步地走了出來，開始認為人類各種宗教文化的窮理盡性之道都是「對神性之光的折射」，「都是我們稱之為上帝的終極實在在生活中同等有效的理解、體驗和回應的方式」。[63]當基督教不再以居高臨下、恩典降臨的心態來「拯救」、「成全」中華民族的時候，當基督教文化與中國文化超越本色與非本色之爭和輸血與造血之辨、互啟互發和諧共進的時候，上帝觀與天道觀（祭祀觀）、原罪論與性善論等核心理論的相互融貫也將變得更加理性、更加平實，基督教的種子在中國本土也必將更容易扎根、生長與傳播。因此，審視過去，環顧國外，將其自下而上、人而神的倫理學路線貫徹到底，顯然有助於中國神學開創未來。[64]

---

[63]　希克：《信仰的彩虹──與宗教多元主義批評者的對話》，序言。

[64]　「趙紫宸在中西神學結合上走了一條較為艱難，但充滿成功希望的道路」（卓新平：〈趙紫宸與中西神學之結合〉，《世界宗教研究》1998 年第 1 期），現在看來，艱難困苦，玉汝於成，趙紫宸的「人格主義」在中西神學的結合上乃是「一條很簡捷而又便當」的康莊大道。

2、自上而下、神而人的宗教學路線

　　雖然趙紫宸 1925 年《耶穌的人生哲學》中的「人格主義」從基督教本色化人學建構（倫理學）的角度已經貫通了原罪論與性善論，卻似「無心插柳柳成蔭」，他的人格主義並沒有直面神學意義上的原罪論，忽略甚至看輕了原罪論作為基督教最有特色也最為根本的教義之一在異質文化中巨大的排斥力與破壞力。好在徐松石 1934 年《耶穌眼裡的中華民族》中提出「二重良心論」，從基督教本色化神學建構（宗教學）的角度，帶著強烈的傳教意願，力圖以「自上而下、神而人」的路線貫通原罪論與性善論，彌補了這一空白，儘管看似「有心栽花花不發」。

(1) 以神為本、自上而下地推出儒家也有「原罪論」

　　徐松石首先以他基督徒的立場將耶儒異同作出系統分疏，認為：（一）對於人類的由來，「儒家：人乃宇宙陰陽和合的自然產品。」「基督教：人乃萬有的創造主照自己的形象創造出來代神治理這世界的。」（二）對於人類的本性，「儒家：人性本善。」「基督教：元祖的性本善，我們的性本惡。」（三）對於惡的認識，「儒家：人無先天的罪惡，而有後天的過失，放心是原因，故須約束。」「基督教：人有先天的喪失，兼有後天的罪惡，試誘是原因，故須悔改。」（四）對於善的趨向，「儒家：人皆自然從善，以教育導善，明道，靠自己和他人，法世人良範（堯舜禹湯文武周公孔孟）。」「基督教：人皆天然不喜從善，以啟示導善，通道，靠萬有全能的神（即上帝），法基督（神性的救主）。」（五）對於人生的目的，「儒家：在於樂生知命，利世主義。」「基督教：在於永生遵命，救世主義。」在這五個

方面他同時還將佛、道二家納入進行綜合比較，最終認定，唯有
「基督教的道德概念最嚴」、「道德標準最高」。它是「以創造
天地的神和永生的耶穌基督為道德的標準」，所以才會「認定世
人都有罪」，但基督教在善世化俗上的作用卻並不因此而變得軟
弱無力，相比於儒家僅僅依靠個人良心自我約束行善利世來說，
基督徒「靠上帝並基督和聖靈的能力」，因此「歸善的力量也最
大」。[65]所以，在人性論上，他的結論是：「基督教和孔教的不
同，最基本的乃一重良心論和二重良心論。一重良心論以為世人
可以藉著教育和自省以明良心，以致良知，以求自救救人，因為
天理存在人心裡頭。二重良心論就堅信世人天生是有罪的，所以
良心有虧欠和不清潔，不能徒然靠著教育和自省來拯救自己和拯
救別人。最要緊的，乃是藉著信心去從基督和聖靈得著無虧和清
潔的良心，明這第二重的良心，致這第二重的良知，才可以實行
基督一貫之道。」[66]簡而言之，徐松石認為，儒家的人性本善如
果以神的道德標準來衡量的話，在本體上就是有虧欠和不清潔
的，從無限來看有限，當然是不圓滿的，因此是有罪的（善的缺
乏），人如果不用這個有限的性善去通道、靠神、法基督，就會
在罪中越陷越深，不能自拔。這基本上符合基督教的原罪論，同
時與儒家性善論以「道心」統攝「人心」、「存天理滅人欲」的
邏輯也大體一致，可惜他並沒有進一步將「一重良心」、「二重
良心」與宋明諸儒有關「道心」、「人心」的宇宙論、本體論與
工夫論等方面展開系統比較，獲得融通，或許，他也還在為「中

---

[65]　徐松石：《耶穌眼裡的中華民族》，頁 60-62。
[66]　徐松石：《耶穌眼裡的中華民族》，頁 161。

國固有的文化思想中，不容易找尋這罪的蹤跡」而發愁[67]，直到何世明（1911-1996）1981 年《基督教儒學四講》「再續前緣」，對中外相關經典言論做了一番搜尋與考釋之後，有了新的發現[68]：

> 原來中文聖經裡罪之一字，乃由希臘文中的 Hamartia 一字翻譯而來，據學者的研究，Hamartia 亦即希伯拉文的 Chata，這兩字原來的字義，都有失諸正鵠之意。……其在基督教，則我們的「正鵠」，也就是我們最崇高和最理想的標準，便是基督所說的「你們要完全，像你們的天父完全一樣。」舉世之大，有誰真能完全得像「天父完全一樣」呢？若不能，便是失諸正鵠，也就是有罪了。可見聖經所說的「眾人都犯了罪」，又說：「沒有義人，連一個也沒有。」是完全正確的。而聖經載說：「我們若說自己無罪，便是自欺，真理不在我們心裡」，可見也是千真萬確了。在中國固有的文化思想中，究竟有沒有這「失諸正鵠」的觀念呢？……大學的第一章開始便說：「大學之道，在明明德，在親民，在止於至善。」……所云「至

---

[67] 何世明：《基督教儒學四講》，《世明文集》第一輯宗教與文化（二），頁 54。

[68] 前人雖然也有相關論述，但並未明確以「失諸正鵠」為關鍵點來貫通原罪論與性善論，比如利瑪竇《天主實義》第六篇中就僅僅只是提到過：「吾觀世人為事，如射焉，中『的』則謂善，不中則為惡。天主者自然中於『的』者也，有至純之善，無纖芥之惡，其德至也。吾儕則有中、有不中矣，其所修之德有限，故德有不到，即行事有所不中，而善惡參焉。」

善」，實即「完全」之別稱，是以「止於至善」云者，是
即為未達「完全」之「善」，則絕不終「止」之謂。……
至於孔子自己，則他曾說：「若聖與仁，則吾豈敢？抑為
之不厭，誨人不倦，則可謂云爾而已。」……可見只要撥
開了表面上的辭語的辭義，而直接在本質中去找尋真正的
觀念，則中國固有文化思想中，是存在「罪」這觀念的。
而且對於這一觀念，更相當深刻而敏感！其實我們只要打
開中庸一看，開首便說：「天命之謂性，率性之謂道，修
道之為教。」何以需要「修道」之「教」呢？就由於「天
命之性」有所失，是以未能「率性」而行之故。……使我
們未能「止於至善」，以至「失諸正鵠」，那便很顯然承
認在人性中，其實存在著不少罪性了。[69]

　　這種將原罪論在以儒家為代表的中國文化中詮釋為人們現實
中天性因「失諸正鵠」而必須「率性修道」以「止於至善」的觀
點，既符合基督教人類始祖疏離、背棄上帝、以善的缺失為罪為
惡的觀念，又契合中國儒道兩家盡性覆命、與天為徒的思想傳
統，同時與佛教相關核心理論也能水乳交融，可謂絕妙！何世明
所希望得出的結論大概也是「原罪說和性善論之間：（1）在邏
輯上不矛盾，（2）在理論上是互補的，（3）在實踐有相似的作
用。」[70]並且，何世明還通過「基督教與陽明學說」的專題研究

69　何世明：《基督教儒學四講》，《世明文集》第一輯宗教與文化
　　（二），頁 57-60。

70　趙敦華：〈性善與原罪：中西文化的一個趨同點〉，羅明嘉、黃保羅主
　　編：《基督宗教與中國文化——關於處境神學的中國：北歐會議論文

進一步明確點出了宋明理學「道心」「人心」這兩個關鍵的哲學概念。「依陽明的說法，則所謂『道心』，是『未雜於人』者，既『未雜於人』，則只可謂之為屬乎天的『天心』，因為『道心』一『雜於人』，便立刻成了『人心』而不復是『道心』了。是可見作為『天心』之『道心』乃屬乎天，亦即基督教所信仰之上帝。所以說『從來沒有人看見上帝，只有在父懷裡的獨生子將他表明出來。』（約一 18）可知就基督教之信仰言，作為『天心』之『道心』，只可於基督之身上見之。基督能將此『天心』之『道心』完全表明出來，此基督之所以為『道』成肉身的『神子』也。」[71]可見，何世明另立「天心」凌駕於「道心」之上，因為在他（基督教）看來，王陽明的「良知即天理」「心即道」以及宋明理學家的「道心」與「人心」乃是同一個心在邏輯上是不嚴密的，因為這樣的「道心」始終都會夾雜著人心、人欲，必然是有限而非無限的，不管夾雜的那個「人心」是如何如何的「赤子之心」、「良知四端」，這個「道心」都必然還是「失諸正鵠」的。何世明將宋明理學乃至整個中國哲學都認為是「至善無惡」的「道心」界定為「雜染不淨」，不僅在徐松石的基礎上將「儒家也有原罪論」的證明大大向前推進了，而且它以神（天心）的絕對無限性來否定人（道心）的相對有限性，也是儒家在邏輯上很難徹底批駁的。儒家由「天命之謂性」便可直推「性即理」、「心即道」乃至「宇宙即是吾心、吾心即是宇宙」，但對基督教而言，「肖乎上帝的形象並不等於上帝，是以肖乎上帝的

集》（北京：中國社會科學出版社，2004 年），頁 4。

71　何世明：《基督教與儒學對談》，頁 126。

人之道心與良知，我們只可謂之為近於上帝，而仍不能謂之等同
於上帝，甚至以之代替上帝。」「陽明之學，乃以人之心為體，
亦以人之心為用；而基督教之信仰，則以上帝之靈為體，但卻也
一般的是以人之心為用。」[72]所以，雖然基督教並不能同意陸王
心學「吾心即是宇宙」、「良知即是天理」這些觀念，雖然「一
言以蔽之，陽明之學以心為主宰，基督教則以心為主殿」[73]，但
宋明理學與基督教都「以人之心為用」這一點上卻是非常相似相
近、共尚共通的，換言之，雖然在「天命之謂性、率性之謂道」
上「英雄出身不同」，但在「修道之謂教」上卻是「英雄所見略
同」[74]。所以何世明接著細緻分析了二者在工夫論上異曲同工之
處主要有「立志立誠、知行合一與一體之仁等三點」[75]，並且為
了表明基督教信仰更高一籌，又對它們進一步作出分判，指出
「相似並非相同，相近也並不是相等」、「須知其所同，亦須知
其所異」：陽明教人立志，是要成一聖人，基督教叫人立志，是
要成為一聖徒，陽明之立誠，只向己、向心而立，基督教之立
誠，不獨向己、向心更要向上帝、向天而立；陽明的知行合一，
只言人倫不言神倫，只可謂之人學而未及於神學，但基督教的知

72　何世明：《基督教與儒學對談》，頁127。

73　何世明：《基督教與儒學對談》，頁128。

74　「司鐸曰：子思子有云：『率性之謂道。』吾將曰：『克性之謂道。』
　　夫性體之未壞也，率之即已是道。乃今人之性，亦盡非其故矣，不克
　　之，又何以成道哉？……司鐸曰：人性已壞，其發之不能全無偏，然克
　　之又克，終漸至於寡也。譬之土焉，蔓草叢生，吾拔而去之，雖不逾時
　　而復生，然拔之又拔，其有存焉者寡矣。」艾儒略等：《口鐸日抄》，
　　鄭安德：《明末清初耶穌會思想文獻彙編》第一卷，第九冊，頁460。

75　何世明：《基督教與儒學對談》，頁139。

行合一，既言人倫更言神倫，既是神學也是人學；陽明的一體之仁，徒靠人之心作為人類相互聯合的唯一基石，基督教的一體之仁，更要靠上天之心與基督之道作為聯合的基石，所謂「你們就是基督的身子，並且各作肢體」（哥林多前書 12：27）[76]。很明顯，何世明的理論雖然比徐松石內容上更細緻更客觀、形式上更溫和更圓融，但他們試圖以基督教信仰「成全」（拯救）儒家孔孟之道乃至整個中華民族的出發點與目的是完全一致的，所謂「在這中華民族遭遇千載一時之大轉變時代，……作為中國文化之主流的儒家思想，亦當趁此時會，作一大修正，重立中國之道統。」[77]這就是他們大費周章「以神為本、自上而下地推出儒家也有原罪論」的根本原因[78]。

（2）說儒家也有「原罪論」所要面臨的理論挑戰

當然，兩種異質文明在理論基礎上的根本衝突不可能如此輕易就能完美化解，以「失諸正鵠」解釋「有罪」，學理上固然契合原罪中「善性缺失、不自覺」的一面，但原罪中「惡性抗拒、不悔改」的一面卻無由彰顯。對於儒家來說，人性原本至善，自足無待，失諸正鵠，反求諸其身即可。而對於基督教來說，人性原非至善，不足有待，失諸正鵠，非祈望信靠上帝恩典拯救不

---

[76]　何世明：《基督教與儒學對談》，頁 140-144。

[77]　何世明：《基督教與儒學對談》，頁 158。

[78]　另外，從何世明的〈基督教與儒學對談〉（1983 年演講稿）等文看來，他對耶儒性善論與原罪論的融匯也有過與趙紫宸類似的以上帝為父、自下而上的倫理學傾向，由於這種傾向在他整個思想體系中並不具備代表性，發展也不充分，因此筆者存而不論。參見何世明同名著作《基督教與儒學對談》，頁 13-18。

可！儒家可以說「萬物兼備於我」、「反身而誠，求仁（人）莫近焉」，基督教卻只能說，「反身而信（誠），求神（仁）莫近焉。」[79]儒家性善論直接導致的社會實踐，是以人為本的「仁愛」，務必先親親，然後仁民愛物，而基督教原罪論直接導致的社會實踐，是以神為本的「神愛」，務必先愛神，然後愛人役物。何世明也清楚地意識到了這一點，「儒家之仁，乃立基於人；但基督教之愛，乃立基於上帝。……以人之道愛人……以神之道愛人。這便是兩者最大之不同處。……一則以血緣為基礎而為逐步的『推』愛，是以其推愈遠，而其仁亦愈薄；而一則以天父為中心而為廣大的『博』愛，是以普天之下，均一視同仁而無分彼此。」[80]然而，何世明並未就此將仁與愛之間的根本區別進一步歸結到發生學與本體論，沒有認識到：儒家的「仁」是建立

---

[79] 從儒家性善論的視角來看：（基督教的）求神＝求仁，但（儒家的）求仁≠求人，儒家的「真理判斷者」是天（神）而不是人，所謂「予所否者，天厭之」、「皇天無親，惟德是輔」，作為「真理追求者」的個體在善惡混合的現實生活中所有的修行最終都要歸結為孟子「盡心知性知天」、「存心養性事天」這樣的命題，孟子的性善論並不必然導致自以為善，並逐漸僭越為「善惡的終極判斷者」，性善自足指的是足以知性知天、養性事天，以及在此基礎上的知是知非、知善知惡，是「天人合一」的理想結果而非「一己之見」「以人代天」的狂妄作為，這與在基督教承認「生存向善」的基礎之上「出現雙重判斷權、並內在地形成張力，基督徒在這個張力中追求真理，修身成聖」並無邏輯矛盾，因此筆者並不同意謝文郁教授「如果沒有原罪論，性善論的觀察盲點便無法暴露」等學術觀點。參見謝文郁：〈走出文化盲點：原罪論視角下的性善論〉，《文史哲》2010 年第 2 期。

[80] 何世明：《基督教本色神學叢談》，《世明文集》第一輯宗教與文化（六），頁 26-31。

在「天人合一（心物合一）、祖宗合一（親疏合一）、聖凡合一（群己合一）」的整體宇宙生成論基礎之上，而恰恰相反，基督教的「愛」卻是建立在神人分離（光明與黑暗）、親屬分離（信神與不信神）、人我分離（基督徒與非基督徒）的基礎之上的。基督教的「愛」起源於「分別」，而儒家的「仁」起源於「合一」。「仁愛」作為有差等的愛乃是「合中之分」、「合而後分」，人通過德性與德行的自我超越，「興於詩、立於禮、成於樂」（「禮別異，樂和同」），最終實現一個更高等級的「分而後合」——無差等之仁，建立一個人間天堂的大同社會；「神愛」作為無差等的愛乃是「分中之合」、「分而後合」[81]，通過接受神愛、信靠神愛、回應神愛，「盡心盡性盡意愛主你的神」與「愛人如己」，最終實現一個更高等級的「合而後分」——有差等之愛，即根據人的義行，接受神的審判，「凡有的，還要加

---

[81] 「凡在人面前認我的，我在我天上的父面前，也必認他。凡在人面前不認我的，我在我天上的父面前，也必不認他。你們不要想我來，是叫地上太平。我來並不是叫地上太平，乃是叫地上動刀兵。因為我來，是叫人與父親生疏，女兒與母親生疏，媳婦與婆婆生疏。人的仇敵，就是自己家裡的人。愛父母過於愛我的，不配作我的門徒，愛兒女過於愛我的，不配作我的門徒。不背著他的十字架跟從我的，也不配作我的門徒。得著生命的，將要失喪生命。為我失喪生命的，將要得著生命。」（馬太福音 10：32-39）「禮之用，和為貴。先王之道，斯為美；小大由之。有所不行，知和而和，不以禮節之，亦不可行也。」（論語・學而篇第一）這兩段引文已將基督教「分中之合」、「分而後合」與儒家「合中之分」、「合而後分」各自的品性顯露無遺，另外，我們還可以參考利瑪竇《天主實義》第四篇「辯釋鬼神及人魂異論，而解天下萬物不可謂之一體」，其中詳細論述了在基督教看來人物不同體、物物不同體、天主與人以及萬物不同體的原因。

給他，叫他有餘。凡沒有的，連他所有的，也要奪去。」（馬太福音 13：12）最終必定還有進天堂和入地獄的嚴格劃分。換言之，儒家的性善論起點是天人合一，即所謂「天命之謂性」，終點也是天人合一，即所謂「與天地合其德」，而在「立大本」、「正人心」、「行達道」、「存天理」、「贊化育」的修行過程中則清楚地意識要通過內在超越（自力）從天人相分歸根於天人合一。基督教的原罪論起點是神人分離，即所謂「始祖墮落」，終點也是神人分離，即所謂「末日審判」，而在「信」「望」「愛」的修行過程中則清楚地意識到必須通過外在超越（他力）從神人分離覆命於神人和好。何世明有見於此，他說：

> 人之罪惡與上帝之拯救，乃宇宙間最大之矛盾，而其終極，則成為一大諧和。此一大諧和非他，即基督十字架之死亡與復活是也。

> 宋明理學諸子，均以為「天人合一」之最大障礙為「人欲」，是以「存天理、去人欲」，乃達致「天人合一」之最首要途徑；基督教則謂「神人復合」之最大障礙為「罪惡」，是以「悔罪改過」，乃達致「神人復合」必不可缺之步驟。……宋明理學既主張「人極」可由自力而立，是以其修為之道，乃純基於人而不必有求於天。基督教則深信人之「得救」乃由天來，是以欲求「神人復活」，乃非藉天力不可。

> 儒學以仁為全德，基督教則以愛為總綱，……儒學之仁乃

立基於人，是以人只需藉賴自我之努力，即可以為仁人、為君子、為完人，而基督教之愛乃立基於上帝，是以人無論如何努力，終不能成為愛之本體，而單在人的世界中，亦不可能得見愛之真像。必賴上帝之啟示，然後可以得見完全之愛，而此完全之愛，亦只能為上帝所有。人非「完全」，是以既不能保有完全之愛，亦不能表現完全之愛，因之在人類中亦不可能有完人。我們若以完全之愛為全德，則除非上帝自己成為人。

是以站在基督教信仰的立場，我們固不必反對「大學之道」乃「在明明德」，但我們卻認為最光明之德性，乃在上帝而不在人，而惟有道成肉身之聖子基督，始能將此最光明之德性完全表「明」。此蓋由於「從來沒有人看見上帝，只有父懷裡的獨生子將他表明出來」（約一 18）也。而我們若要自己個人「明」此「明德」，更要以此「明德」以「明」於天下，便非藉聖子基督之拯救與聖靈感化不可，是以必須接受聖洗。[82]

所以，儒家「仁」與基督教「愛」的根本區別與融通之道並不在倫理學意義上愛人如己的「推」與「博」，而是在於本體論意義上的「天人合一」與「神人分離」，在於宗教學意義上的自力得救與他力得救。「對於基督教徒來說，愛本質上是神的愛。人的愛只是由於耶穌的犧牲才成為可能，只有匍匐在上帝的腳

---

82 何世明：《基督教與儒學對談》，頁 114、116-117、65、83。

下、懺悔自己的罪孽、全心全意地依賴上帝的恩典才能得到繁榮。所以，基督教徒的愛首先是一種從上帝到其信仰者的自上而下的垂直運動，而信仰者的最終目的就是在與上帝的統一中超越自身。只有作為這種向下運動的結果，人與人之間的平行的愛才有意義，也才是可欲的。」[83]何世明也有見於此，「綜觀儒學思想與基督教信仰之間，其主要的相異之處，乃在於一乃主張自力得救；而另一則相信他力得救。……從基督教信仰的立場看，主張人可以自力得救，單靠人之教化與人之努力，即可以『止於至善』，甚至可以『天人合一』，表面看來，似乎是高舉了人的地位，其實此一思想，最易使人成為宇宙的中心，而完全忽略了上帝。至於極處，人便可以否認上帝的存在，甚至自己做了自己的上帝，同時更做了他人的上帝，所以是非常危險的。因為人既可以靠自己的力量而『止於至善』，而『天人合一』，那還需要全能、全智、全愛的上帝作什麼呢？」[84]顯然，作為一名虔誠的基督徒，按照他的一貫邏輯，他當然會認為儒家這種「為仁由己」、「一日克己復禮天下歸仁」的自力得救不僅最終會導致人類群體都「以人為神」的荒謬與危險，而且即便個體當下也不可能真正地「止於至善」，這種以人為中心而終至於神化自我的性向正好是人類原罪的表現，所以，毫無疑問，作為人性的「仁」不僅不可能從根本上與作為神性的「愛」平起平坐，而且從人因驕傲自足而離棄上帝這一意義上來說，「仁」與「愛」甚至正相

83　姚新中著，趙豔霞譯：《儒教與基督教——仁與愛的比較研究》（北京：中國社會科學出版社，2002年），頁280。

84　何世明：《基督教儒學四講》，《世明文集》第一輯宗教與文化（二），頁96。

反對：從人性論上來說，在儒家傳統中，「愛」（情愛）是
「仁」統領、克制的對象，而在基督教傳統中，「仁」（自詡為
仁）卻是「愛」（神愛）統領、克制的對象；從宗教學上來說，
儒家主張「自力得救」只能處理世俗生活，而不可能了脫生死，
而基督教主張的「他力得救」則不僅能了脫生死，永生天國，而
且也能以出世的精神作入世的功業，很好地促進並實現人類世俗
生活的幸福美滿。換言之，「以儒家學說為主流的中國固有文化
思想，是要藉聖人之教化，自我之努力，以意誠心正為主要之步
驟，進而修身行仁，以此齊家，以此治國，以此明明德於天下，
從而由天人合德以達致天人合一，以止於至善，這便是道德教化
的極峰，也是人生最高之理想。而基督教之信仰，則深信由上帝
而來之啟示，使人能認識三位一體之上帝，自動而自願地回應上
帝之呼召，接受基督之拯救，從而知罪、認罪、悔罪與接納基督
所賜與重生之新生命，又藉聖靈的感化引導，負主十架，與主同
行，與主同工，以至於死。再藉賴上帝之慈恩，進入上帝永恆之
國度，與主同在，與主同居，這卻是基督教最基要之信仰。而在
此以信仰內，中國文化思想中之意誠、正心、修身、行仁、以至
於齊家、治國與明明德之理想，均可一一涵蓋其中。」[85]所以，
儒家主張「人皆可以為堯舜」，而基督教卻不能說「人皆可以為
基督」，這不僅不會成為巨大的理論挑戰，反而正好可以在此借
題發揮，勉勵世人都要「順其自然」（信靠基督恩典）地立志做
一名基督徒而不是「強人所難」（因為人有原罪）地去做所謂的

85　何世明：《基督教儒學四講》，《世明文集》第一輯宗教與文化
　　（二），頁 95。

聖人，「這『聖人』和『聖徒』之間的分野，最是要緊。因為要立志成一『聖人』，所求取的便是自己的榮耀；但立志做一個『聖徒』，所求取的卻是上帝的榮耀。其一是以人為本的人本主義；又其一則是以上帝為本的神本主義。人本主義是從肯定自我（立志做聖人）從而建立自我的（成為一聖人）；神本主義卻是從否定自我（捨己），犧牲自我（背起他的十字架）、奉獻自我（跟隨基督），然後在基督中建立自我的（成一聖徒）。」[86]由此可見，雖然結論上都認為儒家也有原罪論，但與徐松石的二重良心論相比，何世明的失諸正鵠說比較全面地意識到了這一論證所要面臨的種種理論挑戰，並提出了自以為比較合理的解決方案。

（3）可將自上而下、神而人的路線貫徹到底，完善論證

　　站在基督教神本主義的立場，何世明自然是將立志做聖徒、榮耀上帝視為「天理」，將立志做聖人、榮耀自己視為「人欲」，而且還認為，「人既離棄上帝而入了迷惑，其結果便是一切由上帝中心一變而為自我中心，易言之，便是一切由以上帝為主而為以自我為主。此一以自我為主的意念，在聖經裡，便稱之為私欲或情欲，在儒學中，便稱之為物欲、人欲、或逕稱之為欲。」[87]「說到人之本性，亦即人在未誤用其自由意志前的本來面目，則人的本性也確可以謂之為『善』的，因為人所有的，是上帝自己的『形象』，而且內心還有上帝所賜的『生氣』。……孟子的性善論其實和基督教的信仰應該是毫無衝突的。……孟子

86　何世明：《基督教與儒學對談》，頁 140。

87　何世明：《基督教儒學四講》，《世明文集》第一輯宗教與文化（二），頁 66。

曾說：『大人者，不失其赤子之心也。』」[88]顯然，他非常武斷
地通過「肯定性善＝肯定自我＝以自我為中心＝放縱私欲或情
欲」這樣一個非法的演算公式與霸道邏輯，牽強得出儒家「存天
理、滅人欲」的主張與基督教以神為本毫無衝突的結論，殊不
知，儒家作為「本心」的「道心」就在「人心」之中，「與民同
好」是「可欲之謂善」，而基督教作為「本心」的「基督心」則
在「人心」之外，「與民同好」是「可欲之謂惡」，因此，兩個
「本心」內涵並不相同，一個足以自救，一個全憑他救。從根本
上來說，他還是在重複徐松石的二重良心論：「至於要存心養氣
的積極性的正心之道，要遠離當為者不為的消極性之罪，中國固
有的文化思想既以為人之本心，乃人所自有，所以只要自存其心
便行。而孟子所要養的浩然之氣，雖然是『塞於天地之間』，但
要養此氣，則仍靠自力。所以孟子說『我善養吾浩然之氣。』但
基督教則相信基督之心，才是人原有之本心，是以我們便當以
『耶穌基督的心為心。』（腓二 5）更要心為主殿，求基督做我
們心內之主。說到充塞於天地的浩然之氣，基督教則稱之為聖
靈。聖靈乃聖父聖子所出，又是由聖父上帝所賜的。……不能單
靠己力、自力『善養』而得。」[89]然而，何世明卻自認為這樣便
已經解決了原罪論與性善論的耶儒貫通這一重大理論問題，還在
進一步向前探索，發現：「向中國人傳揚基督教罪與拯救之資
訊，那最大的困難，不在於『罪』而在於『拯救』。中國人雖未

---

[88]　何世明：《基督教儒學四講》，《世明文集》第一輯宗教與文化
　　（二），頁 61-62。

[89]　何世明：《基督教儒學四講》，《世明文集》第一輯宗教與文化
　　（二），頁 93。

必承認有『罪』，但卻極少人會以為全沒有『過』。若說『過』
也是『罪』之一，甚至未達於至善所以仍不免失諸正鵠，所以也
是『罪』之一，……那便大都會使人易於接受的。惟有『拯救』
的觀念，在中國固有的文化思想中，卻極難尋見，因為那的確是
基督信仰中特有的福音資訊，舉世之大，可說是獨一無二的。」
[90]「罪」與「過」一字之差，正好揭示出以「失諸正鵠」融貫耶
儒巨大的隱性障礙。用儒家的話來說，「罪」是天性，而「過」
則屬於習性，「失諸正鵠」本來指的是習性層面，而基督教的原
罪卻在「天性」層面，二者文不對題，到底還是「誤把馮京作馬
涼」，甚至因一廂情願而喧賓奪主了，「以中國固有之文化學術
以詮釋基督教信仰，看來雖似路路可通，但真正下手時，又似路
路不通。而其最可怕之一點，是喧賓奪主，倒主為賓。」[91]但其
實在筆者看來，如果把「自上而下、神而人」的路線貫徹到底，
這個障礙是可以打通的。用佛教的話來說，雖然「罪」是第一
義，而「過」是第二義，但由於人類無量劫以來都處於業海輪回
之中，因此，在邏輯上，前世之過自然也就成了今世之罪，今世
之過又會成為來世之罪，基督教當然不會承認並利用佛教這一輪
回報應說作為論據論證，但佛教這種思維方式完全可以在基督教
話語系統內轉化為人類始祖亞當的初始之過成為後代之罪，在儒
家話語系統內轉化為一個人今天的過失很可能會導致明天的罪
孽，所謂「茲乃不義，習與性成」、「天作孽猶可違，自作孽不

90　何世明：《基督教儒學四講》，《世明文集》第一輯宗教與文化
　　（二），頁 70。

91　何世明：《從基督教看中國孝道》，《世明文集》第一輯宗教與文化
　　（四）（香港：香港基督教文藝出版社，1986 年），頁 154-157。

可活」。這樣，「罪」與「過」、「天性」與「習性」自然就打通了。更何況，還可以將基督教的「原罪論」在宇宙論上與唯識宗的「染汙識」、「無明」觀念，在心性論與天台宗的「三因佛性」、禪宗的「自性」「真如」觀念，在修行論上與華嚴宗的「性起」「性覺」、淨土宗的「信願持名」「帶業往生」等觀念融貫起來，超越宗教保守主義立場，通過與中國佛教「自上而下、神而人」的思維相互融通而使「失諸正鵠」的論證貫徹到底、「更上一層樓」。但可惜的是，何世明對佛教缺乏系統深入的瞭解，未能「百尺竿頭更進一步」，他最終只能避重就輕，從「理性反思」墮入「情感認定」，自信自得地說，「從基督教信仰看罪的問題，單是靠教化是不能解決的，還得要靠拯救才能解決。這便是基督教與儒學思想最大殊異之處。……儒家學說的教與學，誠然有助於人的『悔改』，但卻沒有說到『上帝的國』，也沒有說到『信福音』，這正是兩者最大的差異之處，也是中國固有的文化，有賴於基督教為之成全之處。」[92]回顧歷史，實事求是，開創未來，在同樣身為世界三大宗教之一、弘揚「普度眾生」「回頭是岸」的佛教早已大行於世成為中國文化主幹之一的今天，這種差異果真還是必須「有賴於基督教為之成全之處」嗎？

即便答案是否定的，在世界文明和平對話赫然已成本世紀「地球村」時代主題的今天，將上世紀本色神學家們融通「原罪論」與「性善論」的兩條路線進一步貫徹到底，溯源清流、返本

---

[92]　何世明：《基督教儒學四講》，《世明文集》第一輯宗教與文化（二），頁73。

開新，對儒家文明與基督教文明在「構建和諧世界」偉大浪潮中的自立自成與互助互動，都不僅意義重大，而且「避無可避」！

3、兩條路線的交通樞紐：以孝道觀融貫耶儒

一條是自下而上、人而神的倫理學路線，以中華為本位，想要說明「基督教也是性善論」，崇尚人格創造與自力救贖；另一條是自上而下、神而人的宗教學路線，力圖論證「儒家也有原罪論」，以基督為本位，崇尚恩典降臨與他力救贖。貫通耶儒的這兩條多層級主幹道承載著東西方兩種不同全民教化的重大任務，在中華文化的「平原」（以人為本、正大光明）上如此「循規蹈矩」（源遠流長、有章有法）地無限延伸，但二者並非反向平行永不相交，而是以「融貫耶儒的孝道觀」為交通樞紐，四平八穩地構成了一個剛健篤實而又輝光日新的「文化十字架」（大畜於此），在 20 世紀的本色神學家們看來，崇尚一個「貫通耶儒的孝道」，不僅能夠成全儒家，也能成全基督教。也正為如此，幾乎所有重要的神學家們都有關於孝道的論述，其中徐松石《聖經與中國孝道》與何世明《從基督教看中國孝道》兩本重要專著中的觀點大體上可以作為代表[93]。

（1）以孝道貫通倫理與宗教

「胡適謂中國的宗教是『孝的宗教』，我謂中國的倫理是『孝的倫理』；倫理之極致，便成了宗教。悌的道理是從孝裡推

---

[93] 關於「基督教與中國孝道」這一主題的資料非常豐富而有價值，非研究專著不能探其蘊奧、詳其是非，本節僅僅指從貫通兩條路線的角度來看，徐松石與何世明的相關論述從思維構架上大體可以代表，並非指他們完全可以代表 20 世紀基督教神學家的孝道觀。

出來，忠恕的道理是從悌的道理推出來。孝是道德，在為人；孝是宗教，在報本。」[94]雖然趙紫宸這一洞識正是以孝道貫通倫理與宗教的關鍵點之一，而且他本人後期確實也從崇尚人格的倫理轉向了崇尚恩典的宗教，但他卻並未由此自下而上地發展出一整套由孝道貫通耶儒的思想主張來，倒是同時期的徐松石以基督為本位，有意自下而上地將中國「孝的倫理」（「流」）引導、提升並最終歸命於基督「孝的宗教」（「源」）。

　　大致說來，以「三禮」為代表的中國孝道孝行主要體現在天（上帝崇拜）、地（自然崇拜）、君（外王崇拜）、親（祖先崇拜）、師（內聖崇拜）五個方面，自從利瑪竇肯定「五經」中的上帝與「祭孔祭祖」並非「偶像崇拜」而使得傳教獲致成功以及其後的「禮儀之爭」導致清政府採取嚴厲的禁教政策嚴重影響基督教的在華傳播以來，中國的基督教神學家們或者出於總結歷史經驗教訓或者出於對中國傳統孝道的認同，基本上以《舊約》中「摩西十誡」與《新約》中的「愛」與「成全」為原則，採取了一種攝地歸天、棄君尊親從師的態度，即以基督教意義上的「上帝崇拜」為標準，對這五個方面進行部分肯定與重建。「我們站在中國基督徒的立場，覺得以前中國孝道確有許多獨特的地方，又覺得基督教的聖經良訓，十分有助於中國孝道的發展。……聖經啟示我們，世人所有的真正好處，沒有一樣在乎耶和華父神之外。高尚的孝道永遠是流，耶和華神和耶穌基督永遠是源。本書論述聖經與中國孝道，完全以認識主為最大的指歸。」[95]徐松石

94　趙紫宸：〈基督教與中國文化〉，《本色之探——20 世紀中國基督教文化學術論集》，頁 11-12。

95　徐松石：《聖經與中國孝道》，1965 年初版序。

的這一觀點可謂典型代表。

從倫理的角度來看中國孝道，《論語・為政》孔子的兩句話概括得最為精簡：「生，事之以禮；死，葬之以禮，祭之以禮。」「今之孝者，是謂能養。至於犬馬，皆能有養；不敬，何以別乎？」孝道的本質是「立於禮」，而「禮」的本質是「仁」（「人而不仁如禮何」），所以說孝悌為行仁之本。家庭的孝行主要表現在兩個方面：親在時的「敬」（心）、「養」（身）與親歿後的「葬」（身）、「祭」（心），都要「依於仁」、「立於禮」。在天人合一、榮辱與共的大宇宙生存視域下，在孔子「天何言哉，四時行焉，百物生焉」與孟子「盡其心者，知其性也。知其性，則知天矣。存其心，養其性，所以事天也」的理論基礎上，儒家從本於個體小我的「盡心」、「盡禮」、「成身」、「成仁」發展出了一整套歸於全體大我「大心」、「大身」、「大仁」、「大禮」的倫理學說，其中早期的經典表述有：《周易・乾卦・文言傳》：「夫大人者，與天地合其德，與日月合其明，與四時合其序，與鬼神合其吉凶。先天而天弗違，後天而奉天時。天且弗違，而況於人乎？況於鬼神乎？」《大學》「古之欲明明德於天下者，先治其國；欲治其國者，先齊其家；欲齊其家者，先修其身；欲修其身者，先正其心；欲正其心者，先誠其意；欲誠其意者，先致其知；致知在格物。物格而後知至，知至而後意誠，意誠而後心正，心正而後身修，身修而後家齊，家齊而後國治，國治而後天下平。」《中庸》：「天命之謂性，率性之謂道，修道之謂教。……喜怒哀樂之未發，謂之中；發而皆中節，謂之和；中也者，天下之大本也；和也者，天下之達道也。致中和，天地位焉，萬物育焉。」因此，在先秦時

代，儒家文化中基於個體身心知行合一的小家庭小宇宙倫理便已提升到了整個國家天下萬事萬物形神合一的大家庭大宇宙倫理，即便是充滿了宗教色彩並在中國歷朝歷代都享有尊崇地位、應用廣泛的「三禮」之道，也未能超出這種儒家倫理的底色而發展成為一種對天地君親師的宗教信仰，直到宋代張載《西銘》「乾稱父，坤稱母；予茲藐焉，乃混然中處。故天地之塞，吾其體；天地之帥，吾其性。民，吾同胞；物，吾與也」這一「父天母地」大家庭倫理經典表述的出現，從理論上來看，中國「孝的倫理」而非「孝的宗教」已然得以最終定型，儒家「大身」「大心」、「大仁」「大義」、「大忠」「大孝」的理想人格被定義為「為天地立心、為生民立命，為往聖繼絕學，為萬世開太平」，而絕非崇尚「聽天」「由命」「靠聖人」「享太平」這種被動的宗教徒作為，因此，對於儒家來講，「孝是宗教，在報本」，其本質仍然是「孝是道德，在為人」而非「孝是道德，在順神」。

　　與儒家的孝道本於倫理、歸於倫理相比，基督教的孝道則是本於宗教、歸於宗教，《舊約》「摩西十誡」的第五條說：「當孝敬父母，使你的日子在耶和華你神所賜你的地上得以長久。」（出埃及記 20：12）《新約》中說：「你們作兒女的，要在主裡聽從父母，這是理所當然的。要孝敬父母，是你們得福，在世長壽，這是第一條帶應許的誡命。」（以弗所書 6：1-3）「我們愛，因為神先愛我們。人若說，我愛神，卻恨他的弟兄，就是說謊話的。不愛他所看見的弟兄，就不能愛沒有看見的神。愛神的，也當愛弟兄，這是我們從神所受的命令。」（約翰一書 4：19-21）顯然，對基督教來說，「孝是道德，在順神」，「為人」是本於並歸於「順神」的。孝敬父母既是聽從神的命令，也

是愛神的一種表現或途徑。「須知所謂順從父母，恪守孝道，應有一個原則，就是一切要合乎屬靈的真理。」[96]張載的《西銘》之所以常常為本色神學家們所津津樂道，就是因為它從「屬靈」的角度能夠與基督教對接起來，在他們看來，基督教「孝的宗教」與儒家「孝的倫理」是源與流、上與下的關係，並不存在是此非彼的橫向衝突，他們要做的只是將儒者「渾然中處」的乾坤世界具體取代為基督徒「赫然中處」的上帝世界。然而，一旦涉及到具體問題，儒家「孝的倫理」中親在時的敬與養雖然與基督教「孝的倫理」可以彼此融合，但親歿後富有宗教色彩且類似偶像崇拜的葬與祭卻與基督教「孝的宗教」直接衝突了[97]。雖然利瑪竇以後有很多人都論述過祭孔祭祖本質上是對聖賢的尊重與對親人的懷念，並非偶像崇拜，一定程度上解除了基督徒的顧慮，但卻並不能反向地解除儒家方面的質疑，徐松石首先解釋說，「因為聖經不主張祭先，而說基督徒為不孝，這真是一件極大的誤會。」[98]接下來便以利瑪竇的態度順著孔子「未知生焉知死」、「未能事人焉能事鬼」的邏輯將葬、祭中的孝快速轉到敬、養中來，「死，葬之以禮，祭之以禮，用意也是訓練生人，多過奉享死者。所謂訓練生人，就是要生人盡誠，盡敬，和盡義。」[99]從而於將問題的焦點轉至調和先祖與後代不同的宗教信

---

[96] 徐松石：《聖經與中國孝道》，頁 12。

[97] 相關論述可參看《本色之探——20 世紀中國基督教文化學術論集》所收宋誠之〈基督教與中國文化〉與郭中一〈關於基督教與中國文化之商討〉這組對文，頁 76-117。

[98] 徐松石：《聖經與中國孝道》，頁 10。

[99] 徐松石：《聖經與中國孝道》，頁 33-36。

仰這一普通信徒的入教兩難：「聖經並沒有說未曾聽過福音的先人，死後都必定要受永死的懲罰。不教而誅，當然沒有這個道理。對未聞真理而死的先人，神必另有祂的安排，我們無需過慮。我們所要注意的，乃是從速帶領現存的父母，使他們決心去接受基督，一同奔走救恩的道路。同時我們又千萬不要存著一種心理，以為情願跟從先人不信，方才是孝敬他們。須知倘若一部分的先人，這是要受陰間的痛苦，他們在陰間裡，倒一定是渴望那些作為後人的，都從速歸信基督。……免得他們也來到這痛苦的地方。……這一點我們可以肯定。基督教寶貴的聖經，徹頭徹尾，重視真正的孝道。」[100]所以，已經為人父母的，「教導兒女最好的方法，乃是首先帶領他們接受主耶穌基督的救恩，然後父母兒女全家的人，一同孝順天父。」[101]為人子女的，「帶領父母信主乃最大孝道。」[102]總而言之，是要「以神恩發揚親恩，以愛神提高孝親。」[103]

（2）以孝道貫通神本主義與人本主義

徐松石當然也知道基督教孝道中的「神恩——愛神」本質上是神本主義，而儒家孝道中的「親恩——愛親」本質上則是人本主義。事實上，他就是在此基礎上對中國孝道進行有意引導、熔鑄與重建的。首先，他明確區分儒家的孝道本於人，注重良心與義理，「固執依據一個已死聖賢的訓示」，是世俗的孝道；而基督教的孝道本於神，注重神意與啟示，「他所依據的乃是一位永

---

[100] 徐松石：《聖經與中國孝道》，頁 13。

[101] 徐松石：《聖經與中國孝道》，頁 149。

[102] 徐松石：《聖經與中國孝道》，頁 137。

[103] 徐松石：《聖經與中國孝道》，頁 46。

遠活著的教主耶穌基督」，是神聖的孝道。「行孝首先要有一位父，主耶穌是三位一體的神，所以他與我們的天父原來為一。行孝是子的本分，主耶穌是神的獨生子，所以能給我們孝順的最好榜樣。」[104]「人生最大的義行，乃是信賴神和信賴基督。所以順從天父，乃是最大的孝道。全部新約，處處表揚主耶穌怎樣順從天父。……可見孝順父神，原是天下間最偉大，最矜貴，和最基本的孝道。」[105]「在基督裡孝順父母，並不是憑著人的良心理智，去想度出來的。乃是神叫我們要這樣做。行孝最大的宗旨，在於討神喜悅，並不單單是理所當然而已。故此，把『神所悅納』和『理所當然』合而為一，這就是基督教孝道的要義。」[106]「儒家孝道以仁義為根，仁義是天理而存於人心之內，人心動盪則仁義的認識晦，人心清淨則仁義的認識明。……他們不知道世人犯罪墮落之後，良心已經受了蒙蔽，模糊不清。……惟獨基督教是啟示的宗教，其他的宗教，都入於自然宗教的範疇。自然宗教乃『人去尋覓神』。啟示的宗教乃『神來尋覓人』。……所以『近取之於人』和『遠取之於神』，乃一切世俗孝道和基督教孝道的分野。近取之於人，源流短了，遠取之於神，源流很長。」[107]「想要實行神所喜悅的孝道，首先要歸信耶和華神，和歸信耶穌基督，好叫自己成為重生得救的人。『若有人在基督裡，他就是新造的人，舊事已過，都變成新的了。』（林後五：17）主裡孝順的第一件事，乃是要在主裡成為新造的人。孟武子

---

[104] 徐松石：《聖經與中國孝道》，頁 48-49。

[105] 徐松石：《聖經與中國孝道》，頁 52-53。

[106] 徐松石：《聖經與中國孝道》，頁 42。

[107] 徐松石：《聖經與中國孝道》，頁 44-45。

問孝，孔子說，『父母惟其疾之憂。』父母最怕兒女害病。兒女
保重自己，勿使有病，常常抱著一種『歸全』的感想，這便是
極大地孝。但人有身心靈三方面，……則心和靈不能歸全，更
加違背了孝道，所以認罪得救以求靈魂康健，實在是孝道的要
點。」[108]

這樣，問題又回到了原點，即原罪論與性善論是否能夠貫
通？「孝道」是否不僅僅只是以上提到兩條路線的交通樞紐（中
轉站），而且還是這兩條路線的發源地（起點站）呢？

（3）以孝道貫原罪論與性善論

徐松石以基督教的立場對儒家孝道的部分肯定與重建雖然一
定程度上解決了中國人為什麼要接受基督教孝道的問題，於此對
本色神學貢獻甚多，但他在《聖經與中國孝道》這樣一部專著中
並沒有深入心性論的領域將兩種不同孝道的根基性善論與原罪論
融貫起來，而僅僅只是以世俗與非世俗的人神之別籠統地作出高
低分判，顯然有他那基於本位意識的自戀自大的一貫作風在作
祟。相比之下，後來何世明在專著《從基督教看中國孝道》中的
態度則要中正平實許多。雖然他也同樣認為：「中國之孝道，乃
只言孝於人而不言孝於天；基督教之孝道，則既言孝於人，但更
言孝於天。此乃兩者間之根本差異所在。」「就基督教之信仰
言，人對人之人倫關係，是以人對神的神倫關係為基礎的。是以
未言對人的孝道之前，必先言對天之孝道。這是與中國孝道觀念
有所不同之第一點。其次，人對天父之孝，又是以天父對人之慈
為基礎的，這又是與中國孝道觀念有所不同的第二點。約翰一書

---

108 徐松石：《聖經與中國孝道》，頁 43-44。

四章之言曰：『不是我們愛上帝，乃是上帝愛我們』，……『我們愛，因為上帝先愛我們。』」[109]但他一方面肯定「儒者之立孝道，實欲以之通乎人天，貫乎生死，與一般宗教信仰，是非常相近的」，同時進一步明確指出，儒家這種以孝道為中心而建立之宗教信仰，有兩大流弊：「第一是以人為神。……中國民間之愚忠愚孝之思想，便是建基於此一觀念之上的。第二是以神為人。其所以祭祀神靈，乃求神之隨人意而非人之隨神意，……無非為福祿壽考，百子千孫，發財升官，長命富貴。」[110]這種很能令人信服的理性批判力度無疑正是徐松石所缺乏的。另一方面，徐松石主要突出的是耶穌作為聖子的「孝」，而何世明則進而突出上帝作為「聖父」的慈：「我們深以為基督教本為一孝道之宗教，全部基督教之教義，實可以『父慈子孝』四字概括之，而『父慈子孝』之四字，又可以愛之一字包含之。天父上帝之愛人類，即父慈也，人當盡心性意力以愛上帝而又復彼此相愛，則子孝也。」「上帝之創造、養育、管教、託付、拯救與感化，此皆所以言『父慈』者也。……問上帝何必有此一切作為呢？此無他，一字而已，而此一字即為『愛』。『上帝愛世人』，而上帝又為世人之父，是上帝之愛世人，即為父之愛子，此用中國的話說，即父慈也。」[111]表面上看來，這只是兩種不同面的強調，實則不然。因為不管是在儒家，還是在基督教，說到「慈」，「孝」必在其中，而說到「孝」，「慈」則未必不言而喻，換言之，「孝」是無條件的，而「慈」是可遇不可求的。儒家聖人大

---

[109] 何世明：《從基督教看中國孝道》，頁 103、104。

[110] 何世明：《從基督教看中國孝道》，頁 37-43。

[111] 何世明：《從基督教看中國孝道》，頁 177、121。

舜身處「父頑，母囂，象傲」這一艱難處境卻「大孝終身慕父母」、「象憂亦憂，象喜亦喜」，基督教先知亞伯拉罕心甘情願以愛子以撒作為犧牲獻給耶和華，就是鮮明的例證。因此，僅僅強調「子孝」、「捨身」並不能很好地突出基督教的獨特性與崇高性，反之，大力突顯「父慈」、「父愛」則不僅能在本體意義上能很好地將耶儒經典中的上帝內涵很好地對接起來，而且還能在邏輯上順延出基督教獨特的原罪論，使它看起來更加合情合理，更易於為中國人所接受。人之所以會有原罪，正是因為人類始祖亞當濫用上帝賦予的自由意志，違背父的旨意而偷吃禁果。從中國文化的背景中來看，上帝在給人準備好了世間的一切以後最後一天才「照著自己的形像造人」造人，並「賜福給他們，又對他們說，要生養眾多，遍滿地面，治理這地。」（創世紀 1：1-27）絕對稱得上是「父慈」，而亞當則卻一點都經不起引誘便輕易地背叛慈父的教導，絕對稱得上是「不孝子」。從人的「不肖」「不孝」上來看原罪，「失諸正鵠」便可從上述第二義的「習性」而逼近至第一義的「天性」領域，「罪」便是「過」，「過」便是「罪」。事實上何世明在指出人倫以神倫為基礎與子孝以父慈為基礎這兩點之後，還可以進一步指出，天父對人的慈又是以人對天父的背叛即原罪、墮落、不知悔改為表顯的，這是第三點；人對天父的背叛即原罪之所以產生，又是以天父創造人的愛亦即賦予人類始祖自由意志的恩典（與派遣神子道成肉身對人類子孫的自我犧牲與無償拯救）為基礎的，這是第四點，並且這第三、第四兩點才是儒耶孝道之不同本質所在。這樣，基督教的孝道不僅能貫通儒家的孝道，還能突出自己的獨特性與崇高性來。何世明在專著中雖然沒有順理成章地指出這兩點，但他卻順

著這一邏輯跳躍性地提出了更為重要的第五點，即以基督教的
「父慈子孝」為基礎，力圖從心性論上貫通耶儒：

> 其實孔孟之說，既然是祖述堯舜，是以雖然側重人生，卻
> 也未嘗否認本體。孔孟皆言天，言命，言道，言性，言
> 心，此皆可謂為貫乎人天，乃從宇宙本體而來的一種屬人
> 之學。不過孔孟只是就現象世界言之，對於其本體方面，
> 特略而不詳而已。我們現在要建立以基督教信仰為中心之
> 儒學，即不妨從這些地方下手。三位一體之上帝，即
> 「天」也；上帝之創造與人類之受託，即「命」也；人須
> 依聖子基督的品格為完成「天」所付之任務，即「道」
> 也；聖子基督之「性」與「心」，乃本乎聖父，充於聖靈
> 之「性」與「心」，亦即既為「人性」「人心」之極致，
> 而又為「天性」「天心」之具體表現者也。我們只須在此
> 等處著力用心，先立其體，先立其大，其他一切，便自有
> 水到渠成之妙了。
>
> 如何從「體」到「用」呢？其唯一之通路，則仍然是
> 「孝」。我們若能以三位一體之上帝以立「天」，立
> 「命」，立「道」，立「心」，立「性」，則上「孝」於
> 「天」——盡心、盡性、盡意、盡力愛主你的上帝，便是
> 全部人生論之所本，而其結果，便是「仁」之達成，是即
> 為「愛人如己」的理想之具體實現了。[112]

---

112 何世明：《從基督教看中國孝道》，頁 162-163。

　　由此可見，何世明以孝道融貫耶儒的最終落腳點與歸宿還是在「天」、「命」、「心」、「性」等之上，「孝」不過是承體起用的通路或表現而已。換言之，在筆者看來，以「孝道」對原罪論與性善論兩條路線的貫通只能是「中轉站」式的，而不能是「起點站」式的，與儒家仁、孝的主流觀念基本一致（仁為體，孝為用，仁為孝之本，孝為行仁之本）。「孝道」這種「中轉站」式的貫通主要表現為：凸顯父慈，也就是強調天父的主動施恩與他力拯救，這一向度與徐松石、何世明自上而下、神而人的宗教學路線相貫通，「二重良心論」與「失諸正鵠說」都可以在此通過「父慈」轉乘「子孝」的「公車」，最後抵至「心」「性」領域的終點站；凸顯「子孝」，也就是強調人子的主動作為與自力拯救，這一向度與趙紫宸自下而上、人而神的倫理學路線相貫通，「人格主義」也可以在此通過「子孝」而轉乘「父慈」的「公車」，最後抵至「天」、「命」這一領域的另一個終點站，從而使得兩條路線每一輛「公車」上的「乘客」都能方便快捷地抵達「家的港灣」。

第四章　耶儒互動的主要內容（下）

　　中篇關於基督教原罪論與儒家性善論的深入探討雖然對於揭示耶儒互動的理論背景與實踐前景都非常重要，但由於其內容過於專業，不僅耶儒系統之外的普通群眾很難理解，即便是一般的基督教信徒與儒家知識分子也不容易把握到位，更何況，在現實生活中，人們渴望的往往都是與世俗功利密切相關、能夠直接產生作用的框架型（像「盾」一樣具有保護功能）或結論型（像「矛」一樣具有進擊功能）的思想武裝，從中國歷史上的耶儒互動來看，大部分旁觀者、參與者與討論者至今仍然停留在對「出世觀與來世觀」的泛泛理解上，他們關注的多是基督教與儒家在「靈肉二分與心物一體」、「個體主義與群體主義」、「宗教之教與教育之教」等各方面的異同之處。因此，我們有必要將探討主題從中篇抽象的「盡性成性」進一步外化為下篇具象的「修身成身」，並通過耶儒互動中康有為、譚嗣同知行合一的「大同」「仁學」作為具體例證來說明「盡性成性」與「修身成身」之間的內在關係。

一、來世觀與今世觀

以基督教與儒家為代表的一切宗教倫理歸根到底所面對、要解決都是現實生活中人們「安身立命」的問題，正如《大學》所言，「知止而後有定，定而後能靜，靜而後能安，安而後能慮，慮而後能得。物有本末，事有終始，知所先後，則近道矣。……自天子以至於庶人，壹是皆以修身為本。其本亂而末治者否矣；其所厚者薄，而其所薄者厚，未之有也。」大致說來，基督教所止的至善之本在來世，希望借助宗教之力，追求個體之靈的徹底解脫，為此，他們也要求妥善地處理今世問題，而儒家所止的至善之本在今世，希望通過教育之功，實現群體之身的圓滿成就，為此，他們也提前考慮到後世子孫的問題，所以，現實生活中，基督教並非不重今世，儒家並非不重後世，只是它們所止的「至善之本」有著根源性的不同而已[1]，回顧耶儒之間有關祭孔祭祖問題持續不衰的熱情討論，即不難了知。

1、靈肉二分與心物一體

基督教脫胎於猶太教，對猶太教而言，救世主尚未降臨，救贖是無止境的，但對基督教而言，救世主耶穌已經降臨，救贖是已經實現了的。從發生學上來看，可能是基督教的創教者保羅等人身為猶太人，在猶太民族的苦難歷程中感到絕望，對「基督」的早日到來表現出了熾烈的渴求與堅定的信念，從而賦予耶穌以

---

[1]　「我們深信基督是道成肉身的基督，所以基督教也應該是超世而不離世的宗教，是以抱持著入世而化世的精神，以求取基督教與宋明理學間的融匯，是絕對正確的。」何世明：《基督教與儒學對談》，頁110。

道成肉身的聖子身分，以便從邏輯與情感上保障「救世」的必然性與真實性，尋求一了百了的解脫之道。如果耶穌不是捨身救贖的神，那麼，世人根本就不可能從漆黑一團的罪惡中超拔出來，徹底超越人的「有限性」，從絕望中看到希望，獲得光明與新生。信仰耶穌為神與其說是為了保障基督教的獨特性與優越性，還不如說是為了保障人類獲救的必然性與徹底性。針對猶太教中與「基督」同時到來的還有塵世圓滿這一難題，基督教神學家們提出與道成肉身相配套的兩個子方案：將現實的圓滿從「群體之身」（外王）收縮為「個體之靈」（內聖），將理想的實現從「今世」（地上）轉移到「後世」（天上）。基督教「宗教之教」與儒家「教育之教」的根本區別也在於此，即「屬靈」「屬世」的觀念二分。

　　我們從上述靈肉二分的觀念起源上來看，基督教的本意是以「屬靈」品性從猶太教等宗教倫理的「屬世」品性中徹底超脫出來，目的在於彰顯「屬靈」（崇尚恩典，因信稱義）高於、優於「屬世」（崇尚誡律，因行稱義），並不是要用「屬靈」來徹底否定「屬世」，換言之，基督教的「靈肉二分論」在起源上是一種「聖俗二元論」而非「黑白二分論」。因為基督教完全接受了猶太教上帝創世造人的觀念，不管是從宇宙論還是從本體論上來說，世界萬事萬物都與人完全一體而非截然二分，儘管人是按照神的形象造的而萬物不是，但萬物都是神賞賜給人享受與治理並因此而榮耀神的，只不過基督教為了超越猶太教，在人、物同屬「一個世界」的觀念上進一步作出了靈與肉的細分，通過「原罪論」的獨特視角，將猶太教偏重自然性的「世界觀」轉換（偷換）為偏重於人文性的「世間觀」（將物完全收攝於人，「世

界」變成了「世間」，只是人生成聖客旅中的寄居之所，物質實
體在作為修行者的人來看成了「虛空」、「虛幻」、「雲霧」、
「捕風」、「影兒」），認為人的靈、肉分屬「兩個世間」：從
人類始祖亞當墮落開始，「世界」已經不可救藥地陷入惡魔之
手，從原來帶著神性光彩的「世界」（天界）墮入了帶著罪性色
彩的「世間」（塵界），神人之間、聖俗之間越來越遠乃至於完
全隔離，人類各種世俗觀念即所謂的文化傳統不僅不是在親近
神、榮耀神，反而是在抗拒神、辱沒神，成了「魔鬼」犯罪的最
好工具（裝飾和掩護）與載體（對象和目標）。造人、愛人的神
當然不會對這一切視若無睹，不會眼看著人帶著神的形象在罪惡
中越陷越深、眼看著魔鬼為所欲為，因此，他像當初造人一樣再
一次作出了重大決定——以道成肉身的神子耶穌來解救世人脫離
魔鬼的罪惡之手，於是，從「第二亞當」耶穌基督聖誕之時起，
原本完全墮入塵界的「世間」又有了天界的意義，即「世間」分
為「天上之城」（上帝王國）與「地上之城」（人的王國）——
在時間與空間現象上都交錯在一起但本質上截然分離的兩個：一
個因為信仰基督，接受基督恩典從而為聖靈充滿，成為「屬靈
的」、「新生的」存在，已經向著光明的天堂；另一個由於拒絕
基督信仰、拒絕恩典降臨，淪為「屬世的」、「向死的」存在，
仍然還在黑暗的地獄。所以，與猶太教強調身心合一地堅守上帝
誡律、因行稱義的《舊約》相比，基督教的《新約》特別強調靈
肉二分地因信稱義、接受基督恩典，「因為隨從肉體的人體貼肉
體的事，隨從聖靈的人體貼聖靈的事。體貼肉體的，就是死，體
貼聖靈的，乃是生命，平安。原來體貼肉體的，就是與神為仇。
因為不服神的律法，也是不能服。而且屬肉體的人，不能得神的

喜歡。如果神的靈住在你們心裡，你們就不屬肉體，乃屬聖靈了。人若沒有基督的靈，就不是屬基督的。基督若在你們心裡，身體就因罪而死，心靈卻因義而活。然而叫耶穌從死裡復活者的靈，若住在你們心裡，那叫基督耶穌從死裡復活的，也必借著住在你們心裡的聖靈，使你們必死的身體又活過來。」（羅馬書8：5-11）

　　基督教的靈肉二分雖然直指來世與今世二分、神魔二分，但在這兩個「世間」彼此交錯的具體生活中落實下來，最終只能是聖俗二分，亦即凸顯聖靈之善與肉體之惡：「不要愛世界，和世界上的事。人若愛世界，愛父的心就不在他裡面了。因為凡世界上的事，就像肉體的情欲，眼目的情欲，並今生的驕傲，都不是從父來的，乃是從世界來的。這世界，和其上的情欲，都要過去。唯獨遵行神旨意的，是永遠常存。」（約翰一書 2：15-17）「我已將你的道賜給他們。世界又恨他們，因為他們不屬世界，正如我不屬世界一樣。我不求你叫他們離開世界，只求你保守他們脫離那惡者。他們不屬世界，正如我不屬世界一樣。求你用真理使他們成聖。你的道就是真理。你怎樣差我到世上，我也照樣差他們到世上。我為他們的緣故，自己分別為聖，叫他們也因真理成聖。」（約翰福音 17：14-19）換言之，基督教並不必然遺棄世間、否定今世，基督徒追求出世的方式方法在本質上仍然與佛教、猶太教、儒家等其他成熟的宗教倫理相同——為善去惡！儘管以「上帝宗教」自居的基督教常常將其他宗教倫理的善惡觀都貶斥為「俗諦」甚至是「惡魔」，但其所謂靈肉二分本質上與佛教、儒家相對應的仍是善惡之分、性情之分而非空有之分、心物之分，是倫理學、工夫論而非本體論或宇宙論意義上

的，它所直面的也是一個像儒家那樣試圖通過克己復禮（去情復性）最終實現天下歸仁（上帝之國降臨）的成聖問題：「我說，你們當順著聖靈而行，就不放縱肉體的情欲了。因為情欲和聖靈相爭，聖靈和情欲相爭。這兩個是彼此相敵，使你們不能作所願意作的。但你們若被聖靈引導，就不在律法以下。情欲的事，都是顯而易見的。就如姦淫，汙穢，邪蕩，拜偶像，邪術，仇恨，爭競，忌恨，惱怒，結黨，紛爭，異端，嫉妒，醉酒，荒宴等類，我從前告訴你們，現在又告訴你們，行這樣事的人，必不能承受神的國。聖靈所結的果子，就是仁愛，喜樂，和平，忍耐，恩慈，良善，信實，溫柔，節制。這樣的事，沒有律法禁止。凡屬基督耶穌的人，是已經把肉體，連肉體的邪情私欲，同釘在十字架上了。我們若是靠聖靈得生，就當靠聖靈行事。不要貪圖虛名，彼此惹氣，互相嫉妒。」（加拉太書 5：16-26）「神的旨意就是要你們成為聖潔，遠避淫行。要你們各人曉得怎樣用聖潔尊貴，守著自己的身體。不放縱私欲的邪情，像那不認識神的外邦人。不要一個人在這事上越分，欺負他的弟兄。因為這一類的事，主必報應，正如我豫先對你們說過，又切切囑咐你們的。神召我們，本不是要我們沾染汙穢，乃是要我們成為聖潔。所以那棄絕的，不是棄絕人，乃是棄絕那賜聖靈給你們的神。」（帖撒羅尼迦前書 4：3-08）「大哉，敬虔的奧秘，無人不以為然，就是神在肉身顯現，被聖靈稱義，被天使看見，被傳於外邦，被世人信服，被接在榮耀裡。」（提摩太前書 3：16）「何況基督借著永遠的靈，將自己無瑕無疵獻給神。」（希伯來書 9：14）「神的旨意若叫你們因行善受苦，總強如因行惡受苦。因基督也曾一次為罪受苦，就是義的代替不義的，為要引我們到神面前。

按著肉體說他被治死。按著靈性說他復活了。」（彼得前書 3：17-18）

　　所以，基督教的「靈肉二分」與儒家的「存天理滅人欲」大體兩相對應，都是克己復禮、去情復性，「儒家道德思想側重於人之本性的自我肯定，在靈肉和諧的關係中實現人性的復歸；基督教道德思想側重於人之本性的自我否定，在靈肉對立的張力中實現人性的超越」[2]。並且，二者不僅在理論普及上同樣都很容易遭到片面、極端的思想誤解，而且在實踐推行上也都很容易導致畸形、酷烈的文化專制，不同在於：在基督教，是「高高的」出世性讓「靈肉二分」顯得對塵世過於仇視[3]；在儒家，則是「深深的」入世性讓「存天理滅人欲」顯得對俗世過於冷漠。其實遵循基督教與儒家的聖人本意，並非必定導致與現實決裂的清修苦行，它們最終的目的都是要通過心性覺悟來治理身體，即便會常常發生靈肉爭戰、理欲爭戰，戰場也只能選在自己身上，應該是「反求諸己」而不是「有諸己而後非諸人」的，不管是教宗

---

[2]　趙林：《中西文化分野的歷史反思》，武漢大學出版社，2004 年，第116 頁。

[3]　「為了表示與這種世俗化的濁流劃清界限，為了捍衛岌岌可危的神性堤防，一些自命信仰堅定的修道士們就把對天國的嚮往表現為對人間生活的銘心刻骨的仇恨。他們試圖通過消滅引起情欲的對象的方式來保持內心的純潔，因此就毫不憐憫地把人世間各種美麗的東西當作犧牲品奉獻到神性的祭壇上。……在血與火的祭壇上，綻放出了中世紀基督教文化的一朵陰森詭譎的花兒──宗教裁判所。……靈與肉的二元對立和唯靈主義的神性理想最終導致了基督教文化自身的內在分裂，這種內在的自我分裂一方面導致了教士們最粗野的放縱和最無恥的墮落；另一方面導致了修士們的陰險歹毒的變態瘋狂和滅絕人性的血腥暴行。」趙林：《中西文化分野的歷史反思》，頁 129-130。

還是皇帝，最多也只能強迫自己而不能強迫他人，通過「學為人師、行為世範」的方式去感召、感化他人，他們自己「遠避淫行，成為聖潔」的德性德行才是教育傳播（信仰傳播）的現實基礎。

當然，如果要追根溯源，基督教「靈肉二分」的根源還是在於原罪論境域中的神人分離，儒家的「存天理滅人欲」則是性善論境域中的天人合一，二者之間的根本區別是心物合一的自律倫理與靈肉二分的他律倫理的區別：對於基督教來說，塵界與天界畢竟是截然分離的，因此，「敵基督」的現實世間會越來越罪惡，最終必定滅亡，靈肉二分既是必然的（邏輯上）、也是自然的（歷史上）；對於儒家來說，天道與人道畢竟是體用一源的[4]，因此，「本天道」的現實世間會越來越美善，最終必定臻於大同，心物一體不僅是統一形態（空間上）而且能統一變化（時間上）。如果說基督教必須要以出世理想來規約入世行為，那麼，儒家則是必定能以入世行為去成就出世理想，我們從「康有為、譚嗣同弘揚儒家入世精神的兩個維度」可以清晰而深刻地看到這一點。

2、個體主義與群體主義

與基督教神人分離、靈肉分離的世界觀與人生觀相比，儒家是一種父天母地、心物一體、人我共榮的世界觀與人生觀，一般來講，基督教這種本體論上的「分」必然導致的是社會實踐中的

---

[4]　「中國人指控傳教士們，把這些本為魂與身的不統一現實強加到人的身上，從而割裂了人性的統一。」謝和耐：《中國與基督教：中西文化的首次碰撞》，頁 131。

個體主義，儒家這種本體論上的「合」必然導致的是社會實踐中的群體主義。然而，正如上節所言，基督教是以出世理想規約入世行為，因此，也非常重視群體統一行動，比如傳教、慈善、社團等方面齊心合力的制度建設，而儒家是以入世行為成就出世理想，往往趨向個體單獨行動，比如冒死直諫、殺身成仁等方面捨我其誰的志氣英勇。但總體來說，基督教表現得更多的還是個體主義，因為它將一切群體行動都置於一個個體即耶穌基督之內，為後者所統一，而儒家表現得更多的仍是群體主義，因為它將一切個體行動都置於所有個體即社群之間，為後者所涵攝。

基督教「個體主義」的理論根源於神人分離，嚴格講來，除了神與人類之間有個體與群體的正義關係之外（唯有「神之義」），人類之間並不存在個體與群體的正義關係（絕無「人之義」），任何人除了通過以個體身分愛神並接受神愛之外，沒有資格愛他人並接受他人之愛，人與人之間的相互成就必須以基督為仲介，彼此並不能直接相互成就，這就完全阻斷了世俗意義上群體主義的發生，只有在耶穌基督這一個體之內神聖意義上的共信群體（基督徒群體）存在：「豈不知你們的身子就是聖靈的殿麼。這聖靈是從神而來，住在你們裡頭的。並且你們不是自己的人。因為你們是重價買來的。所以要在你們的身子榮耀神。」「就如身子是一個，卻有許多肢體。而且肢體雖多，仍是一個身子。基督也是這樣。我們不拘是猶太人，是希利尼人，是為奴的，是自主的，都從一位聖靈受洗，成了一個身體。飲於一位聖靈。」（哥林多前書 6：19-20、12：12-13）「親愛的弟兄阿，我們應當彼此相愛。因為愛是從神來的。凡有愛心的，都是由神而生，並且認識神。沒有愛心的，就不認識神。因為神就是愛。

神差他獨生子到世間來，使我們借著他得生，神愛我們的心，在此就顯明了。不是我們愛神，乃是神愛我們，差他的兒子，為我們的罪作了挽回祭，這就是愛了。親愛的弟兄阿，神既是這樣愛我們，我們也當彼此相愛。從來沒有人見過神。我們若彼此相愛，神就住在我們裡面，愛他的心在我們裡面得以完全了。神將他的靈賜給我們，從此就知道我們是住在他裡面，他也住在我們裡面。父差子作世人的救主，這是我們所看見且作見證的。凡認耶穌為神兒子的，神就住在他裡面。神愛我們的心，我們也知道也信。神就是愛。住在愛裡面的，就住在神裡面，神也住在他裡面。」（約翰一書 4：7-16）對於一個真正的基督徒來說，並不會因為「因信稱義」的人越多、「因信稱義」的人與自己的世俗關係越親密，他自己「因信稱義」的程度與品質就越高，當然也不會因為通過末日審判而復活的人越多、復活的人與自己世俗關係越親密，他自己通過審判而復活的可能性就越大，因為世人與世人之間除了通過神以外，沒有任何根本性的內在關聯。

　　在儒家卻恰好相反，其「群體主義」理論根源於天人合一，由於每個人都先天性地秉賦著地位完全平等且品質完全相同的天命之性，並不需要像基督教那樣通過借助耶穌基督才能彼此交通互感、表顯正義。為了更好地實現上天好生之德、厚生之養，每個人都有義務按照良知、出於公義地去愛他人、幫助他人，這就徹底阻斷了個體主義的滋生，與基督教在根本上渴望「離群」不一樣，儒家在根本上渴望能夠「合群」，所謂：「乾稱父，坤稱母；予茲藐焉，乃混然中處。故天地之塞，吾其體；天地之帥，吾其性。民，吾同胞；物，吾與也。……富貴福澤，將厚吾之生也；貧賤憂戚，庸玉汝於成也。存，吾順事；沒，吾寧也。」

（西銘）「仁者渾然與物同體，義、禮、智、信皆仁也。識得此理，以誠敬存之而已，不須防檢，不須窮索。若心懈，則有防；心苟不懈，何防之有！理有未得，故須窮索；存久自明，安待窮索！此道與物無對，『大』不足以明之。天地之用，皆我之用。孟子言『萬物皆備於我』，須『反身而誠』，乃為大樂。若反身未誠，則猶是二物有對，以己合彼，終未有之，又安得樂！《訂頑》意思，乃備言此體，以此意存之，更有何事。」（識仁）

我們再進一步聯繫中篇內容，從基於原罪論的神性之愛來看，任何人一出生就意味著墮入罪惡的群體，在起點上就意味著抵達理想終點必須要「離群」而非「合群」，整個成長的過程中，只有盡可能避免文化傳統、風俗習慣的糾纏與蒙蔽，才能最快速地接通上帝之愛、感受基督恩典，因此，與「合群」相關的一切自然因素（家族傳承、血緣關係）與人文因素（親親——仁民——愛物等自律倫理）都在接受質疑與貶斥之列。而從基於性善論的人性之愛來看，任何人一出生就意味著彰顯了上天好生之德，在起點上就意味著抵達理想終點必須要「合群」而非「離群」，整個成長過程中，只有盡可能接受傳統文化、風俗習慣的教育和啟發，才能最快速地開顯天命之性、修道止於至善，因此，與「離群」相關的一切自然因素（粗野、情欲）與人文因素（隱逸、高傲）都是理性克制的對象。更何況，正如王陽明所說，「身之主宰便是心，心之所發便是意，意之本體便是知，意之所在便是物。如意在於事親，即事親便是一物；意在於事君，即事君便是一物；意在於仁民愛物，即仁民愛物便是一物；意在於視聽言動，即視聽言動便是一物。所以某說無心外之理，無心外之物。」（傳習錄），即便有「離群」的事物，也能在人們完

全秉承天理良知的「一念之善」中得以統合與化解。

　　一言以蔽之，對於基督教來說，群體只能是個體中的群體，個體是至善的神，而群體是罪惡的人類。對於儒家來說，個體必定是群體中的個體，群體是至善的人，個體則是「問題中人」（修道中人）。前者對人類群體根本沒有信心，而後者則恰恰相反[5]。即便如趙紫宸等人所倡，基督教與儒家一樣，都是旨在救國救民的人格之教，但基督教靈肉二分與個體主義這兩大邏輯前提必然導致的還是出世之教（宗教之教），而儒家以心物一體與群體主義為知行基礎所必然導致的卻是入世之教（教育之

---

[5]　「在儒家的生命哲學中，個體成了整體的生命之樹上的一片葉、一枝花……熱愛這株生命之樹，個體便將得到甜美的生命果實；離卻了這株生命之樹，個體便將枯萎，正如被西風掃落的一枝一葉那樣。而基督教卻是個人的宗教，每個人都有一個與眾不同的靈魂，據說這個靈魂不是父母給的，而是上帝創造的，因此，無論進天堂還是下地獄，個人必須對自己負責。……儒家那個和樂盈盈的大家庭，就是為家庭成員們建造的無不平、無煩惱的安樂窩。只要每個人平平庸庸地生活而不反常，都能得到天倫之樂。而基督教卻把進天堂的門票，發給少數人。而且即使得到門票，有沒有天國也成問題。儒家的安樂窩則是現世今生，大家庭也就是天國。你可以說天國是一個荒誕的虛構，卻無法說這個大家庭不實。因此，指責基督教容易，指責儒教則要艱難得多。」「這個大家庭並不無益地讓人受苦受難、自我折磨，而是讓人愛惜生命，以樂觀長壽為美德。在基督教倫理中，蔑視並糟蹋肉體生命的，才能得到靈魂的淨化和精神的快樂。……因此，基督教倫理是肉體與精神的分裂，地上與天國的分裂；儒家的大家庭建在地上，因而就是肉體與精神的合一，高尚的精神就在人的肉體生命之中，在你我他的喜怒哀樂、飲食男女之中。」高旭東：《生命之樹與知識之樹——中西文化專題比較》（北京：北京大學出版社，2010年），頁19-20、22。

教）⁶。

3、宗教之教與教育之教

　　教者，效也，上有所施，下有所效。宗教之教施者為神、效者為人類，而教育之教施者為聖人、效者為凡人，因此，宗教之教旨在「離群」「出世」，人類效仿的對象是神，比如基督教的神子耶穌，而教育之教旨在「合群」「入世」，凡人效仿的對象不是神，比如儒家的聖人孔子，效仿神的宗教之教必然會排斥「神化凡人」，禁止「偶像崇拜」，而效仿人的教育之教也會排斥「神化聖人」，反對「宗教狂熱」。在中國歷史上，洪秀全的太平天國運動與康有為的孔教運動在耶儒互動上的失敗就是對「宗教之教」與「教育之教」理解發生錯位的典型代表。

　　洪秀全表面上是在信仰神，但實質上卻是在神化人，出於儒

6　這方面以「波士頓儒家」自稱的南樂山提出統一基督教個體主義與儒家
　　群體主義的兩個建議值得參考：「1、運用儒家思想中正確限定的
　　『禮』的觀念去解釋基督教的契約群體觀念，2、用基督教正確限定的
　　契約個人主義的觀念去解釋儒家思想中關於社會參與的觀念。」「雖然
　　契約的主題假設了個人通過與上帝的契約從一種自然動物變成為契約的
　　群體，但儒家思想中的中庸主題認為人不是一種西方人所認為的
　　『物』，它相信，人是一系列將核心與世間萬物聯繫在一起的動力結
　　構。」「雖然基督教契約模式中的自我是有別於社會角色的，是自我定
　　義的個體，而在儒家的契約模式，人是不可能與社會規範分離和對立
　　的。因此，對於儒家來說，任何觀念和行為都是與其他人的觀念和行為
　　相關聯的，⋯⋯個人生活的完善與社會秩序的完美是分不開的，個人義
　　務與公眾義務也同樣是分不開的。」南樂山著，辛岩、李然譯：《在上
　　帝面具的背後：儒道與基督教》（北京：社會科學文獻出版社，1997
　　年），頁148、139、143。

生的他潛意識地將基督教的「宗教之教」作為像儒家的「教育之教」一樣凝聚人心、武裝群眾的手段，並以強迫他人追隨自己「信教」（迷信）的方式去實現他個人的政治目的，「這是強迫的宗教，假使當時太平天國成功以後，這便成為國教無疑。」「太平軍以破除迷信為前提，而它自己所舉行的宗教儀式，仍舊是一種變相的迷信；想要利用宗教做手段，來達到它的目的，那自然是要失敗的；而且這種強迫的宗教方式，即使成功，也毫無用處，遲早也要引起人的反抗的。所以從太平天國本身上看，他們太把宗教當做一種工具，這是他們失敗的最大原因。」[7]將宗教作為政治手段與附庸而非目的本身，在強迫民眾的同時，宗教本身也被政治強迫成畸形變態，洪秀全本色化的「神學建構」既不合於反求諸神的基督教，也不合於反求諸己的儒家，可以說是一次「邯鄲學步」，終至於遺笑世人。

同樣，耶儒互動中作為儒家知識分子力爭化被動為主動的代表人物康有為，他所發動的「孔教運動」也全然沒有把握到儒家「教育之教」與基督教「宗教之教」的神髓，因而導致失敗。「如果說孔子不願代天說話是因為天不說話，那麼，洪秀全則聲稱自己具有代替人格化的上帝在人世間說話的權力。」「康有為不是作為古代真理的重新發現者，而是作為打破傳統觀念之禁錮的思想自由的英雄，被人們奉為中國之馬丁·路德的。」[8]洪秀全的失敗在於他要神化個人卻又無知妄為，康有為的失敗在於他

---

[7]　王治心：《中國宗教思想史大綱》（北京：東方出版社，1996 年），頁 222、227。

[8]　列文森著，鄭大華、任菁譯：《儒教中國及其現代命運》（北京：中國社會科學出版社，2000 年），頁 238、70。

欲神化孔子卻又四面樹敵，他們共同昭示了：在耶儒互動中對人格神的簡單崇拜與盲目依賴（不管是孔子還是耶穌）都絕不可取、有害無益。後來本色神學家們歷史性地吸取了這一經驗教訓，他們首先要做的便是平實地還原孔子「教育之教」（效仿聖人入世）與耶穌「宗教之教」（效仿神子出世）本身。

當然，正如上文所言，基督教信仰神性，但能以出世理想規約入世行為，「宗教之教」能成全「教育之教」，而儒家信仰人性，也能以入世行為成就出世理想，「教育之教」能成就「宗教之教」，因此，基督教的世俗性（入世性）與儒家的神聖性（出世性）這兩個生硬的概念雖然都不能表現二者最基本的理論形態，但在現實生活中，對它們有一個深刻的認知卻是必不可少的。

兩千多年來，儒家都是作為中國國家意識形態、有官方組織傳播而為全民所信奉，在一定程度上顯示出了某種宗教性，但基督教自唐以來前後四次傳播活動中與儒家親密相處時始終都沒有將儒家當作一種西方意義上的宗教來對待。換言之，雖然有學者認為，「春秋時期孔子創立的儒家學說本來就是直接繼承了殷周奴隸制時期的天命神學和祖宗崇拜的宗教思想發展而來的，這種學說的核心就是強調尊尊、親親，維護君父的絕對統治地位，鞏固專制宗法的需要，本身就具有再進一步發展成為宗教的可能。」「董仲舒為了鞏固政治的統一，主張思想統一，提出『罷黜百家，獨尊儒術』。從董仲舒起，孔子被抬上了宗教教主的地位。春秋時期的孔子是一位政治家、思想家、教育家和儒學學術團體的領袖，但常常被嘲弄、被冷遇；漢代的孔子就成了儒教的莊嚴、神聖的教主，他被塑造成神，成了永恆真理的化身。……

東漢以皇帝名義召開的白虎觀會議，更是用政權推行神權、用神權維護政權的典型例子。……漢代的儒家，先按照地上王國的模特兒塑造了天上王國，然後又假借天上王國的神意來對地上王國的一切活動發指示。這就是漢代從董仲舒到白虎觀會議的神學目的論的實質。」「從漢武帝獨尊儒術起，儒家已具有宗教雛形。但是，宗教的某些特徵，尚有待於完善。經歷了隋唐佛教和道教的不斷交融、互相影響，又加上封建帝王的有意識地推動，三教合一的條件已經成熟，以儒家封建論理為中心，吸取了佛教、道教的一些宗教修行方法，宋明理學的建立，標誌著中國儒教的完成。它信奉的是『天地君親師』，把封建宗法制度與神秘的宗教世界觀有機地結合起來。其中君親是中國封建宗法制的核心，天是君權神授的神學依據，地是作為天的陪襯，師是代天地君親立言的神職人員，擁有最高的解釋權。」「儒教雖然缺少一般宗教的外在特徵，卻具有宗教的一切本質屬性。僧侶主義、禁欲主義、『原罪』觀念、蒙昧主義、偶像崇拜，注重心內反省的宗教修養方法，敵視科學、輕視生產，這些中世紀經院哲學所具備的落後宗教內容，儒教應有盡有。」[9]但正如本書前幾章的疏解，這些內容並沒有構成耶儒對話的重點與難點，或者說，在基督教神學家們來看，這些都只是表面上的衝突，真正的問題不在於融通兩種不同宗教，而是在於融通一種宗教（耶）與一種倫理（儒），他們的主要立場不是基於橫向平等的「多元主義」或「排斥主義」，而是基於縱向統領的「包容主義」或「成全主

9　任繼愈：〈論儒教的形成〉，任繼愈：《儒教問題爭論集》（北京：宗教文化出版社，2000 年），頁 2、4、9、14。

義」：要麼是以儒家為體、以基督教為用，比如康有為、譚嗣同的「改良哲學」；要麼是以基督教為體、以儒家為用，比如徐松石、趙紫宸的「本色神學」。因此，在耶儒互動中，「宗教之教」與「教育之教」的異同紛爭看似純屬義理，實則全關現實，由於基督教以上帝中心自居，而儒家則為中華國魂，二者之爭的起源與歸宿往往都在於「基督本位」與「中華本位」的體用之爭、主客之爭，落實下來，往往是神權、皇權等雙方政治勢力的角逐。

比如，由於新教傳入伴隨著一系列帝國主義殖民戰爭與不平等條約，因此，受鴉片戰爭以後全國各地各種教案與義和團運動「扶清滅洋」的慘痛失敗等影響，大多數對歷史或對宗教缺乏系統深入瞭解的國人（受儒家教育之教的影響）都潛意識地將「洋教」（以基督教宗教之教為怪誕）與帝國主義的文化殖民等同起來予以盲目否定和直接排斥。謝扶雅說，「義和團各種教案，那是排外，是『撲清滅洋』，是由於盲目的衝動，不能算作有意識的非宗教運動。」[10]同樣，發生在 1922-1927 年的非基督教運動本質上也是政治運動而非宗教運動，提出「有宗教可無人類，有人類應無宗教，宗教與人類不能兩立」等思想命題，看似在斷言宗教末日，其實不過是一種政治手段與心理攻略。雖然這兩次大規模的反基督教運動對基督教的宗教之教與儒家的教育之教都缺乏深刻的認識，但深深的民族憂患意識卻足以幫助它們越過表層義理問題，「歪打正著地」直搗黃龍——基督本位與中華本位的

10　謝扶雅：〈近年來宗教及非宗教運動概述〉，《中華基督教會年鑑》第 10 期（1928 年），頁 17。轉引於楊天宏：《基督教與民國知識分子：1922 年-1927 年中國非基督教運動研究》，自序。

政治角逐，尤其是蔡元培等人提出「以美育代宗教」的初衷雖然並非以弘揚儒家為出發點與最終目的，但卻在高度挺立民族主體意識的基礎上，有一種以儒家「教育之教」取代基督教「宗教之教」的「無目的的合目的性」──以美育成就入世合群的人格之教。

　　另外，在基督教方面，徐松石的「耶穌要重用中華民族」、「成全中華民族」可謂以「宗教之教」統攝「教育之教」的典型代表，直到上個世紀末，何世明仍然在說，「以中國文化為素材，闡釋基督教的信仰，同時又以基督教信仰為中心，重新評估中國文化的價值，原是我數十年來所抱持的一貫志願。所以我非常熱切期望中國的基督信徒，能起而創建國學化的神學與神學化的國學，使中華基督教的信仰，在普世的神學與中國的國學園地中，都能占一席地，而且能逐漸開出異卉奇葩，為中國的神學和國學，放一異彩。」[11]雖然這種溫和的表達方式不像之前中華內地會的創始人、基要主義者戴德生（1832-1905）「我們在這裡不是為了開發中國的資源，亦不是為了促進工商業的發展，更不是為了文化生活的進步，而是為了與黑暗的權勢爭戰，救人離開罪惡，為基督征服中國」[12]這種自鳴得意的號召那麼令人厭惡，也不像天主教神父雷鳴遠（1877-1940）「我為愛中國而生，我為愛中國而死」、「中國歸中國人，中國人歸基督」這種濃情蜜意的宣洩那麼露骨，但他們以基督教「宗教之教」統領中華民族儒家文化「教育之教」的心態本質是完全一致的：「在精神思想

11　何世明：《基督教儒學四講》，1981 年初版序言，頁 16。
12　轉引於杜小安：《基督教與中國文化的融合》（北京：中華書局，2010年），頁 54。

方面，自外於中國文化，或甚至與中國民族之間，彼此漠不相關。這顯然絕對不是作為普世之主萬民之父的上帝所喜悅，也是我們所決不能同意的。所以視信奉基督教的中國人為信奉『洋教』，甚至說『多了一個中國基督徒，便失去了一個真正的中國人』，這一說法，我們便絕對不能苟同，但若說兩者之間完全相同，則我們只要竭力保存中國固有的傳統文化便已足夠，又何必再來信奉基督呢？……基督曾說：『莫想我來要廢掉律法和先知，我來不是要廢掉，乃是要成全。』（太五　17）依照我們的看法，基督教信仰也絕對不是要『廢掉』中國文化，卻是要『成全』中國文化，使之更完美，更光輝，更燦爛。」[13]

真正的文明互動當然不是一方「廢除」或「成全」另一方，甚至也不止於二者之間狹隘自滿的相互尊重、相互成全，在世界文明對話時期的今天，基督教「宗教之教」與儒家「教育之教」之爭更需要從耶儒互動歷史上那種「基督本位與中華本位」之爭中徹底超脫出來，二者都作為「人類基層共同體」的普通公民為構建和諧社會、繁榮世界文化作出自己應有的貢獻。耶儒雙方應該站在完全平等自由的立場，在地球這個「與神聖者相遇的共同場地」，攜手致力於「對人類困境的共同診斷和療救」。[14]共同感知只有一個地球在默默地承受，只有一個上帝在默默地拯救，卻有很多不同倫理傳統的人在生活與受苦。「要將人類從以貪欲為動機，由技術所造成的種種惡果中拯救出來，需要有一切宗

13　何世明：《基督教儒學四講》，緒論，頁 4。
14　尼特：《一個地球　多種宗教》，頁 183、175。

教、哲學的信徒們進行世界性的合作。」[15]「折磨著人類和地球的貧苦與苦難是所有傳統的人的一個共同關切。這樣的苦難是向所有宗教家族發出的呼喚，如果認真對待，它將使它們認識到彼此更加有效的對話。」[16]「對待多元論和對話的一個重要術語是全球責任：對我們處於危險中的地球及其所有居民履行職責的過程中，諸宗教有了新的機會去理解他們自己以及理解彼此。」[17]耶儒互動應該作為一種對全球負責而非僅僅只是為了弘揚儒家或基督教自身優越性的對話[18]，應該在面對人類苦難時彼此都通過相互「同情──轉變──合作──理解」的心路歷程與實踐過程而逐步提升自我、成就對方。「信仰間合作廣泛展開，為社會的正義和公平乃至為世界和平、保護地球母親共同努力。」[19]「我

15　湯因比、池田大作著，荀春生等譯：《展望二十一世紀：湯因比與池田大作對話錄》（北京：國際文化出版公司，1999 年），頁 34。

16　尼特：《宗教對話模式》，頁 145。

17　尼特：《宗教對話模式》，頁 173。

18　「基督教的信仰不是一種處在真空中，對人類沒有絲毫影響的理論，⋯⋯在現實生活中見證和活出我們的信仰，這樣的信仰才是有意義的。」（塗智進：〈從基督教的人性論看構建和諧的社會〉，《金陵神學志》2005 年第 4 期）「作為基督徒，我們在探討教會與社會的關係時，不應不切實際地幻想如何去改造社會，而似應更多地去思考作為中國社會一個『少數群體』的中國教會，如何在當下的處境中對中國社會產生適切的和積極的影響。」（陳永濤：〈在「神聖」與「世俗」之間──從中國基督徒處理「神聖」與「世俗」關係的不同模式看基督教對中國社會所應有的影響和作用〉，《金陵神學志》2005 年第 4 期）儒家當然也須如此。

19　希克：《信仰的彩虹──與宗教多元主義批評者的對話》，頁 170。

們通過實踐真理而知道真理。……真理必須活出來。」[20]我們必須相信「世界之外無拯救」，「堅持把苦難的現實作為宗教間對話的唯一基礎和合法性。」[21]我們真正能夠拯救自己的就是依靠我們真實的人性去面對人類真實的苦難[22]，恢復以人性為宗教對話之「能」、以苦難為宗教對話之「所」的本來面目。正如保羅‧尼特所言，「除非我對嚴酷的貧困現實作出回應，否則我就算不上一個有人性的人，當然也算不上一個有宗教性的人。」[23]

---

[20] 尼特：《一個地球　多種宗教》，頁 139。

[21] 尼特：《一個地球　多種宗教》，孔漢思「前言」。

[22] 所謂真實的人性，指的是像儒家主張「人皆可以為堯舜」那樣的向善之性，而人類真實的苦難，主要是指像基督教主張「人人皆有原罪」那樣的驕傲之性、貪欲墮落之性所導致的人為罪惡，在世界文明對話的今天，耶儒互動應有的實踐指向正如湯因比所言：「我們所面臨的人為的各種罪惡，都起因於人的貪欲性和侵略性，是自我中心主義的產物。因此，根治這些罪惡的辦法必須從克服自我中心主義去尋找。根據以往的經驗，克服自我中心主義是帶有困難和痛苦的一個課題。但經驗同樣也告訴我們，人類中已有一些人達到了這個目的。當然，他們也並非是完全地實現了這個目標，但無論怎樣，他們使自身的生存方式發生了巨大的變革，進而又使得許多人的行動也將發生變化。像這樣，已有一部分品格高尚的人革命性地克服了自我中心主義，這件事說明無論什麼人，同樣地一定能夠在某種程度上做到達一點。因為聖人歸根結底還是人，他們做到的事情並沒有完全超過一般人的能力。今天，對人類的生存構成的威脅起因於我們人類自己，這是可恥的。而且，我們只要在精神上努力克服自我中心主義，明明是有能力自救的，可卻偏偏不這樣做，這就越發可恥。我們應該為處於這種狀況而感到羞恥，並以此去激發自己努力克服自我。進一步說，我們應該知道人類是有能力成功的，我們要從信心中獲得希望、勇氣和活力，及時奮起。」（湯因比、池田大作：《展望二十一世紀：湯因比與池田大作對話錄》，頁 51）

[23] 尼特：《一個地球　多種宗教》，頁 98。

只有不同宗教、倫理攜手建立一個面對共同苦難一起分析、一起行動的思想者與實踐者組成的「基層人類共同體」，才談得上有真正的宗教間的對話與互補，「提出建立基層人類共同體，不僅是作為一種積極地、多元主義的方式對正義和福祉的呼喚作出回應，而且是防止宗教被濫用的一種方式。……對任何一種宗教利用性的濫用，最好的治療是讓它的成員和其他宗教的信徒在一個共同體中談話和合作。」[24]不管是崇尚出世還是崇尚入世，不管是靈肉二分還是心物一體，不管是個體主義還是群體主義，不管是宗教之教還是教育之教，出發點都應該是以社會基層的苦難人群為本位，去滿足需要（適應）而非創造需要（灌輸）。從下節內容我們看到，耶儒互動中康有為、譚嗣同「大同」「仁學」中深沉的苦難意識、宏闊的天下情懷雖然也不可避免地帶著宗教色彩與中華本位的時代烙印，但總體而言，作為公認的儒家知識分子，他們已經基本突破了儒家本位主義的傳統立場。

二、康有為、譚嗣同弘揚儒家入世精神的兩個維度

在面臨基督教嚴峻挑戰之時，康有為、譚嗣同以儒為體、以耶為用的「大同」「仁學」改良、更新了傳統儒學成性成身的哲學內涵，在更為廣闊的文化背景與更高的理論平臺上凸顯、強化了傳統儒家「內聖外王」稱天而行、稱天而治的人格之教：康有為從橫向（大同之道、同則通）的角度，將農業社會文化背景中

---

[24] 尼特：《一個地球　多種宗教》，頁239。

的天人合一、天人之樂更新為工業社會文化背景中的「諸天之無量」、「天上之極樂」，將傳統意義上作為治道之極致的「天下主義」更新為現代意義上治道之極致的「世界主義」，他的「大孔之教」在總體上刷新了傳統儒學入世天游的修道空間；與此同時，譚嗣同則從縱向（大通之道、通則同）的角度，將儒者「為國流血」、「殺身成仁」的生命寄託，從傳統意義「氣一元論」聚散有常、自然狀的有機生命共同體更新為現代意義「氣一元論」熱火朝天、機械化的有機生命共同體，在中華民族又一個革故鼎新之時，他以「大仁之身」啟動了傳統儒學入世永生的成道時間。雖然二人都深具「大憂患大擔當的宏偉願望與豪雄氣概」和「逆來順受以苦為樂的先知精神與宗教情懷」，但他們在面臨基督教的巨大挑戰之時，不僅沒有和與自身氣質相近的基督教精神同聲相應同氣相求，反而在受其刺激時借助於佛教思維知行合一地更新、光顯了傳統儒家入世立功的弘道時空。在他們以儒家「入世精神」應對基督教「出世信仰」的「時」、「空」二維中，思想之起承轉合為：大孔之教以致大同之道，大同之道以成大仁之身，大仁之身以享天遊之樂，天遊之樂以成大孔之教。

從本章所論耶儒互動主要內容來看：「大孔之教以致大同之道」顯然是「教育之教」而非「宗教之教」；「大同之道以成大仁之身」顯然是「群體主義」而非「個體主義」；「大仁之身以享天遊之樂」顯然是「心物一體」而非「靈肉二分」；「天游之樂以成大孔之教」顯然是「入世主義」而非「出世主義」。顯然，作為起點與終點的「大孔之教」是他們應對基督教信仰、弘揚儒學的關鍵所在，所謂「大孔之教」，一言以蔽之，即「語孔

子之所以為大」[25]，筆者認為其「光大孔教」的哲學內容主要表現為康有為的「大同」「天遊」之學與譚嗣同的「仁學」而非他們在孔教運動中（宗教化儒學）的某些思想。

1、康有為刷新了傳統儒學入世天游的修道空間

我們可以「大孔之教」表述康有為整體上的儒學作為，它大體上分為前後兩個階段與主、客觀兩個方面，即戊戌變法前的理論準備與變法失敗後發起孔教運動的社會實踐，康有為主觀上極欲光大孔教，而客觀效果適得其反，為第一階段[26]。其後《大同

25　梁啟超：《清代學術概論》，頁 119。

26　在康有為，發動孔教運動與戊戌變法的初衷與本質完全是一樣的，旨在通過學習西方文化來立功、立政、立國而非立教，偏向於政治方面而非文化方面的「師夷長技以制夷」，這一點在〈請商定教案法律釐正科舉文體聽天下鄉邑增設文廟謹寫〈孔子改制考〉進呈御覽以尊聖師而保大教折〉（1898 年 6 月 19 日）中表現得很清楚，孔教運動的初衷，一言以蔽之，即「尊聖師而保大教、絕禍萌」，「尊聖師而保大教」的文化自覺只是手段，「絕禍萌」的政治自主才是目的，「查泰西傳教，皆有教會，創自嘉慶元年，今遂遍於大地。今其來者，皆其會中人派遣而來，並非其國所派，但其國家任其保護耳。其教會中，有總理，有委員，有入議院者，略如我禮部。領學政教官，下統舉人、諸生，但聽教民所推舉，與我稍異耳。今若定律，必先去其國力，乃可免其要脅，莫若直與其教會交，吾亦設一教會以當之，與為交涉，與定和約，與定教律，亦在於變法也。」（相關引文參見《康有為全集》第 4 冊，第 92、93 頁）因此，孔教運動與其說是西學衝擊下的儒家宗教化建設，還不如說歐美侵略後的儒家政治化建設。「從康有為所設計的種種祭孔儀式來看，其政治特徵依然遠遠要超過宗教特徵，其實，孔教會所作的將儒學宗教化的努力，並不是要像啟蒙時期的教會一樣，將世俗權利和教會權力劃界。……康有為並不願意將儒學與政治分離，這導致孔教會

書》與《諸天講》學說的最終成型、出版為第二階段，康有為主觀上並非有意光大孔教，但客觀上卻對儒學拓展作出了重要貢獻[27]。然而正如康有為自己認定的：「吾學三十歲已成，此後不復有進，亦不必求進。」[28]不管是在理論萌芽的時間與作者的精神狀態上還是在學理發展的邏輯演進上，前後兩個階段的「大孔之教」都可謂一脈相承。

　　前期的《新學偽經考》與《孔子改制考》一破一立，旨在給

以宗教方式重建儒家制度化的努力與軍閥政權尋求合法性的活動一直脫不開干係，……反而使得在激進的知識階層眼裡，儒家日益與專制和愚昧結合在一起，成為中國進步的主要障礙物。」（干春松：〈康有為和孔教會：民國初年儒家復興努力及其挫折〉，《求是學刊》2002 年 7 月）

[27] 蕭公權先生認為：「康有為的社會思想有兩個層次，……他可說是扮演了雙重角色：實際的改革家與嚮往烏托邦的思想家。」「康氏的哲學思想可區分為兩期。第一期大約從 19 世紀 80 年代到 20 世紀 10 或 20 年代，儒學和大乘佛學仍是其主要的靈感源泉，雖說西方的科學與史學已對他有了影響。他於 1884 年底形成的世界觀，可證實這一點。在此一時期中，康氏一直取一道德的世界觀，認為人定勝天是生命的基本律。康氏多年保持無神論的看法，像孔子一樣，關心生，不談死，宗教不過是改善社會的工具。此一時期有大量的代表作，從早年的《康子內外篇》（作於1886 年）到著名的《大同書》（完成於 1902 年）。第二期包含康氏的晚年，從較超然的立腳點來觀察人與宇宙，以及對西方哲學較親切的認識。至此他放棄了人定勝天以及人本主義的趨向，相信人類的幸福得自超越世界，而非重建世界。他也放棄了無神論，承認了上帝的存在，呈現一種在他早年著作中見不到的虛懷。此一時期的代表作《諸天講》中不科學的部分，特別是十一和十二兩章。」（蕭公權著，汪榮祖譯：《康有為思想研究》（北京：新星出版社，2005 年），頁279、94）筆者對此觀點有所不同，作出新的劃分。

[28] 梁啟超：《清代學術概論》，頁 113。

變法強國提供一個更加堅實的理論基礎與更加自由的權變空間，目的都是以他所闡揚的孔教來統攝人心，推行新法，振興民族。至於和《孔子改制考》同時進呈的〈請尊孔聖為國教立教部教會以孔子紀年而廢淫祀折〉中主張效仿基督教會而建立孔教會，「欲僑孔子於基督」[29]，以及其後促成陳煥章等人以民間力量在全國發起建立孔教會、抑或參與袁世凱、張勳帝制復辟運動以求借助官方力量定孔教為國教的種種舉動，也不僅未能讓孔教真正起到收拾人心的作用，反而更加損害了孔教的形象，最終都走向了失敗。概括來說，康有為前期在主觀上「以復古為解放」、返本開新的思維方式以及在客觀上「請尊孔聖為國教」、變法維新的行為方式與歷代儒者相比，雖然並無新的理論貢獻，但他試圖掃除儒教歷史上「君統之偽學」的塵埃，主張直接信仰孔聖，並借助基督教這種新的組織形式來重建孔教，與馬丁・路德建立的基督新教在草創邏輯上有著相同的志趣，正如譚嗣同所稱：「吾甚祝孔教之有路德也」，康有為「第一階段」的「大孔之教」在形式上比之先儒開拓了更大的思想空間，促使儒學的入世精神從傳統意義上的「天下主義」向著現代意義上的「世界主義」轉化，其後他又以第二階段的「大同」「天遊」學說從內容上充實了這個為他自己所更新了的修道空間。

　　後期的《大同書》[30]對理想世界與理想生活的系統建構，可

29　梁啟超：《清代學術概論》，頁 120。

30　《大同書》雖然遲到 1913 年才在《不忍》雜誌上刊載前三部，但根據其女康同璧的《康南海年譜續編》，該書 1902 年已經完成。（蕭公權：《康有為思想研究》，第 280 頁，相關研究資料還可參考張玉田：《關於「大同書」的寫作過程及其內容發展變化的探討——兼與李澤

以說達到了儒學發展史上前所未有的高度[31]。《大同書》甲部以
「入世界觀眾苦」開篇入題，歸結於「人有不忍之心」，可見作
者「探儒佛之微旨」、融儒佛於一爐的著述初衷。在一般人眼中
都不以為怪的尋常事，康有為看來卻是悲苦異常，希望能獲徹底
解救，「蒼蒼者天，厚厚者地，不過一大殺場、大牢獄而已。諸
聖依依，入病室牢獄中，畫燭以照之，煮糜而食之，裹藥而醫
之，號為仁人。」[32]這顯然是一種受到佛教影響而與基督教暗合
的強烈的「苦」「罪」意識。但與佛、耶不同之處在於，康有為
並未因此便全然訴諸神佛、寄望彼岸世界抑或神化他自己，而是
自始至終都把自己放在人群中，以人為本。站在儒家的立場，以
佛教的眼光來看待芸芸眾生，他救世的基本方式與孔孟擴充四端
以保四海一脈相承，全心全意去謀求一個最現實、最快樂、「最
有益於人道」的未來理想社會，實現生活中人與人之間、人與物

厚、湯志鈞二位先生討論關於「大同書」的估價問題》，《文史哲》
1957 年第 9 期）大同學說是康有為青少年以來「日日以救世為心，刻
刻以救世為事」日漸進化的結果，由於《大同書》定型、出版並產生影
響在康有為的後期，筆者將其作為後期思想的起點或前後期思想的承接
過渡。

31　雖然《禮運》「大同」之說「不是出於孔子之口……明顯帶有雜糅眾家
　　思想的特徵」，但它所表達的「天下歸仁」的王道理想，卻為歷代儒者
　　反覆陳說，康有為受基督教刺激，融儒佛於一爐，兼取西學空想主義的
　　大同學說在未來中國的命運或許也將如此。相關研究可參考楊念群：
　　〈佛教神秘主義：《大同書》的邏輯起點〉，《廣東社會科學》1989
　　年第 3 期；房德鄰：〈儒家色彩的烏托邦和孔教的啟示錄——《大同
　　書》新論〉，《孔子研究》1992 年第 4 期；裴傳永：〈「大同小康」
　　之論非關孔子辨〉，《孔子研究》2003 年第 6 期。

32　康有為：《大同書》，《康有為全集》（第 7 冊），頁 4。

之間和諧舒適的倫常秩序之樂，這便使他與耶佛追求彼岸極樂完全區分開來了。《大同書》甲部提出人類諸苦的問題，以後各部分別給出解決方案，「乙部，去國界合大地；丙部，去級界平民族；丁部，去種界同人類；戊部，去形界保獨立；己部，去家界為天民；庚部，去產界公生業；辛部，去亂界治太平；壬部，去類界愛眾生；癸部，去苦界至極樂。」在清除一切導致生活悲苦的人類社會矛盾、去掉人世間一切障礙以後，他希望在全人類建立一個公政府來進行統一管理，比如統一建立「人本院、育嬰院、小學院、中學院、大學院、恤貧院、醫疾院、養老院、考終院」來實現生活幸福與社會發展，考慮到地球很大，可以「公地為百度」，在「全地通同」的前提下進行「地方分治」，用「公金行、競美、獎智、獎仁、學校、刑措、四禁」等方式來實現良性競爭，最終全世界普遍「治教以去苦求樂」，人人都能享受到「居處、舟車、飲食、衣服及其他之樂」[33]，不僅每個人都有一個幸福美滿的人生，能夠「稱天而行」，而且整個地球簡直就如同一個「大寫的人」，也有一個幸福美滿的「人生」，能夠「稱天而治」，人人都能在自遂其性自得其所的基礎上各得其所各遂其性，處處都呈現出一片祥和通泰、生意盎然的景象，宛如天空中群星璀璨、忽閃忽閃，活潑可愛而又意境深遠。

　　毫無疑問，康有為的「大孔之教」是以「大同之世」這一現實性的此岸世界而非理念性的彼岸世界為理想世界的，正如梁啟超所言，「孔教之言大同，言太平，為人間世有形之樂。」[34]正

33　以上引文為《大同書》章節目錄。

34　梁啟超：〈南海康先生傳〉，夏曉虹編：《追憶康有為》，頁13。

如蕭公權所言，「康氏所描述的大同世界似是一真實的天堂，每人都能充分獲得所需、所欲，而無痛苦或不安，生命乃是一連串的樂事。」[35]在康有為看來，基督教「上帝之國」的理念不過是「大同世界」的虛幻反映而已，「耶教以尊天愛人為誨善，以悔罪未斷為悚惡。太平之世，自能愛人，自能無罪。知天演之自然，則天不尊；知無量眾魂之難立待於空虛，則不信末日之斷。耶穌之教，至大同則滅矣。回教言國，言君臣、夫婦之綱統，一入大同即滅，雖有魂學，皆稱天而行，粗淺不足徵信，其滅更先。大同太平，則孔子之志也。至於是時，孔子三世之說已盡行，惟《易》之陰陽消息，可傳而不顯矣。蓋病已除矣，無所用藥，岸已登矣，筏亦當舍。」[36]在他的大同世界裡，人人「稱天而行」，社會「稱天而治」，「人為之功」也就是「天作之合」。順著這個邏輯往下走，自認為已從理論上解決了人生觀問題之後的康有為便自然發展到解決宇宙觀的天遊之學上來：「蓋大同者，世間法之極，而仙學者，長生不死，尤世間法之極也；佛學者，不生不滅，不離乎世而出乎世間，尤出乎大同之外也。至是則去乎人境而入乎仙、佛之境，於是仙、佛之學方始矣。……故大同之後，始為仙學，後為佛學，下智為仙學，上智為佛學。仙、佛之後，則為天遊之學矣，吾別有書。」[37]雖然「天遊」之學在邏輯演進上是「大同」之說的理論昇華，但其實與大同說一樣，也根植於康有為的性格，即「對生命的一種歡樂感，讀《大同書》者大多能注意到，他對人性所作之坦率的享樂

35　蕭公權：《康有為思想研究》，頁 322。

36　康有為：《大同書》，《康有為全集》（第 7 冊），頁 188。

37　康有為：《大同書》，《康有為全集》（第 7 冊），頁 188。

主義式解釋。」[38]筆者認為，這種歡樂感也根植於其超強的自信心。他以小我之超強自信推拓及人、推拓及物，推拓於整個宇宙，則小我之樂觀自信與大我之生生不息融而為一，大我小我都得到生命原發性的舒展，所謂「山河大地，皆吾遍現，翠竹黃花，皆我英華」，一片生意盎然。所以他在波譎雲詭的時代飽經滄桑以後寫的《大同書》與《諸天講》，也還一直對人性享受之美與人類前途之善都保持十足的樂觀與積極態度[39]。

《諸天講·自序》中說：「自金、水、火、木、土諸星中夜望吾地，其光華爛爛，運行於天上，亦一星也。夫星必在天上者也，吾人既生於星中，即生於天上。然則吾地上人皆天上人也，吾人真天上人也。人不知天，故不自知為天人。故人人皆當知天，然後能為天人；……人之生也，與樂俱來。生而為天人，諸天之物咸備於我，天下之樂孰大若是？……吾身在此地星之人間，吾心遊諸天之無量，陶陶然浩浩然。……詩曰『克廣德心』，周子曰：『見其大則心泰』，吾之談天也，欲為吾同胞天人發聾振聵，俾人人自知為天上人，知諸天之無量，人可乘為乙

38　蕭公權：《康有為思想研究》，頁 19。

39　「康有為是堅定的民族主義者，又是充分的世界主義者，為了民族的獨立和國家的富強，他一生奔走呼號，顛沛流離，九死一生之中，仍傷感於全人類的苦難，樂觀地憧憬和規劃著全球大同的美好前景。在其《大同書》定稿之際，正是《辛丑合約》簽訂之時，此時八國聯軍侵華硝煙未散，城下之盟墨蹟未乾，在國將不國的形勢下，康有為寫下了以拯救全人類為目的的，洋溢著世界主義情懷的《大同書》，由此反映出一位思想家的高瞻遠矚和博大的胸懷，也折射出孔教包容的寬廣。」喻大華、李孝君：〈康有為孔教思想中的民族主義立場與世界主義情懷〉，《遼寧師範大學學報》（社會科學版）2007 年 9 月。

太而天遊，則天人之電道，與天上之極樂，自有在矣。」[40]這種已經超越大同之樂的天遊極樂絕非有如佛、耶所謂彼岸世界之極樂，而是與傳統儒家完全一致的現實世界中當下天人一體共榮、身心通泰的暢快之樂，是一種在「稱天而治」的大同世界裡每個人都可以也應當進一步擁有的「稱天而行」之樂：「登高山而望巨海，群峰合遝而青碧，川原交錯而文繡，……日月並照以生萬匯、育群蟲，既悅心而娛目，亦養體而舒中。吾人生於此地，不假外求，不需製造，而自在享受於無窮，豈非人生之至樂哉！……故吾人生於地星上，為星中之物，即為天上之人，吾十六萬萬人皆為天人。吾人既自知為天上之人，則終日歡喜極樂，距躍三百，無然畔援，無然歆羨矣。」[41]筆者認為，康有為以「大同之道」為背景發展出來的這種「天遊之學」在中國儒學史上當有重要一席，主要原因有二：第一，對內來說，這種天遊之學因為占據了中國先儒難以企及的科學制高點，將以《周易》與《春秋》為代表的傳統天人之學擴展到了宇宙各個星球這個更為宏闊的範疇與高度，前所未有，隨著時代的發展，它對於傳統文化與時俱進的系統更新來說理論上必不可無。第二，對外來說，這種看似嶄新的天人之學在康有為的思想體系中，立於他的「大同之道」亦即中國有史以來對理想社會描摹最為系統而清晰的美好藍圖之上，且比之更高一籌，在康有為看來，他「大同社會」已然比基督教的「上帝之國」更勝一籌了，因此，這就更為有力地回應了基督教恩典救世說對中國本土文化尤其是儒家文化的激

---

[40]　康有為：《諸天講》，《康有為全集》（第 12 冊），頁 11-12。
[41]　康有為：《諸天講》，《康有為全集》（第 12 冊），頁 18-19。

烈衝擊與巨大挑戰，說明了人類無需依靠上帝與基督的拯救，無需歆羨天堂復活、或往生彼岸世界，也一樣能享受到同等甚至更高的人生之福樂美。應該說，這種回應從哲學邏輯上、從理念理想上來說都是非常有力的。康有為這種「天人觀」貌似建立在現代天文學的基礎之上，也帶有很強的佛學色彩，但骨子裡卻是與傳統儒家「萬物生生，而變化無窮焉，惟人也得其秀而最靈……故聖人與天地合其德，日月合其明，四時合其序，鬼神合其吉凶。君子修之，吉；小人悖之，凶」（太極圖說）、「致中和，天地位焉，萬物育焉」這種天人合一的人生觀一脈相承，乃是地地道道的正統儒家觀念。再進一步思考，康有為之前苦苦追求的大同理想發展到天遊之學時，邏輯上自然能延伸出「諸天諸星之大同」這一至高至大極遠極美之境，在思想範圍與精神境界上都超出了傳統中國知識分子。並且尤為可貴的是，即便是這種很容易遁於虛幻的天遊之學與天遊之樂，對康有為來說，也是完全現實的、此岸世界的，是宇宙進化自然而然的，絕非由彼岸世界的上帝或聖人外在安置的。而這一切之所以可能的一個最堅實的根基乃是他儒家文化大背景、潛意識裡的「天人之善」，即諸天純善、諸人純善，大同之學裡戮力而為的「去苦求樂」進一步昇華到天人之學，只須純任天人之善自然而然，便能坐享其成而得天人之樂。若人人真以天上之人自居自養，稱天而行，成性成身，則天下必可歌舞昇平，稱天而治。由此可見，《大同書》中的「去苦求樂」發展到《諸天講》的「極樂自在」，又完全回歸到「人之初，性本善」、「天命之謂性，率性之謂道，修道之謂

教」這個中國傳統儒家人性論的邏輯原點了[42]。

　　康有為最終歸命的天人之樂顯然不是一種宗教之樂，而是一種與中國歷代大儒一脈相承的天人之樂[43]，其「大同」「天遊」的「大孔之教」最終指向與理性呼喚的只能是日常生活為人處事時人人秉承天命之性而有士君子之行，在天人合一的過程中「知性」「盡性」「率性」「成性」、「修己以敬」「修己以安人」「修己以安百姓」這種「內聖外王」的「人格之教」。康有為在開啟了二十世紀中國的精神事業的同時，其「大孔之教以致大同之道，大同之道以享天遊之樂，天遊之樂以成大孔之教」的系統建構，刷新了傳統儒學入世天游的修道空間。

2、譚嗣同啟動了傳統儒學入世永生的成道時間

　　二十世紀新的曙光啟蒙之前，譚嗣同以短暫的生命與簡短的

---

[42] 因此筆者並不認同蕭公權先生所謂「『天遊』乃是一個白日夢式的漫想」（《康有為思想研究》，頁 275）的觀點，認為康有為的「天游之樂」是「大同之道」合理的邏輯演進，是促使其回歸並成就「大孔之教」的關鍵所在。到目前為止學界關於康有為「天遊之學」的研究仍然很不充分，迷失於所謂幻想或科學的霧障之中，本節的邏輯分析希望有助於打開新的視野。相關研究可參考葉曉青：〈康有為《諸天講》思想初探〉，《自然辯證法通訊》1988 年第 1 期；林慶元：〈康有為與《諸天講》〉，《史學月刊》1997 年第 5 期。

[43] 有的學者認為，「天遊之學實際上是天文學與佛教極樂世界的結合」（程群、曾奕：〈儒學與宗教——論康有為對宗教的闡釋及其對諸教的判分〉，《史林》2009 年第 6 期），但康有為曾反復總結陳詞說，「仙、佛之後，則為天遊之學」、「生而為天人，諸天之物咸備於我，天下之樂孰大若是」，顯然，其所謂天遊之學總體背景與根本支撐還是儒家傳統的天人之學。

《仁學》給傳統儒學「殺身成仁」「永垂不朽」作出了光輝的注腳，啟動了傳統儒學入世永生的成道時間。關於譚嗣同之死，自梁啟超以來，都以為是「為國流血」，為救「同胞國民」、「同體眾生」免於痛癢糜爛而捨己成人。此解誠然不錯，但過於張揚「烈士之烈」的慷慨悲壯，遮蓋了「烈士之學」祥和通泰的一面。筆者認為：譚嗣同的「烈士之烈」有「生性」與「習性」兩方面，短短一生中屢屢遭受重大喪親之痛、辱國之恥的他從小到大都充滿了強烈的身體感與生命感[44]，內外交融，習與性成，最終生發出一種突破小我、成就大我的「烈士之學」，從存在論與心理學的角度，他所信受奉持的「烈士之學」可分為墨、耶、佛、儒四個發展階段。

《仁學・自敘》中說：「吾自少至壯，遍遭綱倫之厄，涵泳其苦，殆非生人所能任受，瀕死累矣而卒不死；由是益輕其生命，以為塊然軀殼，除利人之外，復何足惜。深念高望，私懷墨子摩頂放踵之志矣。」[45]可見，譚嗣同「烈士之烈」中的生性習性與「烈士之學」中的小我大我最自然的對接便是少壯之時已青眼有加的墨子任俠兼愛之學，這使他豪邁磊落的個人性格直接昇華為一種與黎民百姓同甘共苦的天下情懷，而與墨子這種大憂患大擔當的宏偉願望與豪雄氣概以及逆來順受以苦為樂的先知精神與宗教情懷在表裡氣質上最為接近的無疑是同類思想主張與理想目標都更為系統而徹底的基督教信仰，「資性絕特，於學無所不

---

44 張灝：《烈士精神與批判意識──譚嗣同思想的分析》（桂林：廣西師範大學出版社，2004 年），頁 30-35。

45 譚嗣同：《仁學・自敘》，《譚嗣同全集》下冊，頁 289-290。

窺，而以日新為宗旨，故無所沾滯」[46]、壯志凌雲的譚嗣同當然不會停留在內容粗糙的墨學上，必然會踏步前行，「遍訪天主耶穌之教士與教書，伏讀明辨，終無所得，益滋疑惑。殆後得《治心免病法》一書，始窺見其本原。今之教士與教書，悉失其真意焉。」[47]1896 年他北遊訪學途經上海時英國學者傳蘭雅特別向他介紹的這本《治心免病法》[48]，雖然譚嗣同「讀之不覺奇喜」，大為激賞。殊不知，他所獲耶教之「本原」「真義」也不過是有如「存心養性事天」、「盡心知性知天」、「變化氣質」這一類傳統儒家的修道觀念而已，並非恩典救世、因信稱義等基督教精義。這一方面固然是因為在當時條件下異質文化的核心觀念確實很難為國人深度瞭解，傳教者又大多故意「附會於儒理，使人猝不可攻」。但更為重要的原因在於譚嗣同的生性與習性始終關切的還是身心和諧、小我大我的問題，所追尋的是一種能夠逐漸延展自我以至於最終超越時空的成身之教，他 1889 年（25 歲）赴京應試時師從為學專主王夫之的劉人熙，張載、王夫之大易之學「成性」「成身」的「氣一元論」在他心裡早就深深地扎下根了。1895 年夏，譚嗣同在京城結識了梁啟超，受後者影響，又結識了著名佛教學者夏曾佑等人，隨之對佛教救苦救難的大智大

46　梁啟超：〈譚嗣同傳〉，《譚嗣同全集》下冊，頁 546。

47　譚嗣同：〈上歐陽中鵠〉，《譚嗣同全集》下冊，頁 459。

48　該書主要內容為：「天父造身，所以為心也，心器身以行意，是以心為身之主」，「欲治身，必先治心」，「復心之原，以合天心」，「人心即天心之一小分，如能恃天理而爭阻，則自能恃天力而治病，又焉用藥。」張灝：《烈士精神與批判意識——譚嗣同思想的分析》，頁 43。

慧產生了深厚的興趣，1896 年又在南京跟隨金陵刻經處的創設者楊文會精研佛教，對法相唯識學深有所得。據梁啟超回憶，「當君之與余初相見也，極推崇耶氏兼愛之教，而不知有佛，不知有孔子；既而聞南海先生所發明《易》《春秋》之義，窮大同太平之條理，體乾元統天之精意，則大服；又聞《華嚴》性海之說，而悟世界無量，現身無量，無人無我，無去無住，無垢無淨，舍救人外，更無他事之理；聞相宗識浪之說，而悟眾生根器無量，故說法無量，種種差別，與圓性無礙之理，則益大服。自是豁然貫通，能匯萬法為一，能衍一法為萬，無所罣礙，而任事之勇猛亦益加。」[49]「次金陵者一年，閉戶養心讀書，冥探孔佛之精奧，會通群哲之心法，衍繹南海之宗旨，成《仁學》一書。」由此可見，譚嗣同 1896 年定稿的《仁學》乃是「甲午戰事後，⋯⋯和議初定，人人懷國恥，士氣稍振起」[50]這一外在炙烤與儒、佛、耶三教之仁內在交融的自然感發之作，以儒、佛為體，耶、墨為用，成身之學得以最終成型。

　　在那個國家內憂外患社會風起雲湧動盪不安的大時代背景中，在譚嗣同短短 33 年有如彗星一般「吐萬丈光芒」的「一瞥而逝」中，我們要明確界定譚嗣同「烈士之學」這四個方面為先後四個階段可說是勉為其難，因此，筆者以為，從存在論與心理學的角度，扣緊「成性」、「成身」之學的生發過程才更為本質。從「大仁之身」的邏輯演進來看，譚嗣同的「烈士之學」一轉而為墨學兼愛者大義的天下情懷，再轉而為耶學博愛者復活的

49　梁啟超：〈譚嗣同傳〉，《譚嗣同全集》下冊，頁 546-547。

50　梁啟超：〈譚嗣同傳〉，《譚嗣同全集》下冊，頁 543。

靈魂永生[51]，再轉而為佛學慈悲者喜樂的性海輪迴，所以他會說，「想到來生，則現在草草光陰無不可處之境，真無一事足勞我之心思者。」[52]最後通過大乘佛學的三身觀與法相唯識學「如來藏清淨心」「種子起現行」的觀念而回歸於張載、王夫之等儒家仁愛者「成身成性」、「生生不息」的氣一元論宇宙人生觀。所以他說：「《易》冒天下之道，大約各教之精微誕謬，《易》皆足以括之，故曰至賾而不可惡。其精微處，船山《易傳》多已發明。……王船山先生曰（不能舉其詞，概括其意）：聖人之所養，死後可化為百十賢人，賢人可化為百十庸眾，故善吾生者，乃所以善吾死也。……所謂『薪火猶傳死後功』也，所以，第一當知人是永不死之物。所謂死者，軀殼變化耳，性靈無可死也。且軀殼之質料，亦分毫不失。西人以蠟燭譬之，既焚完後，若以化學法收其被焚之炭氣、養氣與蠟淚、蠟煤等，仍與原蠟燭等重，毫無損失，何況人為至靈乎？」[53]可見，譚嗣同不僅不怕死，而且以死為安樂、為功德、為寄望、為生化，譚嗣同的「死

51　「孟子批評墨子的一視同仁為無父，而耶穌卻當真地把他的母親與眾人一視同仁。基督教與墨家都有一種『尚同』的精神。」「在文化品格上，墨家和西方文化都有一種崇武的剛直僵硬的精神，一種貴力尚強的強梁敢進的精神。」「墨子也像耶穌那樣反對享樂鋪張，反對心悅身安。」「墨家與西方文化都執著於苦難和死亡，具有為自己的信仰和主義殉道的精神。」高旭東：《生命之樹與知識之樹──中西文化專題比較》，頁 123、125、127、129。

52　譚嗣同：〈又格言云〉，《譚嗣同全集》上冊，頁 285。

53　譚嗣同：〈上歐陽中鵠〉，《譚嗣同全集》下冊，頁 461-462。由此引文赫然可見，譚嗣同的「善吾死」並不是寄望於佛教的修成果報、往生極樂淨土，而是服膺於貫通儒道的大易「氣一元論」宇宙生化背景中的有無相生、聚散有情。

得其所、快哉快哉」，與其說是純粹付出，還不如說是滿載而歸，與其說是滿載而歸，又不如說是順其自然：「善吾生者」，他能「即仁即智即勇」；「善吾死者」，他能「不憂不惑不懼」；對於生死問題，他已經「無所希戀，無所罣礙，無所恐怖」，「通乎此者，則遊行自在，可以出生，可以入死，可以仁，可以救眾生。」[54]

　　雖然對於信奉墨、耶、佛、儒等偉大教化的人來說，愛的付出都是一種善的收穫，雖然譚嗣同本人在《仁學》中明確將佛置於儒之上，所謂「能為仁之元而神於無者有三：曰佛，曰孔，曰耶。佛能統一孔、耶，而孔與耶仁同，所以仁不同。」「佛教大矣，孔次大，耶為小。小者先行，次宜及孔，卒乃及佛，此其序矣。」[55]但筆者通過全面審讀原著，赫然發現儒學在譚嗣同的潛意識裡早已占據了主流並且一直都發揮著核心的作用[56]，因此認為戊戌死難中譚嗣同付出與收穫的外在關係，本質上是一種大仁之身成己成物、一體無隔的內在關係，正如 1898 年成道前夕他在南學會以「全體學」為宗旨砥礪士氣的豪情宣洩：「人在世界上，有幾件事不可不知：一曰天，二曰地，……在天地間不知天地，已為可恥，若並自己之身體不知，不更可笑乎？……大抵全

54　梁啟超：〈譚嗣同傳〉，《譚嗣同全集》下冊，頁 548。

55　譚嗣同：《仁學》，《譚嗣同全集》下冊，頁 289、332。

56　因此，不管是從主觀潛意識來看，還是從客觀作用力來看，譚嗣同與康有為的儒學立場都是根本一致的，筆者並不同意以下觀點：「康有為、譚嗣同對孔教與佛教關係的認定表明了對待孔教的原則立場截然不同，實質上是用孔教吸納佛教還是用佛教吞噬孔教的問題。」（魏義霞：〈以孔釋佛還是以佛釋孔──康有為、譚嗣同孔教觀比較〉，《北京大學學報》（哲學社會科學版）2009 年 5 月）

體竟是一副絕精巧之機器。各司其職，缺一不可，與天地之大機器相似。獨是夫造此一種全體之精巧機器，果何為也哉？原是要使人頂天立地，做出一番事業來，所謂贊天地之化育與天地參也。」[57]正如他平生不經意之間的真情流露：「吾孔孟救世之深心也」[58]、「讀衡陽王子闢五行卦氣諸說，慨焉慕之」[59]、「不知西人之說，張子皆已先之，今觀其論，一一與西法合。可見西人格致之學，日新日奇，至於不可思議，實皆中國所固有。中國不能有，彼因專之，然張子苦心極力之功深，亦於是徵焉。……不知張子，又烏知天？」[60]、「士生今日，亦只有隱之一法，然仕有所以仕，隱尤當有所以隱。為天地立心，為生民立命，以續衡陽王子之緒脈，使孔、孟、程、朱之傳而不墜於地。」[61]研究者張灝先生也堅定認為：「譚嗣同仁學思想的主要來源仍是張載和王夫之的思想。前面我曾指出，譚嗣同在二十五歲以後，受張載和王夫之這一思想傳承的影響極深，而在這一傳承裡，仁是一個中心觀念。因此，透過對此一傳承的分析，我們不但可以掌握譚嗣同思想的來龍去脈，而且也可以更清楚地看出《仁學》在近代思想史上的意義。」[62]張先生不暇詳論的「意義」筆者以為當有四層含義：第一，《仁學》的主要思想來源既不是墨學與耶

---

[57]　譚嗣同：〈論全體學〉（南學會第八次講義），《譚嗣同全集》下冊，頁 403-405。

[58]　譚嗣同：〈壯飛樓治事十篇〉，《譚嗣同全集》下冊，頁 443。

[59]　譚嗣同：《思緯氤氳臺短書・敘》，《譚嗣同全集》上冊，頁 195。

[60]　譚嗣同：〈思篇〉，《譚嗣同全集》上冊，頁 124。

[61]　譚嗣同：《興算學議・上歐陽中鵠書》，《譚嗣同全集》上冊，頁 164。

[62]　張灝：《烈士精神與批判意識——譚嗣同思想的分析》，頁 58。

學，也不是譚嗣同自己總是在有意識強調的佛學，儘管耶學的靈
魂不死與佛學的性海輪迴和儒學的氣化聚散論在「大身觀」上有
著相似的論調；第二，《仁學》之作，「康有為的影響只不過是
一個助緣」，本質上完全是譚嗣同個人「成身之學」水到渠成的
結果，儘管自康有為、梁啟超以後乃至於譚嗣同自己有時都誇大
了這種影響；第三，譚嗣同「通元為無」的仁學在大宇宙生化觀
上與張載、王夫之等人「成身成性」的氣一元論一脈相承，乃是
地地道道的儒家思想，儘管《仁學》的頭上總是頂戴著「乙太」
這個一閃一閃的洋帽子；第四，譚嗣同以這種「仁學」為思想背
景的烈士壯舉，本質上是氣一元論中「超脫小生命的割裂而回歸
到宇宙原有的圓融和諧」——「通元為無」——「成身成性」的
達人之舉，主要是儒家「仁」的精神體現[63]，儘管它「顯然也糅
合了墨子摩頂放踵的任俠精神、普救眾生的大乘菩薩精神和基督
教士冒險犯難的傳道精神。」[64]所以筆者最終也將譚嗣同的「烈
士之學」歸結為「大仁之身」的「成身之學」，認為譚嗣同之
死，與其說「死於事」，還不如說「死於學」，與其說死於其時
既悲且壯的戊戌變法，還不如說死於其人合情合理的生存理想，
在儒學意義上，這種為國流血的「死」本質上乃是一種革故鼎新
的「生」！譚嗣同的「烈士之烈」通過「烈士之學」的結晶昇華

63　當然，這並不意味著可以輕視佛、耶二教對譚嗣同的重要影響，相關研
　　究可參考李一寒：〈佛教精神之承繼與高揚——譚嗣同的「應用佛學」
　　及其價值取向〉，《上海大學學報》（社科版）1993 年第 5 期；張天
　　傑、肖永明：〈譚嗣同的仁學與基督教思想〉，《世界宗教研究》2008
　　年第 4 期。

64　張灝：《烈士精神與批判意識——譚嗣同思想的分析》，頁 71-72。

以後，徹底超越了血腥的殺生之域，進入祥和的永生之境。正是在從容就義中，譚嗣同為變法強國而死，為變法強國而生，「革故鼎新」、「生生不息」的盛德才與「為天地立心，為生民立命，為往聖繼絕學，為萬世開太平」的大業內外貫通為一，譚嗣同身心合一、知行合一的自度度人與天人合一、物我合一的日新日成融為一體，才真正超越其小我之身家，最終成就為「大仁之身」[65]。

對於譚嗣同來說，富有意義的個體生命之泯滅，在宇宙大仁的生化日新中，可謂適得其所，而絕非悲慘壯烈。對於個人是這樣，對於一個國家，一個民族也應當是這樣，變法維新本是社會機體自我新陳代謝的客觀規律與自然要求，譚嗣同死於變法維新時，身心當且僅當浸透著一個強烈的觀念——「變化日新！」我們可以將他與 80 年代末臥軌自殺的天才詩人海子相比，以便獲得一個更為清晰的概念，二者不同之處在於：前者秉承儒家的入世精神，志在熱烈地「迎來」，心中對人類未來社會充滿了美好的希望，後者依靠基督教的出世信仰，意在淒涼地「送往」，心中對人類未來社會充滿了悲觀的絕望。且因二者所處時代背景與個人理想訴求不同，詩人海子對機械化生活堅決地關閉心扉，哲學家譚嗣同對機械化生活卻熱情地敞開胸懷，因為機械化「一日可兼十數日之程，則一年可辦十數年之事；加以電線郵政機器製

---

[65] 有研究者認為，譚嗣同浸透著佛學精神的戊戌死難，「不是為了追求個人的解脫，而是為了挽救社會於衰敗，拯救國家、民族於危亡」（王興國：〈譚嗣同與梁啟超的應用佛學〉，《船山學刊》1997 年第 1 期），通過以上分析，筆者認為，在譚嗣同儒學精神的生態背景中，個人解脫與入世立功完全能夠合二為一。

造，工作之簡易，文字之便捷，合而計之，一世所成就，可抵數
十世，一生之歲月，恍閱數十年。志氣發舒，才智奮起，境象寬
衍，和樂充暢，謂之延年永命，豈為誣乎？」[66]在譚嗣同看來，
只要「適得其所」，無論是單個「人」、「物」小機體的作用還
是整個民族、社會大機體的作用都能發揮出像現代機器一樣高速
運轉、高倍產出的效應，因此他寄望成道永生時在「有心殺賊，
無力回天」的慘澹現實前還能縱情高歌「死（適）得其所，快哉
快哉！」

3、康有為、譚嗣同光顯了傳統儒學入世立功的弘道時空

　　綜合以上分析，康有為從橫向的角度，將農業社會文化背景
中的天人合一、天人之樂更新為工業社會文化背景中的「諸天之
無量」、「天上之極樂」[67]，將傳統意義上作為治道之極致的
「天下主義」更新為現代意義上治道之極致的「世界主義」[68]，

66　譚嗣同：《仁學》，《譚嗣同全集》下冊，頁 329。

67　「康氏的烏托邦理想扎根於兩大原則：工業化與社會化。」「康氏最主
　　要的工作是致力使儒學適應現代的需要」。蕭公權：《康有為思想研
　　究》，第 323 頁、82 頁。

68　「康氏所讚美的孔子並非中國傳統中的孔子。康氏在《大同書》以及其
　　他著作中，顯然將孔子世界化了，孔子不再是中國的至聖先師，而是全
　　人類大同理想中的先知。因此康氏神化孔子，似也同時降低了孔子的中
　　國性格。作為《大同書》的作者，康氏當然並不特別關懷如何榮耀孔
　　聖，而是要如何使人間制度完美，以指出通往全人類快樂之路。」「康
　　氏不是主張國家主義或帝國主義，而是純粹的世界主義。」蕭公權：
　　《康有為思想研究》，頁 300、405。

他的「大孔之教」在總體上刷新了傳統儒學入世天游的修道空間；與此同時，譚嗣同則從縱向的角度，將儒者「為國流血」、「殺身成仁」的生命寄託，從傳統意義「氣一元論」聚散有常、自然狀的有機生命共同體更新為現代意義「氣一元論」熱火朝天、機械化的有機生命共同體，在中華民族又一個革故鼎新之時，他以「大仁之身」啟動了傳統儒學入世永生的成道時間。另外，更為重要的是，作為儒者的康、譚二人在面臨基督教嚴峻挑戰之時，都以儒為體、以耶為用，借助佛教思維，更新了傳統儒學成性、成身的哲學內涵，在更為廣闊的文化背景中，在更高的理論平臺上凸顯、強化了傳統儒家「內聖外王」稱天而行、稱天而治的人格之教，雖然二人都深具「大憂患大擔當的宏偉願望與豪雄氣概」和「逆來順受以苦為樂的先知精神與宗教情懷」，但他們在基督教理論的巨大挑戰面前，不僅沒有和與自身氣質相近並已發揮到極致的「基督精神」同聲相應同氣相求，反而在受其刺激時妥善地運用佛教思維知行合一地更新、光顯了傳統儒家入世立功的弘道時空，這一點彌足珍貴。在他們二人合為一體，以儒家的「入世精神」應對基督教「出世信仰」的「時」、「空」二維中，其思想之起承轉合在內容上表現為：大孔之教以致大同之道，大同之道以成大仁之身，大仁之身以享天遊之樂，天遊之樂以成大孔之教；形式上表現為：受耶刺激、以佛出之、實則為儒、亦合於道[69]。可惜一個世紀過去了，康、譚這方面的重要意

---

[69]　在「氣一元論」宇宙生化日新境域中，康有為崇尚的「大同天遊」與譚嗣同歸命的「薪火相傳」，元氣淋漓、善生善死、自得其所、自得其性、自得其樂，無疑都與主張齊物逍遙、安時處順的道家文化深相契合。

義仍然隱而不彰。

眾所周知，儒家在孔子「未知生焉知死」、「未能事人焉能事鬼」的人生界定下，「六合之外存而不論」，六合之內，則以《中庸》「天命之謂性，率性之謂道，修道之謂教」為縱，以《大學》「格致誠正修齊治平」為橫，十字打開，全部身心都交付於今生今世，並不寄望於來生來世極樂無疆永享太平。這一點常常為崇尚靈魂不滅、彼岸世界（極樂世界）的來世信仰者（基督教徒、伊斯蘭教徒、佛教徒）所非議與貶低[70]，而我們通過以上分析，可以明顯看到，在康有為與譚嗣同這裡，都沒有追求個體出世意義上的「上帝觀」與「靈魂觀」，因為他們在「入世」中同樣可以獲得永恆的安息與極樂的滿足。

在康有為看來，儒家理想的大同世界，就是彼岸世界、極樂世界，就是一個人間淨土、人間天堂，只要全地球的同胞們同心同德攜手共建一個大同世界，每個人都能自然地享受無憂無慮、至真至足的天遊之樂。這是可以完全依靠人們「自力」所能抵達的理想境界，並不需要一個外在的上帝進行他力拯救和預先安置。康有為秉承傳統儒家天人合一的入世精神，妥善地運用基督教、佛教的相關理念與思維，刷新了傳統儒學入世天游的修道空間。基督教、佛教以信仰出世的「天堂地獄」、「輪迴報應」之說來勸善止惡，儒家崇尚入世的「大同」、「天遊」之說同樣可以做到，只要人人志於大道、克己復禮，自然天下為公、天下歸仁。

70　利瑪竇《天主實義》第六篇「釋解意不可滅，並論死後必有天堂地獄之賞罰，以報世人所為善惡」與王岱輿《正教真詮・慎修篇第七》中所論可謂典型代表。

　　在譚嗣同看來，基督教、佛教出世信仰所應允的極樂永生，在儒家入世精神中也同樣可以獲得。從人生經歷與思想觀念來說，譚嗣同可謂是近代大儒中與耶穌最為接近的人，但作為信奉儒家與佛教，憂國憂民的中國士人，他客觀上完全沒有一種類似基督信仰的需要，儒家與佛教已經足以安息他整個的靈魂。他借助基督教、佛教的理念與思維，刷新了儒家入世永生的成道時間：成道無需出世、無待來世，無需基督、無待佛祖，苟能為國為民，大仁之身自得其所，大仁之性自遂其性，成性成身，當下即可入駐永恆。

　　以康有為、譚嗣同二人的理論創作與社會實踐作為中國儒學發展史上生動的個案來看，赫然可見：儒家的入世精神足以融攝基督教與佛教的出世信仰，儒家宗教化既不可行也無必要——「康有為建立孔教的挫折，問題出在哪裡？細究起來，真是一籮筐。」「總之，建立孔教既不得『天時』，也不得『地利』，又不得『人和』，其挫折實屬必然。」[71]「整個孔教運動情感上以及精神上的吸引力，並不關涉其理論如何。實在說，我們很難稱之為一宗教運動。」[72]——時至於今，我們已經可以撥雲見日，發現最根本的原因主要有三：

　　一是就儒家學說本身來看，2000 多年的發展歷史與社會滲透已經證明它的哲理性與倫常性、超越性與內在性雖然似乎缺乏像基督教所標榜的那種終極真理性，但這並不妨礙它維護社會和諧穩定、推動社會有序進步，中國歷史上的強盛興衰，並不與佛

71　汪榮祖：《康有為論》（北京：中華書局，2006 年），頁 118、120。
72　蕭公權：《康有為思想研究》，頁 81。

教、基督教傳播和影響的好壞而成正比，反而基本上是與儒家學說所主張的社會現狀好壞成正比。中國以往的歷史證明，以人為本、足以導人為善的儒家並無必要發展為一種類似於基督教的一神教。

二是就儒家學說外部來看，歷代佛教、基督教、伊斯蘭教的傳入傳播，可能會反對道家道教或者彼此互相反對，但從根本上自始至終都不反對儒家，這也歷史性地說明了儒家與這些外來宗教信仰之間能夠很好地相容，不僅是因為它的思想主張所滲透的社會機體具有很強的包容性與溫和性，更為根本的原因是這些外來宗教的基本主張也能借助儒家固有學說得以實現。況且，自從中國佛教通過魏晉南北朝隋唐的大放光彩之後，到宋代時便已完全成為中國本土思想文化主幹之一了，極富般若智慧、弘揚慈悲濟世的佛教已經得到大部分國人的高度認可，如果有需要，這個同樣堪稱「尊德性而道問學、致廣大而盡精微、極高明而道中庸」的宗教完全能夠滿足中國人在堅守儒家倫常之外的宗教需求，並不需要儒家改頭換面勉為其難。

三是從儒教主張者個人來看，如前所述，不僅康、譚二人本質上都沒有將儒家作為一種宗教來信仰，而且不管是在康、譚之前，還是與康、譚同時抑或康、譚之後，中國主流的士人群體中也是絕大部分都對此表示沉默，從無熱切需要，位元元於尖端兩頭的贊同者與反對者，常常不過是以之為世俗手段而非神聖目的，都與追尋或捍衛自己的終極信仰基本無關。孔教運動的發起誠為中國近代史上內外交通、古今演變的必然，但它的迅速滅亡

卻是兩千多年來中國文化與社會結構的生態使然[73]，今人與後人皆當以此為鑒，深思慎行[74]。

---

[73] 「中國的文化背景頗不利宗教的發展，與歐洲各國、印度甚至日本相比，中國幾千年來的文化主要是非宗教的。誠如一西方學者所說：『中國人主要關心此生，所以他們的倫理強調人對人的責任，而不是人對神的責任。』康氏說孔子是教主，對大多數的中國學者來說，若非邪門，必然覺得荒謬和過時，至少也是對下一代知識分子有壞影響。」蕭公權：《康有為思想研究》，頁 79。

[74] 關於儒家的宗教性問題，自從上世紀八十年代以來，一直都是學術界的爭議熱點，研究成果眾多，相關資料可參考韓華：《民初孔教會與國教運動》，四川大學博士學位論文，2003 年；周紅：《儒學宗教性問題研究》，黑龍江大學博士學位論文，2010 年；崔宇：《近代孔教思潮研究——康有為孔教思想》，河北大學博士學位論文，2011 年。筆者以為，儒家本質上是一種入世的世界倫理，而非出世的民族宗教，本章梳理出康有為、譚嗣同弘揚儒家「入世精神」的兩個維度，連線成面，以供參考。「康有為『納儒入教』的做法嚴重背離了儒學的人文傳統，……儒家的前景在於汲取康有為孔教運動的教訓，保持人文教化身分，真正為儒學開闢一條不再附著於國家政權的、不再充當國家意識形態的徹底世俗化的道路，這才是儒家的正道。」李先明：〈康有為在儒學近代轉型路上的三個失誤〉，《船山學刊》2010 年第 2 期。

結論與展望

　　本書以歷史與邏輯統一、宏觀與微觀結合、理論與實踐兼顧的研究方法對中國歷史上耶儒互動的歷史進程與主要內容進行了系統梳理，研究目的在文獻綜述中有提綱挈領的總說，而後在各章各節中都有點到即止的分說，旨在通過具體互動材料（文化背景、人物思想或歷史事件）的展示與分析來彰顯耶儒互動的理論意義與實踐價值，而非獨闢一章大發宏論，同時，為了表明本書中國哲學的內在精神與筆者個人的儒家立場，在「結論與展望」部分再一次從總體上將耶儒互動的理論意義與實踐價值表達為：在當前這個世界文明對話、世界和諧共建的全球化大時代，耶儒互動也進入了一個全新的歷史時期，從中國哲學、儒家哲學的立場來看，耶儒互動最大的意義在於能以自身的歷史演變作為案例啟示，喚醒世界各個民族傳統在彼此間發生文明互動時，理論上應秉承「以道觀道‧以心觀心‧以物觀物‧以天下觀天下」的開放心態，實踐上當堅持「各美其美‧美人之美‧美美與共‧天下大同」的行為準則[1]，不僅應有廣闊的胸懷，而且當有具體的操

---

[1]　2010 年 9 月 27-28 日，「首屆尼山世界文明論壇——儒家文明與基督教文明的對話」在尼山聖源書院開幕，論壇根據聯合國教科文組織〈世界文化多樣性宣言〉、〈不同文明對話全球議程及其行動綱領〉，堅持「各美其美，美人之美，美美與共，世界大同」的理念，面向世界，面

守，才能真正地成己、成人、成物、成教。

　　中國歷史上耶儒互動前後經歷了四個哲學發展階段：利瑪竇的「適應哲學」（以耶為體、以儒為用）；康有為、譚嗣同的「改良哲學」（以儒為體、以耶為用）；洪秀全、孫中山的「革命哲學」（洪秀全：雜糅耶儒、非儒非耶；孫中山：兼取耶儒、亦儒亦耶）；趙紫宸、謝扶雅、徐松石、何世明等人的「本色神學」（趙紫宸、謝扶雅等：以耶為體、以耶合儒；徐松石、何世明等：以耶為體、以儒合耶）。基督教一方自始至終都占據思想主動，而儒家則是被動應對挑戰，在經歷了「適應——改良——革命——本色化」的歷史進程（螺旋上升）之後，基督教一方的「適應哲學」在「本色神學」獲得了更高程度的發展，儘管被其「揚棄」的「改良哲學」與「革命哲學」兩個發展階段與之前的「適應哲學」、之後的「本色神學」之間並不存在根本性的邏輯演進關係，而是自有其歷史淵源與發展脈絡，但這種看似並不純粹、並不圓滿的邏輯演進在文明互動中反而更能說明問題：

　　第一，雖然耶儒互動中基督教一直占據主動，儒家比較被動，但只要互動在向前發展，其邏輯演進的內容就應當是來自雙方面的，如果中國歷史上只存在基督教單方面「適應——改良——革命——本色化」的發展變化，而儒家或其他文化沒有主動參與進來並造成影響，那麼，整個發展過程就只能稱之為「基督教在華傳播史」而不能稱之為「中國耶儒互動史」，更何況康有為、譚嗣同的改良哲學與洪秀全、孫中山的革命哲學確實對耶儒

　　　　向未來，開展不同文明的互動和交流，維護世界文化的多樣性，增進各國人民之間在文化上的相互理解、相互尊重，在和睦相處中共同發展，為建設和諧社會、和諧世界做出應有的貢獻。

互動乃至整個中國近代社會的發展都產生了深遠影響。

第二，從中國耶儒互動哲學史來看，基督教方面，真正的改良與革命都來自於「本色神學」，從「適應哲學」到「本色神學」的發展過程邏輯上並不存在跳過了「改良」與「革命」兩個階段。在利瑪竇之後，禮儀之爭、南京教案、欽天監教案、義和團運動、非基督教運動等一系列重大文明衝突對基督教的改良、革命與本色化都具有很強的催化作用，樹立了基督教人士「改良」與「革命」的思想意識。在儒家方面，儘管發展遠遠不如基督教方面那麼充分，但康有為、譚嗣同的「改良哲學」不僅深具儒家的包容胸懷與入世精神，而且其「大同」「天遊」、「大通」「仁學」與世界文明對話時期耶儒互動全面超越「本色與非本色之爭」、攜手共建世界倫理的全球化大時代主題也深相契合。在應對以基督教文化為代表的西學思想衝擊上，儒家文化經過了洋務運動、戊戌變法運動、新文化運動與現代新儒學運動等數次重大洗禮，很可能在「攜手共建世界倫理」這一未來耶儒互動的新階段中占據主動地位，引領耶儒互動積極參與人類偉大實踐。

第三，中國耶儒互動「適應──改良──革命──本色化」的發展歷程在異質文明對話中具有很強的典型性，同樣堪稱偉大的儒家和基督教在對話中本來都是強勢文明，但由於政治、經濟、社會各方面的歷史轉折與時代巨變，近代中國儒家文明從強勢淪為弱勢、從正面轉到負面、從社會中心退至社會邊緣，但即便在這種情況下，傳教士們「以不平等條約為依據，挾艦船利炮之餘威」也未能實現「中華歸主」的美夢，經過這一輪的嚴厲考驗，儒家文化斷而不絕，在新的時代又煥發出了青春的活力，正

在化被動為主動，走向全面復興。這對於世界其他文明之間的互動具有很大的啟發意義：任何一種文明在交流對話中，都不應當抱持「歸化」對方的不良心態，按照生物學的觀念，生物多樣性（遺傳多樣性、物種多樣性和生態系統多樣性）是維持地球生態健康發展、解決共同生存危機的基礎條件與關鍵因素，文化上也同樣如此，試圖用一種文化傳統取代另一種文化傳統，歸根到底會導致先傷人後傷己的兩敗俱傷，導致人類的思想越來越枯竭、生活越來越單調、危機越來越深重、發展越來越困難。

因此，我們以中國耶儒互動哲學史「適應——改良——革命——本色化」的發展歷程作為世界文明對話時期的重要參考案例，得出的「結論與展望」是「天下為公」方能「天下大同」（越是民族的才越是世界的），世界各種文明對話時任何一方都應當保持一種多元統一性的開放心態，正如邵雍所言：

> 天下之物莫不有理焉，莫不有性焉，莫不有命焉，所以謂之理者，窮之而後可知也。所以謂之性者，盡之而後可知也。所以謂之命者，至之而後可知也。此三知者，天下之真知也，雖聖人，無以過之也。而過之者，非所以謂之聖人也。夫鑒之所以能為明者，謂其能不隱萬物之形也，雖然鑒之能不隱萬物之形，未若水之能一萬物之行也。雖然水之能一萬物之形，又未若聖人之能一萬物之情也。聖人之所以能一萬物之情者，謂其聖人之能反觀也。所以謂之反觀者，不以我觀物也。不以我觀物者，以物觀物之謂也。既能以物觀物，又安有我於其間哉？是之我亦人也，人亦我也，我與人皆物也，此所以能用天下之目為己之

目，其目無所不觀矣。用天下之耳為己之耳，其耳無所不
聽矣。用天下之口為己之口，其口無所不言矣。用天下之
心為己之心，其心無所不謀矣。夫天下之觀，其於見也，
不亦廣乎？天下之聽，其於聞也，不亦遠乎？天下之言，
其於論也，不亦高乎？天下之謀，其於樂也，不亦大乎？
夫其見至廣，其聞至遠，其論至高，其樂至大，能為至廣
至遠至高至大之事而中無一為焉，豈不謂至神至聖者乎？
非惟吾謂之至神至聖，而天下亦謂之至神至聖。非惟一時
之天下謂之至神至聖，而千萬世之天下亦謂之至神至聖者
乎！

性者道之形體也，性傷則道亦從之矣。心者性之郭廓也，
心傷則性亦從之矣。身者心之區宇也，身傷則心亦從之
矣。物者身之舟車也，物傷則身亦從之矣。是知以道觀
性，以性觀心，以心觀身，以身觀物，治則治矣，然猶未
離乎害者也。不若以道觀道，以性觀性，以心觀心，以身
觀身，以物觀物，則雖欲相傷，其可得乎！若然，則以家
觀家，以國觀國，以天下觀天下，亦從而可知之矣。[2]

正是抱著中國哲學「以道觀道，以性觀性，以心觀心，以身觀
身，以物觀物，……以家觀家，以國觀國，以天下觀天下」的開
放心態，筆者嘗試對尚在繼續深化拓展的耶儒互動的理論意義與
實踐價值作出簡單概括與展望。

---

[2]　邵雍：〈觀物內篇〉、《伊川擊壤集・序》，《邵雍集》（北京：中華
　　書局，2010 年），頁 49、179-180。

（1）對儒家文化傳播與發展的意義

英國著名歷史學家湯因比（1889-1975）曾經明確地表示，如果再生為人，他希望生在「西元 1 世紀佛教已傳入時的中國新疆」[3]，因為中國作為地域廣袤、和平統一的多民族、多宗教的人口大國，其悠久文明在人與人、人與自然之間「融合與協調的智慧」能夠給西方文明影響下充滿矛盾、侵略和焦躁的人類社會以無限的啟發，尤其是佛教傳入並成為中國文化主幹之一以後，中國人慈悲為懷、以和為貴、為人類世界服務的生命狀態與圓善精神更是令人無限嚮往，由此他預言 21 世紀的中國可能是融合全人類的重要核心。無獨有偶，2003 年保羅・尼特在他的《宗教對話模式》「中譯本序言」也特別指出：「中國基督徒倘若能與他們的儒教徒、道教徒和佛教徒夥伴一起，從中國宗教多元論和共存的歷史中汲取資源，向世界表明宗教可以使諸文明從嚴重衝突變為相互對話、共成一家，那麼世界上的其他人當予以矚目。用基督教的話說，中國可以做『諸國之燈』。願此書的讀者能受鼓舞燃起這樣一盞燈！願此燈大放光芒！」[4]不管湯因比、尼特等人是否真有「先見之明」，毫無疑問，正是從利瑪竇以來延續至今的耶儒互動讓中國文明尤其是儒家文化真正走向了世界，至少中國耶儒互動史上的衝突與融合那些重大案例與重要思想可以在當前與未來世界文明對話領域成為「諸國之燈」，這是耶儒互動對儒家文化近現代以來超越東亞、東南亞在全球範圍內有效傳播與持續發展最首要的貢獻。

3　湯因比、池田大作：《展望二十一世紀：湯因比與池田大作對話錄》，池田大作「中文版序言」。

4　尼特：《宗教對話模式》，中譯本「作者致中國讀者」。

　　其次，耶儒互動拓展加深了我們對儒家義理（比如性善論與仁愛觀）與品性（比如群體性與入世性）的認識，正是在與整體上異質異性的基督教對比與互動過程中，有著兩千多年歷史的儒家文化獲得了以往儒道互動、儒佛互動中所不曾艱難孕育、茁壯成長起來的「浴火重生意識」（由於明清以前，儒家一直處於強勢地位），結胎於禮儀之爭，歷經太平天國運動、洋務運動、戊戌變法運動、義和團運動、新文化運動、孔教運動、非基督教運動、本色神學運動等多次艱苦磨難，最終在現代新儒學運動中得以完全確立，從此，儒家文化超越了傳統觀念（封閉自足型的農業文明）中的「天下主義」（其內核為「黃土地」上的天人合一），全面進入了現代觀念（冒險擴張型的工業文明）中的「世界主義」（其內核為「藍地球」上的天人合一），在從華夏民族核心（「治國平天下」中的「國」為分封國，「天下」為全中國）逐漸走向全球人類核心（「治國平天下」中的「國」為中國，「天下」為全世界）的過程中，「為天地立心，為生民立命，為往聖繼絕學，為萬世開太平」的責任與價值將一直都呈幾何級數的增長，儒家從此躍上了一個最高層次的國際大舞臺與更高層次的宇宙大舞臺[5]。

5　雖然利瑪竇在傳教之初所繪製的世界地圖中知趣地將中國置於世界中心，但歷史的弔詭在於，「中國作為天下中心」的傳統觀念正是被自他以來的西學東漸徹底破除了（當然，在很大程度上也拜近代歐美列強的炮艦入侵與文化殖民所賜），厚德載物、自強不息的中國人從此走進了一個更大的世界，並將發揮遠遠超出以往任何時代的更大作用。從這個貢獻來說，身為義大利傳教士、品行高尚的利瑪竇作為「里程碑式的人物」確實很有資格在中國的土地上以「天子」「御賜」的名義建墓立碑，以供中國世代瞻仰。

　　第三，從國內範圍來看，儒家作為中國文化的思想主幹與華夏民族的精神支撐，耶儒互動在理論與實踐方面都將對其重要地位與現實作用進行一定程度的有益修正。理論方面，我們通過耶儒互動而擴展到明清之際的回儒互動，並上下延伸到中國歷史上一直延續至今的儒道互動、儒佛互動，在彼此縱橫交錯、相摩相蕩的過程中，有助於我們對儒家‧儒教、道家‧道教、佛家‧佛教在宗教性、哲學性與倫理性等各方面的觀念結構與思維方式有一個更加全面深刻的認識，同時，在此基礎上，我們進一步將回儒互動與耶儒互動疏理會通，對於未來中國文化主幹中的基督教、伊斯蘭教因素也能有一個大體的預判和準備，對於充實、拓展「以儒家文化為核心的中國傳統文化」有著全新的意義。實踐方面，伊斯蘭教在中國的傳播明清時期便形成了非常穩定的信眾群體，十個回回民族完全能與其他各族同胞和平共處，在華夏大地與中國文化中都深深地扎下了根，其中，明清之際的回儒互動可謂居功至偉。基督教傳播至今，也早已形成了數量可觀而承續穩定的信眾群體，在中國基督徒與非基督徒的和平共處中，耶儒互動也應當能發揮像明清之際回儒互動那樣的良性作用（特別是本色神學家應當像回儒經師們一樣）。近代中國飽受凌辱，失魂落魄，至今仍然元氣未復，以新一輪的耶儒互動為契機，儒家文化可以回回民族、儒家基督徒的精神需求為參照，進一步恢復或加深與各個民族、各類人群的良性互動，為中華民族、儒家文化的偉大復興打下堅實的社會基礎。

（2）對基督教文化傳播與發展的意義

　　基督教一直以上帝宗教與人類中心自居，利瑪竇入華就是帶著文化輸出、文化殖民的歸化中國之夢而來的，其後歷代傳教士

雖然在中國社會遭遇了種種矛盾衝突，但他們貶斥佛老、補儒合儒的主要策略從未根本動搖，相應地，傳教士在與漢族儒家知識分子的互動過程中，與他們在其他國家民族或其他宗教倫理中的傳教活動相比，所受的歡迎程度最大、抵擋力度最小，即便如此，從南京教案到非基運動 300 多年間，仍然發生了各種激烈衝突，絕非一帆風順，倘若中國是佛教國家、道教國家或伊斯蘭國家，基督教想要實現「中華歸主」必將導致的流血戰爭不問可知。因此，耶儒互動對於基督教文化傳播與發展的意義，首當其衝便是警醒它也要像儒家（「浴火重生」的新開展）一樣將中國歷史上的耶儒互動當作一次精神洗禮，要徹底拋棄「上帝必定讓它取代其他所有宗教，讓全人類都皈依它」這種盲目自大的霸道思維，像保羅一樣徹底「埋葬舊思想」、「從死裡復活」：「我們借著洗禮歸入死，和一同埋葬，原是叫我們一舉一動有新生的樣式，像基督借著父的榮耀從死裡復活一樣。」（羅馬書 6：4）按照基督教原罪論的固有觀念，在文明對話中，它首先要杜絕自己犯罪的根源——驕傲自大，以耶儒互動為例，經過從孔子或耶穌（排斥主義）——孔子加耶穌（包容主義）——孔子與耶穌（多元主義）的態度轉變，基督教最終也應當秉持一種平等共處、自由對話的觀念：「苟儒家之宗教思想及倫理觀念與正宗基督教之宗教思想之倫理觀念相同者，則可知儒家之學說應廣揚於世界，基督之教義應暢行於我國，兩者並行不悖，而共同獲得其新開展。」[6]

6　方豪：〈論中西文化傳統〉，《本色之探——20 世紀中國基督教文化學術論集》，頁 186。

　　其次，耶儒互動也拓展加深了我們對基督教教義（比如原罪論與神愛觀）與品性（比如宗教性與出世性）的認識，儒家的性善論、仁愛觀與入世精神都對以「普世宗教」自詡的基督教教義提出了巨大的理論挑戰，而且，現代全球社會的人性觀與世界觀都更加偏向於儒家而非基督教，這就迫使基督教必須進行系統深刻地自我反思與謹小慎微地自我修復，在這個過程中，通過儒家，基督教完全可以與以儒家文化為主流的中國文化中的伊斯蘭教、佛教、道家建立一個相對比較友好的學術交流空間與實踐活動環境，取長補短，最終讓基督教的教義與教行更加具有靈活性與普適性。

　　第三，從國內範圍來看，上個世紀的本色神學運動雖然已經結束，但截至目前本色神學運動的果實尚未為國內基督教神學家、基督徒所充分吸收，他們對中國耶儒互動哲學史有一個系統的瞭解，於當前基督教在中國的健康傳播非常有益，能夠減少矛盾衝突、增加融合主題。審視過去，對於世界文明對話時期新一輪耶儒互動中基督教對自我的科學定位與理性規劃都具有很強的指導意義與前瞻作用，為基督教實現孔漢思等人所提倡的「構建世界倫理」這一現代化轉型、繼續占據時代制高點、引領全球文化搭建了一個中國大舞臺，在這個舞臺上它所學習到的知識和積累的經驗，對基督教以後與世界其他國家的民族文化傳統展開良性互動意義深遠。

（3）對其他宗教文明傳播與發展的意義

　　正如雷蒙・潘尼卡所言，「真理的多元論讓我們看到偶然性；我沒有 360 度的視角；也沒有人有這種視角。其次，真理是多元的，因為實在本身是多元的，並不是一個可客觀化的實體。

我們主體也都是它的一部分。我們不僅是實在者的觀眾，也是共同的演員，甚至共同的創作者。這恰恰是我們人類的尊嚴。」[7] 在多元主義者看來，神是多面體，人也是多面體，任何人的神人對話都只能以「人的某一面」對接「神的某一面」，只能發現或表現神性或人性的某一種屬性，而不可能是全部。每個人或每一類人的尊嚴與價值就在於為整個真理開掘出不可或缺的一部分而做出貢獻。「沒有一個宗教能夠傳達全部的、最後的真理。」[8] 作為異質異性的兩種悠久而燦爛的偉大文明，中國歷史上的耶儒互動更是生動地說明了這個道理，比如基督教與儒家都自認為對人性的理解是一個真理，但原罪論與性善論在精神與內涵上卻截然相反，並且在互動過程中，彼此都很難徹底駁倒、取締對方，毫無疑問，我們只能用真理的多元性、多面性才能合理地解釋這一點。因此，耶儒互動對其他宗教文明傳播與發展的意義，首當其衝便是彰顯文化的多樣性乃是源於真理的多元性或多面性，即便看似全然相反，任何一方都沒有權利去否定乃至取代另一方，互動、融合的前提必須是相互尊重與相互理解。

　　其次，中國歷史上耶儒互動的主要內容（比如上帝觀與祭祀觀、原罪論與性善論、來世觀與今世觀）與發展階段（適應──改良──革命──本色化）都具有很強的典型性，對其他宗教文明的對話有著重大而直接的參考價值，尤其是在世界文明對話時期，新一輪的耶儒互動在理論上的「和而不同」將不可避免地借助猶太教、伊斯蘭教、佛教、道家等宗教倫理為溝通橋樑，由於

---

[7]　潘尼卡著，王志成、思竹譯：《看不見的和諧》（北京：宗教文化出版社，2005年），頁141。

[8]　尼特：《宗教對話模式》，頁163。

思維結構或精神氣質同根同源、相通相近或互助互補等各種關係，它們對於耶儒互動來說或許堪稱「綠色通道」，但對於涉及到的這些宗教文明自身來說，可能無異於「黃色警報」，它們不得不被動地捲入其中，常常淪為被他教（尤其是輕薄之徒、不肖之輩）說長道短、挑三揀四的羞辱境地，從而不可避免地在理論與實踐中都導致新的矛盾衝突，陷入困局，恰似子貢所慮：「紂之不善，不如是之甚也。是以君子惡居下流，天下之惡皆歸焉。」但子貢之言貌似有理，實則對自己、對他人本體意義上的圓善性德都缺乏根本的信心，尚未獲得聖人「義之與比」「無可無不可」的圓融智慧，也沒有將心力都集中在「不曰堅乎？磨而不磷。不曰白乎？涅而不緇。吾豈匏瓜也哉？焉能繫而不食！」的堅固操守（剛健篤實）與積極作為（輝光日新）之上。同樣，在世界範圍內開展的各種文明對話，任何一種宗教、倫理遭遇各種非議與責難都在所難免，他們都應當將小人下達的「子貢之慮」代之以君子上達的「聖人之勇」，這也正是推進新時期耶儒互動良性發展的志士仁人最希望看到的樂觀局面。

　　第三，從世界範圍內任何一個具體生活場景來看，全球大移民的文化影響與資訊大爆炸的資源分享使得任何一個人的多種選擇都顯得越來越自然與合理，宗教信仰或道德崇尚也同樣如此。隨著全球化進程的繼續拓展加深，世界不同地域文明之間的共處與對話（衝突或互補）必將越來越多，並且，帶有明確宗教目的的傳教文化也將會逐漸被因為經濟問題或個人愛好而導致的移民文化所取代。總體上來看，對於大多數域外移民，宗教信仰作為個體幸福的生活手段而非生存目的將會越來越重要。「移民所帶來的進一步的結果對許多人甚至產生更深、更重要的影響，這就

是：通過認識這些不同信仰的個人和家庭，人們普遍發現穆斯林、猶太教徒、印度教徒、錫克教徒或佛教徒並不比基督徒缺乏仁慈心、真誠和體貼，他們一樣信實、可敬，充滿愛和憐憫之心。」[9]因此，為了現實生活更加和諧幸福，同時擁有雙重教籍甚至多重教籍開始成為可能而絕非荒謬罪惡，「這一雙重教藉不是幼稚無知甚至是無所謂的結果，而是出於真誠的寬大為懷，贊成和解與追求世界宗教大聯合。我們不要不顧事實：隨著像新印度教或新佛教等宗教團體的出現，雙重教藉問題對西方也逐漸變得不可回避。越來越多的歐洲人，但主要是北美人自稱是並且提倡既做基督教徒又做佛教徒，既做基督教徒又做道教徒，既信基督教又信某個新宗教。」[10]在全球化的「地球村」中，歸根到底直接製造問題、解決問題的乃是現實生活中的具體個人而不是由人所發展出來的抽象理論（比如宗教、倫理等）。雙重教籍或多重文化並重的具體個人幸福比起常常被傳教士與思想家們爭論不休的抽象理論要真實而有意義得多，更何況世界上任何一種帶有地域特徵的宗教或倫理都不可能代表所有人、滿足所有人，當然它也代表不了全知全能全善的上帝。中國歷史上的耶儒互動深刻地說明了這一點：除了利瑪竇、艾儒略等被譽為「泰西儒士」「西來孔子」的傳教士之外，第一代天主教徒徐光啟、楊廷筠、李之藻、王徵等人也都無一例外地既是天主教徒又是儒者，一直到今天，謝扶雅等人提倡的「君子基督徒」、「儒家基督徒」仍然是影響較大的學術論壇主題，可見其受認可的深度與廣度。這

9　希克：《信仰的彩虹——與宗教多元主義批評者的對話》，頁 15。

10　秦家懿、孔漢思：《中國宗教與基督教》（北京：生活·讀書·新知三聯書店，2003 年），頁 237。

種情況不僅僅存在於耶儒之間，中國近現代影響廣大的著名文學家林語堂、許地山等人也都有基督教、道家、佛教等多種信仰和諧並存（成於樂）的情況，所謂「興於詩，立於禮，成於樂」，對於具體的人而言，與他人的和諧相處，往往關鍵不在「信仰什麼」（興於詩），而在「怎麼信仰」（立於禮），與林語堂、許地山同時期的美國著名作家、諾貝爾文學獎獲得者賽珍珠（1892-1973），作為一個新教傳教士的女兒，作為一個在中國生活和工作了近 40 年的外國人，對這一問題的看法更是發人深省。1932 年她在紐約發表了題為「外國傳教會在中國有一席之地嗎？」的演講，談到：

> 我認為可能沒有別人比我更多地知道傳教士的情況。我以好奇和鍾愛觀察傳教士的樂趣，他的厭惡和他的傲慢。我曾親耳聽見傳教士用最惡毒的形容詞咒罵別人，親眼看到傳教士的狹隘、殘忍、矜持和愚昧。我也看到傳教士對他所持的信仰充滿了驕傲自大，只有他一個人掌握了全部真理。我也看到某些在教會裡的所謂正統的傳教士們，對他們所要拯救的中國人多麼缺乏同情，排斥中國的文化，只承認他們自己的文化。他們對中國人任意苛求和粗暴對待。
>
> 你們怎敢差派那麼多小人到中國去？你們怎能在中國人面前，樹立你們的上帝和耶穌基督的形象？
>
> 如果我提出在傳教士當中的確有好人，可能連我也不知道他們的姓名，但他們站在我面前時卻是最偉大的人物，他們單純、真誠、謙虛，在教導人之前先學習，對任何人體

貼入微，對每一個人的生命都珍視。

我是作為你們的種族和國家的一分子說這些話的。我也是代表你們的基督教會被派到中國的一個傳教士。但是，我個人還有一部分不屬於上述兩者。

以我的出生和我的祖先來說，我是一個美國人。以我的宗教信仰來說，我是一個基督徒。但是，以我多年在中國的生活，我的同情和感受，我是一個中國人。作為一個中國人，我要向你們說出許多中國人曾經對我說的話：「你們美國人不要再帶著傲慢的態度來到中國，而是要以弟兄和同胞的身分來到我們中間。讓我們通過你們的行為，看出你們的宗教是能行的。不要再向我們說教，但要把你們的基督更美好、更豐盛的生活帶給我們分享。給我們最好的，要麼就什麼也不給。」[11]

顯然，賽珍珠的演講內容與利瑪竇、趙紫宸等人主張並實踐的「宗教是行」（「立於禮」）等觀念一脈相承，對其他宗教文明的傳播與發展具有重要的警惕意義。「宗教間對話的貫徹，一如『行動的對話』與『生活的對話』，對具體地方的具體人有非常具體的現實。」[12]宗教與宗教之間、族群與族群之間的相處關係歸根到底都要還原、落實到單個的人與人之間，按照儒家的傳統觀念，每個人對於他人傳統的精神生活，都應該「敬其所好，患不知人」，如（知人）不可求，便應當立刻轉到提升自己的德

11　轉引於顧長聲：《從馬禮遜到司徒雷登——來華新教傳教士評傳》（上海：上海書店出版社，2005 年），頁 442-444。

12　尼特：《一個地球　多種宗教》，孔漢思「前言」。

行與智慧上來，「從吾所好，患己不能」，正所謂「攻乎異端斯害也已」、「君子成人之美不成人之惡」，這個「人」當然也包括自己，因為從他人的角度來看，自己也是「他人」，所以，君子為了「成人之美」就應當「成己之美」，正所謂「己所不欲，勿施於人」、「己欲立而立人，己欲達而達人」。用費孝通先生的話來說，世界不同個體、不同族群、不同文明在交往過程中，為了盡可能化解倫理衝突與現實矛盾，都應該秉持「各美其美‧美人之美‧美美與共‧天下大同」的精神操守與行為準則，共同致力於在成己、成人、成物、成教的基礎上去實現「一日克己復禮，天下歸仁！」

後　記

　　這篇博士論文的選題與立場深受牟宗三先生、顏炳罡教授治學志趣的影響。碩士研究生期間，因為受顏老師的影響，很快就迷上被譽為當代新儒家「最富原創性與影響力」的牟宗三先生，於《牟宗三先生全集》中逐一攻讀其主要學術著作，一度與人探討學問言必稱「牟宗三」。正因為深受牟先生儒、道、釋、耶、西方哲學融會貫通的影響，小子狂簡的我也立下了「先博後精」的學習計畫，在碩士、博士期間廣泛研讀了儒、道、釋、耶、西方哲學方面的經典，碩士畢業論文《「天」「道」「如」「是」──中道哲學四種思維模式疏理會通》與博士畢業論文《中國哲學視域下的耶儒互動研究》與其說是學術研究，還不如說是學習期間讀書筆記的整理與總結，博士論文的初擬選題本是《世界倫理的人類辯證法──儒道釋耶思維模式疏理會通》，由於選題過於宏大，不適合作為博士學位論文，開題時各位老師都建議選擇其中一部分來展開研究，從而最終形成了現在大家看到的這篇論文。

　　正因為這篇博士論文乃是「學習總結」，主要是為了給自己的內心一個交待，所以畢業六年來也沒有特別想要出版，到如今評職稱僅差一部書，才尋求出版。2012 年工作以來，我的學習計畫有意識「由博轉精」，開始以《論語》與《孟子》為核心展

開深度精細化的研究，再回頭看自己的碩士論文與博士論文，自然會覺得因為過於宏大、粗略而感到十分汗顏，但我並沒有像很多學者那樣也「自悔少作」。仔細思量起來，正是在那個意氣風發、狂妄進取而且可以完全超越現實功利需求的年齡，我才得以制定那麼廣博的研究計畫，如果現在再來做一個這樣的選題，一則自己很難忍受這種宏觀的研究方式，必須沉下心來就某一部研究專著（比如目前正在撰寫的《論語貫通》），或某一個人物的某一種思想（比如下一個階段計畫開展的《孟子「性善論」的理論挑戰》）展開精細化的研究，才足以獲得心靈的安穩感；二則工作以後學習研究的功利性與目標性都非常強，每個青年教師的科研產出與升職壓力都很大，自己也很難沉下心來去從事廣博氾濫的學習與宏大迂闊的研究。捫心自問，儘管碩士、博士論文的粗略讓我感到十分汗顏，儘管目前個人的學術成長緩慢，但如果時光倒流，讓我重新回到 2005 年碩士一年級，我仍然會毫不猶豫地作出和以前完全一樣的選擇。更何況工作以來教學與科研過程中，還常常會因為過去的學術積澱而感到左右逢源，已然逐漸茁壯成長。

因此，本書除了增加這篇後記之外，並沒有對博士論文做任何內容修改，除了想要原樣保留這份青澀之外，還有兩個原因：一是畢業以後，在碩士學位論文與博士學位論文的基礎上，已經完成了一部哲學專著《世界倫理的人類辯證法——儒釋道耶思維模式疏理會通》，博士論文中「宏觀」方面的未盡之意都在其中，並沒有更多的話要說；二是這篇論文「研究內容不夠精細集中」、「未能使用國外第一手材料」兩個最大的缺點都很難通過簡單的修改得到補善，而且這兩方面的結合也正是本人《論語貫

通》寫完之後即將以「孟子的性善論」為核心展開的研究計畫，博士論文的這兩大缺點正是此計畫戮力而為的方向。

綜上所述，作為本領域的研究專家與專業學習者來說，如果將這篇博士論文作為「材料整理」方面的參考文獻來檢索與快速閱讀，我會感到更加心安。

本書的出版，首先要感謝山東大學諸位先生的引導與教誨；其次，承蒙學生書局不棄，忝入出版之列，特別感謝主編陳蕙文先生的幫助與東海大學蔡家和教授的介紹，也感謝書法家董樹昌先生為敝人題寫書名，為本書增添光彩。最後，感謝我的工作單位山西大學哲學社會學學院提供出版經費的資助。希望將來可以有更好的著作出版來予以回報。

李細成

2018 年 5 月 22 日

參考文獻

一、參考原著

（一）中國作者

1. 四書五經[M]，北京：中華書局，2009。
2. 徐光啟，徐光啟全集[M]，上海：上海古籍出版社，2010。
3. 魏源，海國圖志[M]，長沙：嶽麓書社，1998。
4. 康有為，康有為全集[M]，北京：中國人民大學出版社，2007。
5. 夏曉虹，追憶康有為（增訂本）[C]，北京：三聯書店，2009。
6. 譚嗣同，譚嗣同全集[M]，北京：中華書局，1981。
7. 梁啟超，清代學術概論[M]，北京：中華書局，2010。
8. 洪秀全，洪秀全集[M]，廣州：廣東人民出版社，1985。
9. 孫中山，孫中山全集（十一卷）[M]，北京：中華書局，1981-1986。
10. 趙紫宸，趙紫宸文集（三卷）[M]，北京：商務印書館，2003。
11. 吳耀宗，沒有人看見過上帝[M]，上海：青年協會書局，1946。
12. 吳雷川，基督教與中國文化[M]，上海：上海古籍出版社，2008。
13. 吳雷川，耶穌的社會理想[M]，上海：青年協會書局，1934。
14. 吳雷川，墨翟與耶穌[M]，上海：青年協會書局，1940。
15. 徐松石，耶穌眼裡的中華民族[M]，上海：青年協會書局，1934。
16. 徐松石，聖經與中國孝道[M]，香港：浸信會出版社，1965。
17. 韋卓民，韋卓民基督教文集[M]，馬敏編，香港：漢語基督教文化研究所，2000。
18. 王治心，中國歷史的上帝觀[M]，上海：中華基督教文社，1926。
19. 王治心，孔子哲學[M]，上海：上海國學社，1925。

20. 王治心，孟子研究[M]，上海：上海國學社，1928。

21. 王治心，三民主義研究大綱[M]，上海：中華書局，1940。

22. 王治心，中國學術源流[M]，臺北：廣文書局有限公司，1980。

23. 羅光，儒家哲學的體系[M]，臺北：臺灣學生書局，1983。

24. 何世明，世明文集（第一輯）[M]，香港：基督教文藝出版社，1987。

25. 梁濟，梁巨川遺書[M]，上海：華東師範大學出版社，2008。

26. 梁漱溟，梁漱溟全集[M]，濟南：山東人民出版社，2005。

27. 賀麟，文化與人生[M]，北京：商務印書館，1988。

28. 賀麟，五十年來的中國哲學[M]，瀋陽：遼寧教育出版社，1989。

29. 賀麟，哲學與哲學史論文集[C]，北京：商務印書館，1990。

30. 賀麟，賀麟集[C]，北京：中國社會科學出版社，2006。

31. 賀麟，儒家思想的新開展：賀麟新儒學論著輯要[C]，宋志明編，北京：中國廣播電視出版社，1995。

32. 牟宗三，牟宗三先生全集[M]，臺北：聯合報系文化基金會，2003。

33. 成中英，成中英文集[M]，武漢：湖北人民出版社，2006。

34. 杜維明，杜維明文集[M]，武漢：武漢出版社，2002。

35. 杜維明，儒家傳統的現代轉化：杜維明新儒學論著輯要[C]，岳華編，北京：中國廣播電視出版社，1992。

36. 杜維明，中國文化的危機與展望：當代研究與趨向[M]，周陽山編，臺北：時報出版公司，1986。

37. 杜維明，現代精神與儒家傳統[M]，北京：三聯書店，1997。

38. 杜維明，天與人：儒學走向世界的前瞻[M]，北京：北京大學出版社，2010。

39. 杜維明，杜維明：文明的衝突與對話[M]，朱漢民、肖永明編，長沙：湖南大學出版社，2001。

40. 杜維明，儒家思想新論：創造性轉換的自我[M]，曹幼華、單丁譯，南京：江蘇人民出版社，1991。

41. 杜維明，儒家傳統與文明對話[M]，彭國翔編譯，石家莊：河北人民出版社，2006。

42. 阮煒，中國與西方：宗教、文化、文明比較[M]，北京：社會科學文獻

出版社，2002。

43. 徐宗澤，明清間耶穌會士譯著提要[M]，上海：上海書店出版社，2010。

44. 許地山，道教史[M]，南京：江蘇文藝出版社，2008。

45. 許地山，國粹與國學[M]，長沙：嶽麓書社，2011。

46. 林語堂，林語堂論中西文化[M]，萬平近編，上海：上海社會科學院出版，1989。

47. 林語堂，從異教徒到基督徒[M]，謝綺霞譯，西安：陝西師範大學出版社，2004。

（二）外國作者

1. 聖經（中文和合本）[M]，上海：中國基督教兩會，2009。

2. 利瑪竇，利瑪竇中文著譯集[M]，朱維錚編，上海：復旦大學出版社，2001。

3. 鄭安德，明末清初耶穌會思想文獻彙編[M]，北京：北京大學宗教研究所，北大中心館內部流通資料，2000。

4. 尼撒的格列高利，論靈魂和復活[M]，石敏敏譯，北京：中國社會科學出版社，2004。

5. 奧古斯丁，論自由意志：奧古斯丁對話錄二篇[M]，成官泯譯，上海：上海人民出版社，2010。

6. 奧古斯丁，上帝之城——駁異教徒（上中下）[M]，吳飛譯，上海：上海三聯書店，2007。

7. 奧古斯丁，論靈魂及其起源[M]，石敏敏譯，北京：中國社會科學出版社，2004。

8. 奧古斯丁，論三位一體[M]，周偉馳譯[M]，上海：上海世紀出版集團，2005。

9. 巴特，羅馬書釋義[M]，魏育青譯，上海：華東師範大學出版社，2005。

10. 尼布林，人的本性與命運[M]，成窮、王作虹譯，貴陽：貴州人民出版社，2006。

11. 蒂里希，蒂里希選集[M]，何光滬譯，上海：上海三聯書店，1999。
12. 潘尼卡，宗教內對話[M]，王志成、思竹譯，北京：宗教文化出版社，2001。
13. 潘尼卡，人的圓滿[M]，王志成譯，北京：宗教文化出版社，2006。
14. 尼特，宗教對話模式[M]，王志成譯，北京：中國人民大學出版社，2004。
15. 尼特，一個地球：多種宗教[M]，王志成、思竹、王紅梅譯，北京：宗教文化出版社，2003。
16. 希克，信仰的彩虹——與宗教多元主義批評者的對話[M]，王志成、思竹譯，南京：江蘇人民出版社，1999 年。
17. 希克，上帝道成肉身的隱喻[M]，王志成、思竹譯，南京：江蘇人民出版社，2000。
18. 莫爾特曼，創造中的上帝[M]，隗仁蓮譯，北京：三聯書店，2002。
19. 孔漢思，世界宗教尋蹤[M]，楊煦生、李雪濤等譯，北京：三聯書店，2007。
20. 雅斯貝斯，歷史的起源與目標[M]，魏楚雄、俞新天譯，北京：華夏出版社，1989。
21. 馬克比，猶太教審判——中世紀猶太-基督兩教大論爭[M]，黃福武譯，濟南：山東大學出版社，2004。

二、參考研究專著

（一）學術專著

1. 莫爾，一五五〇年前的中國基督教史[M]，郝鎮華譯，北京：中華書局，1984。
2. 樂峰，東正教史[M]，北京：中國社會科學出版社，2005。
3. 王治心，中國基督教史綱[M]，上海：上海古籍出版社，2007。
4. 周燮，中國的基督教[M]，北京：商務印書館，1997。
5. 張鎧，龐迪我與中國：耶穌會「適應」策略研究[M]，北京：北京圖書館出版社，1997。
6. 柯毅霖，晚明基督論[M]，王志成、思竹譯，成都：四川人民出版社，

1999。

7. 何俊，西學與晚明思想的裂變[M]，上海：上海人民出版社，1998。

8. 鄧恩，利瑪竇到湯若望：晚明的耶穌會傳教士[M]，余三樂、石蓉譯，上海：上海古籍出版社，2003。

9. 程曦，明代儒佛融通思想研究[M]，合肥：合肥工業大學出版社，2008。

10. 陳義海，明清之際：異質文化交流的一種範式[M]，南京：江蘇教育出版社，2007。

11. 謝和耐，中國與基督教：中西文化的首次碰撞[M]，耿升譯，上海：上海古籍出版社，2003。

12. 謝和耐、戴密微等，明清間耶穌會士入華與中西匯通[M]，耿升譯，北京：東方出版社，2011。

13. 毛瑞方，王徵與晚明西學東漸[M]，上海：華東師範大學出版社，2011。

14. 黃一農，兩頭蛇：明末清初的第一代天主教徒[M]，上海：上海古籍出版社，2006。

15. 胡端琴，晚清傳教士與儒家經典研究[M]，濟南：齊魯書社，2011。

16. 劉耘華，詮釋的圓環：明末清初傳教士對儒家經典的解釋及其本土回應[M]，北京：北京大學出版社，2005。

17. 鍾鳴旦、楊廷筠：明末天主教儒者[M]，聖神研究中心譯，北京：社會科學文獻出版社，2002。

18. 鍾鳴旦，禮儀的交織——明末清初中歐文化交流中的喪葬禮[M]，張佳譯，上海：上海古籍出版社，2009。

19. 孫尚揚，基督教與明末儒學[M]，北京：東方出版社，1994。

20. 孫尚揚，利瑪竇與徐光啟[M]，北京：中國國際廣播出版社，2009。

21. 孫尚揚、鍾鳴旦，一八四〇年前的中國基督教[M]，北京：學苑出版社，2004。

22. 孫尚揚、劉宗坤，基督教哲學在中國[M]，北京：首都師範大學出版社，2002。

23. 林金水，利瑪竇與中國[M]，北京：中國社會科學出版社，1996。

24. 林金水，泰西儒士利瑪竇[M]，北京：國際文化出版公司，2000。

25. 李天綱，中國禮儀之爭：歷史、文獻和意義[M]，上海：上海古籍出版社，1998。

26. 李天綱，心同東西[M]，上海：華東師範大學出版社，2001。

27. 李天綱，跨文化的詮釋：經學與神學的相遇[M]，北京：新星出版社，2007。

28. 吳莉葦，中國禮儀之爭：文明的張力與權利的較量[M]，上海：上海古籍出版社，2007。

29. 李熾昌，聖號論衡：晚清《萬國公報》基督教「聖號論爭」文獻彙編[C]，上海：上海古籍出版社，2008。

30. 譚樹林，馬禮遜與中西文化交流[M]，杭州：中國美術學院出版社，2004。

31. 趙樹好，教案與晚清社會[M]，北京：中國文聯出版社，2001。

32. 張力、劉鑒唐，中國教案史[M]，成都：四川省社會科學院出版社，1987。

33. 王明倫，反洋教書文揭帖選[Z]，濟南：齊魯書社，1984。

34. 中國社會科學院近代史研究所，義和團史料[Z]，北京：中國社會科學出版社，1982。

35. 馬勇，1900 年中國尷尬[M]，北京：中華書局，2010。

36. 顧長聲，傳教士與近代中國[M]，上海：上海人民出版社，2004。

37. 夏春濤，教案史話[M]，北京：社會科學文獻出版社，2011。

38. 姚興富，耶儒對話與融合——教會新報（1868-1874）研究[M]，北京：宗教文化出版社，2005。

39. 蕭公權，康有為思想研究[M]，汪榮祖譯，北京：新星出版社，2005。

40. 張灝，烈士精神與批判意識——譚嗣同思想的分析[M]，桂林：廣西師範大學出版社，2004。

41. 汪榮祖，康有為論[M]，北京：中華書局，2006。

42. 崔之清、胡臣友，洪秀全評傳[M]，南京：南京大學出版社，1994。

43. 夏春濤，天國的隕落：太平天國宗教再研究[M]，北京：中國人民大學出版社，2006。

44. 黃明同、張冰、張樹旺等，孫中山的儒學情結[M]，北京：社會科學文獻出版社，2010。

45. 唐曉峰，趙紫宸神學思想研究[M]，北京：宗教文化出版社，2006。

46. 唐曉峰，謝扶雅的宗教思想[M]，北京：宗教文化出版社，2007。

47. 賴品超、林宏星，儒耶對話與生態關懷[M]，北京：宗教文化出版社，2006。

48. 顏炳罡，心歸何處——儒家與基督教在近代中國[M]，濟南：山東人民出版社，2005。

49. 龔道運，近世基督教和儒教的接觸[M]，上海：上海人民出版社，2009。

50. 顧衛民，基督教與近代中國社會[M]，上海：上海人民出版社，2010。

51. 蔡仁厚、周聯華、梁燕城，會通與轉化：基督教與新儒家的對話[C]，臺北：宇宙光出版社，1986。

52. 李志剛，基督教與近代中國文化論文集[C]，臺北：財團法人基督教宇宙光傳播中心，1989。

53. 張西平、卓新平，本色之探——20 世紀中國基督教文化學術論集[C]，北京：中國廣播電視出版社，1999。

54. 劉小楓，道與言——華夏文化與基督文化相遇[C]，上海：上海三聯書店，1995。

55. 羅秉祥、謝文郁，耶儒對談——問題在哪裡？[C]，桂林：廣西師範大學出版社，2010。

56. 卓新平、伯玲、魏克利，信仰之間的重要相遇：亞洲與西方的宗教文化交流國際學術研討會文集[C]，北京：宗教文化出版社，2005。

57. 卓新平，相遇與對話：明末清初中西文化交流國際學術研討會文集[C]，北京：宗教文化出版社，2003。

58. 羅明嘉、黃保羅，基督宗教與中國文化——關於處境神學的中國：北歐會議論文集[C]，北京：中國社會科學出版社，2004。

59. 李靈、曾慶豹，中國現代化視野下的教會與社會[C]，上海：上海人民出版社，2011。

60. 吳梓明、吳小新，基督教與中國社會文化：第一屆國際年青學者研討

會論文集[C]，香港：香港中文大學崇基學院宗教與中國社會研究中心，2003。

61. 賴品超、李景雄，儒耶對話新里程[C]，香港：香港中文大學崇基學院宗教與中國社會研究中心，2001。

62. 林治平，基督教在中國本色化：論文集[C]，北京：今日中國出版社，1998。

63. 何光滬、許志偉，對話：儒道釋與基督教[C]，北京：社會科學文獻出版社，1998。

64. 何光滬、許志偉，對話二：儒道釋與基督教[C]，北京：社會科學文獻出版社，2001。

65. 李志剛、馮達文，文明對話：儒學與基督教[C]，成都：巴蜀書社，2009。

66. 賴品超、學愚，天國、淨土與人間：耶佛對話與社會關懷[C]，北京：中華書局，2008。

67. 賴品超，佛耶對話：近代中國佛教與基督宗教的相遇[C]，北京：宗教文化出版社，2008。

68. 姚新中，儒教與基督教——仁與愛的比較研究[M]，趙艷霞譯，北京：中國社會科學出版社，2002。

69. 溫以諾，中色神學綱要[M]，加拿大：加拿大恩福協會，1999。

70. 蘇遠泰，張純一的佛化基督教神學[M]，香港：漢語基督教文化研究所，2007。

71. 傅有德等，猶太哲學史[M]，北京：中國人民大學出版社，2008。

72. 卓新平，中國基督教基礎知識[M]，北京：宗教文化出版社，2005。

73. 董叢林，龍與上帝：基督教與中國傳統文化[M]，北京：三聯書店，1992。

74. 莊祖鯤，契合與轉化：基督教與中國文化更新之路[M]，臺北：雅歌出版社，1998。

75. 白詩朗，普天之下：儒耶對話中的典範轉化[M]，彭國翔譯，石家莊：河北人民出版社，2006。

76. 湯因比、池田大作，展望二十一世紀：湯因比與池田大作對話錄[M]，

苟春生等譯，北京：國際文化出版公司，1985。

77. 楊克勤，孔子與保羅：天道與聖言的相遇[M]，上海：華東師範大學出版社，2010。

78. 弗雷德里克，佛教徒與基督徒[M]，王志成、宋文博、段力萍譯，北京：宗教文化出版社，2008。

79. 勒維爾、里卡爾，和尚與哲學家[M]，陸元昶譯，南京：江蘇人民出版社，2005。

80. 秦家懿，朱熹的宗教思想[M]，曹劍波譯，廈門：廈門大學出版社，2010。

81. 秦家懿，秦家懿自選集[M]，濟南：山東教育出版社，2005。

82. 塔克、白詩朗，儒學與生態[M]，彭國翔、張容南譯，南京：江蘇教育出版社，2008。

83. 斯圖沃德、克拉克，跨宗教對話：中國與西方[M]，傅有德主編，北京：中國社會科學出版社，2004。

84. 洛維特，世界歷史與救贖歷史：歷史哲學的神學前提[M]，李秋零、田薇譯，上海：上海人民出版社，2006。

85. 杜小安，基督教與中國文化的融合[M]，北京：中華書局，2010。

86. 郭清香，耶儒倫理比較研究：民國時期基督教與儒教倫理思想的衝突與融合[M]，北京：中國社會科學出版社，2006。

87. 趙士林、段琦，基督教在中國：處境化的智慧[M]，北京：宗教文化出版社，2009。

88. 何除、林慶華，基督教與道教倫理思想研究[M]，成都：四川大學出版社，2006。

89. 楊天宏，基督教與民國知識分子：1922 年-1927 年中國非基督教運動研究[M]，北京：人民出版社，2005。

90. 楊慶球，成聖與自由：王陽明與西方基督教思想的比較[M]，香港：建道神學院，1996。

91. 趙林，中西文化分野的歷史反思[M]，武漢：武漢大學出版社，2004。

92. 高旭東，中西文學與哲學宗教：兼評劉小楓以基督教對中國人的歸化[M]，北京：北京大學出版社，2004。

93. 李韋，吳雷川的基督教處境化思想研究[M]，北京：宗教文化出版社，2010。

94. 羅秉祥、趙敦華，基督教與近代中西文化[M]，北京：北京大學出版社，2000。

95. 許志偉、趙敦華，衝突與互補：基督教哲學在中國[M]，北京：社會科學文獻出版社，2000。

96. 顧彬、劉小楓等，基督教、儒教與現代中國革命精神[M]，香港：漢語基督教文化研究所，1999。

97. 秦家懿、孔漢思，中國宗教與基督教[M]，北京：生活・讀書・新知三聯書店，1997。

98. 南樂山，在上帝面具的背後：儒道與基督教[M]，辛岩、李然譯，北京：社會科學文獻出版社，1997。

99. 林濱，儒家與基督教利他主義比較研究[M]，北京：人民出版社，2011。

100. 董小川，儒家文化與美國基督新教文化[M]，北京：商務印書館，1999。

101. 王慶成，太平天國的歷史和思想[M]，北京：中國人民大學出版社，2010。

102. 高旭東，生命之樹與知識之樹：中西文化專題比較[M]，北京：北京大學出版社，2010。

103. 高旭東，孔子精神與基督精神：中西文化縱橫談[M]，石家莊：河北人民出版社，1989。

104. 謝桂山，聖經猶太倫理與先秦儒家倫理[M]，濟南：山東大學出版社，2009。

105. 蔡德貴，孔子 VS 基督[M]，北京：世界知識出版社，2009。

106. 劉宗賢、蔡德貴，當代東方儒學[M]，北京：人民出版社，2003。

107. 段琦，奮進的歷程：中國基督教的本色化[M]，北京：商務印書館，2004。

108. 王兆勝，林語堂的文化情懷[M]，北京：中國社會科學出版社，1998。

109. 王兆勝，林語堂：兩腳踏中西文化[M]，北京：文津出版社，2005。

110. 王兆勝，林語堂與中國文化[M]，北京：社會科學文獻出版社，2007。

111. 陳敬，賽珍珠與中國：中西文化衝突與共融[M]，天津：南開大學出版社，2006。

112. 姚君偉，文化相對主義：賽珍珠的中西文化觀[M]，南京：東南大學出版社，2002。

113. 王曉朝、楊熙楠，信仰與社會[M]，桂林：廣西師範大學出版社，2006。

114. 王曉朝，基督教與帝國文化：關於希臘羅馬護教論與中國護教論的比較研究[M]，北京：東方出版社，1997。

115. 沈志佳，儒家倫理與商人精神[M]，桂林：廣西師範大學出版社，2004。

116. 陶飛亞、楊衛華，基督教與中國社會研究入門[M]，上海：復旦大學出版社，2009。

117. 董子竹，聖經新約東方解[M]，武漢：湖北人民出版社，2007。

118. 鍾志邦、遊斌，聖經研究與中國學術[M]，香港：道風書社，2009。

119. 傅敬民，聖經漢譯的文化資本解讀[M]，上海：復旦大學出版社，2009。

120. 岳峰，儒經西傳中的翻譯與文化意象的變化[M]，福州：福建人民出版社，2006。

121. 任東升，聖經漢譯文化研究[M]，武漢：湖北教育出版社，2007。

122. 張成權、詹向紅，1500-1840 儒學在歐洲[M]，合肥：安徽大學出版社，2010。

123. 朱仁夫、魏維賢、王立禮，儒學國際傳播[M]，北京：中國社會科學出版社，2004。

（二）期刊論文

1. 林金水，利瑪竇與福建士大夫[J]，文史知識，1995(4)。

2. 馬琳，《三山論學記》中關於「天主」觀念的文化對話[J]，世界宗教研究，1997(4)。

3. 趙汝清、李瓊，試論明末基督教與儒學的接觸[J]，寧夏社會科學，

  2004(1)。

4. 李珺平，李贄與利瑪竇：會面次數及意義[J]，民族文學研究，
  2010(1)。

5. 林樂昌，明末儒家基督徒的天觀重構及其意義[J]，人文雜誌，
  2010(2)。

6. 趙廣軍，明末清初開封猶太人儒學群體的形成及其儒化[J]，世界宗教
  研究，2010(3)。

7. 吳震，明末清初地方儒者的宗教關懷[J]，杭州師範大學學報社會科學
  版，2010(4)。

8. 許蘇民，明清之際哲人與基督教的人性論對話──兼論對話對中國哲
  學發展的影響[J]，學術研究，2010(8)。

9. 張玉田，關於「大同書」的寫作過程及其內容發展變化的探討──兼
  與李澤厚、湯志鈞二位先生討論關於「大同書」的估價問題[J]，文史
  哲，1957(9)。

10. 湯志鈞，論康有為「大同書」的思想實質[J]，歷史研究，1959(11)。

11. 王致中，封建蒙昧主義與義和團運動[J]，歷史研究，1980(1)。

12. 何哲，《大同書》的成書年代及其思想實質[J]，近代史研究，
  1980(3)。

13. 葉曉青，康有為《諸天講》思想初探[J]，自然辯證法通訊，1988(1)。

14. 楊念群，佛教神秘主義：〈大同書〉的邏輯起點[J]，廣東社會科學，
  1989(3)。

15. 房德鄰，儒家色彩的烏托邦和孔教的啟示錄──《大同書》新論[J]，
  孔子研究，1992(4)。

16. 李翔海，康有為思想的內在矛盾及其文化指向[J]，學術研究，
  1993(3)。

17. 李一寒，佛教精神之承繼與高揚──譚嗣同的「應用佛學」及其價值
  取向[J]，上海大學學報，1993(5)。

18. 王興國，譚嗣同與梁啟超的應用佛學[J]，船山學刊，1997(1)。

19. 王鈞林，康有為的大同理想與孔學[J]，文史哲，1997(1)。

20. 林慶元，康有為與《諸天講》[J]，史學月刊，1997(5)。

21. 呂明灼，維新悲劇與儒學情結[J]，文史哲，1998(5)。

22. 高旭東，戊戌變法與近代中國的文化衝突[J]，文史哲，1998(5)。

23. 史革新，義和團運動與近代思想啟蒙[J]，北京師範大學學報人文社會科學版，2000(5)。

24. 唐明貴，康有為對《論語》和《孟子》的創造性解釋[J]，陰山學刊，2001(1)。

25. 汪建華，《大同書》對儒家傳統政治思想的揚棄[J]，船山學刊，2001(1)。

26. 喻大華，論康有為的孔教思想及其倡立孔教的活動[J]，南開學報哲學社會科學版，2002(4)。

27. 孫向中，維新變法中康有為的創教努力及其影響[J]，史學月刊，2002(10)。

28. 干春松，康有為和孔教會：民國初年儒家復興努力及其挫折[J]，求是學刊，2002(7)。

29. 韓星，康有為孔教說述評[J]，西安聯合大學學報，2003(1)。

30. 劉雪飛，康有為及「孔教派」的儒學宗教觀[J]，齊魯學刊，2003(5)。

31. 范玉秋，康有為孔教運動芻議[J]，孔子研究，2003(6)。

32. 裴傳永，「大同小康」之論非關孔子辨[J]，孔子研究，2003(6)。

33. 陳萍萍，康有為救世思想中的倫理回歸[J]，船山學刊，2005(2)。

34. 干春松，清末民初孔教實踐與儒家現代轉化的困境[J]，齊魯學刊，2005(3)。

35. 李納，康有為孔教情結的歷史影響[J]，東華大學學報社會科學版，2005(3)。

36. 唐明貴，康有為的新孔子觀和新儒學觀[J]，陰山學刊，2005(4)。

37. 龔郭清，論戊戌維新時期康有為的「孔教」構思[J]，天津社會科學，2006(6)。

38. 喻大華、李孝君，康有為孔教思想中的民族主義立場與世界主義情懷[J]，遼寧師範大學學報社會科學版，2007(9)。

39. 張頌之，孔教會始末匯考[J]，文史哲，2008(1)。

40. 柴文華，康有為的保皇情結及倫理維度——兼談「啟蒙自我迴圈」

[J]，中國哲學史，2008(4)。

41. 張天傑、肖永明，譚嗣同的仁學與基督教思想[J]，世界宗教研究，2008(4)。

42. 余樹蘋，救亡圖存的教主——康有為論孔子形象[J]，現代哲學，2009(5)。

43. 程群、曾奕，儒學與宗教——論康有為對宗教的闡釋及其對諸教的判分[J]，史林，2009(6)。

44. 魏義霞，以孔釋佛還是以佛釋孔——康有為、譚嗣同孔教觀比較[J]，北京大學學報，2009(5)。

45. 魏義霞，康有為、譚嗣同平等思想的相同性及其本質[J]，福建論壇人文社會科學版，2009(7)。

46. 魏義霞，孔教、儒家與國學——對中國傳統文化之近代形態的省察[J]，求是學刊，2009(9)。

47. 周紅，論康有為關於孔教運動的理論建設問題[J]，前沿，2010(2)。

48. 李先明，康有為在儒學近代轉型路上的三個失誤[J]，船山學刊，2010(2)。

49. 王秋，康有為、譚嗣同三世說的差異[J]，燕山大學學報哲學社會科學版，2010(3)。

50. 張恒俊，譚嗣同《仁學》佛家大同思想之辨析[J]，經濟與社會發展，2011(6)。

51. 王慶成，儒家、墨家和洪秀全的上帝[J]，史學月刊，1984(3)。

52. 鄒明德，太平天國上帝教：基督教的東方教派[J]，學術月刊，1987(11)。

53. 周志初、華國樑、吳善中，太平天國與道教[J]，揚州師院學報社會科學版，1989(3)。

54. 梁義群，太平天國與墨學[J]，安徽史學，1993(4)。

55. 張克宏、吳春梅，從洪秀全的宗教神學思想看基督精神的異化[J]，中山大學研究生學刊社會科學版，1994(4)。

56. 李錦全，洪秀全的宗教思想與中西文化的關係[J]，學術研究，2001(11)。

57. 閔麗，道教──太平天國宗教信仰的內核[J]，四川大學學報哲學社會
科學版，2001(5)。

58. 經盛鴻，洪秀全早期思想與基督教關係新論[J]，南京師大學報社會科
學版，2002(9)。

59. 宋德華，拜上帝教：中西文化畸形結合的產物[J]，學術研究，
2002(8)。

60. 王奎，論洪秀全思想的離異與回歸[J]，廣西社會科學，2006(7)。

61. 伍玉西，從神靈觀看太平天國宗教的演變[J]，求索，2007(10)。

62. 王明前，太平天國政治的「儒家化」軌跡[J]，廈門大學學報哲學社會
科學版，2008(2)。

63. 李熾昌，《聖經》在中國──太平天國對經文的詮釋[J]，深圳大學學
報人文社會科學版，2009(11)。

64. 王明前，太平天國儒家化施政群體剖析[J]，山東大學學報哲學社會科
學版，2009(3)。

65. 秦暉，太平天國：傳統民變的特殊標本、中西碰撞的旁生枝節[J]，看
歷史，2011(8)。

66. 朱春暉，孫中山的終極關懷[J]，廣西社會科學，2006(2)。

67. 習五一，簡論孫中山的宗教觀[J]，宗教研究，2009(3)。

68. 宋志明，從孫中山看中國近代知行觀念的更新[J]，河北學刊，
2011(3)。

69. 劉家峰、王淼，革命的耶穌：非基背景下教會人士對孫中山的形象建
構[J]，浙江學刊，2011(5)。

70. 李少兵，民國時期佛教與基督教思潮關係考[J]，歷史檔案，1996(4)。

71. 卓新平，趙紫宸與中西神學之結合[J]，世界宗教研究，1998(1)。

72. 段琦，中國基督教神學的構建[J]，世界宗教研究，1999(3)。

73. 楊代春，《萬國公報》對儒學的評析[J]，湘潭大學學報社會科學版，
2003(1)。

74. 胡軍，賀麟「新心學的基督情懷」[J]，人文雜誌，2003(4)。

75. 胡衛清，儒與耶：近代本色神學的最初探索[J]，石河子大學學報哲學
社會科學版，2003(12)。

76. 劉國鵬，趙紫宸的「本色化」神學思想[N]，中國圖書商報，2004.4.16。

77. 梁慧、褚良才、黃天海，中國現代的基督徒是如何讀聖經的——以吳雷川與趙紫宸處理《聖經》的原則與方法為例[J]，世界宗教研究，2005(3)。

78. 賈未舟，儒學與宗教對話：以「儒家基督徒」為視角[J]，江漢論壇，2009(5)。

79. 曾春海，羅光對儒家形上學之詮釋[J]，西南民族大學學報人文社會科學版，2011(12)。

80. 杜維明，儒家的理論體系與發展前景[J]，中華文化論壇，1999(1)。

81. 杜維明，儒家人文精神的宗教涵義[J]，哲學動態，2000(5)。

82. 杜維明，全球化與文明對話[J]，開放時代，2001(1)。

83. 杜維明，文明對話的人文資訊[J]，中華文化論壇，2002(1)。

84. 杜維明，文明對話的語境：全球化與多樣性[J]，史學集刊，2002(1)。

85. 杜維明，全球倫理的儒家詮釋[J]，文史哲，2002(6)。

86. 杜維明，文明對話及其世界意義[J]，回族研究，2003(3)。

87. 杜維明，面對全球化的儒家人文主義[J]，浙江社會科學，2003(4)。

88. 杜維明，文明對話與儒學創新[J]，大連理工大學學報社會科學版，2003(6)。

89. 杜維明，儒家傳統的現代轉化[J]，浙江大學學報人文社會科學版，2004(3)。

90. 杜維明，全球化與多元化中的文明對話[J]，深圳大學學報人文社會科學版，2005(3)。

91. 杜維明，文明間對話的最新路徑與具體行動[J]，開放時代，2007(1)。

92. 杜維明，文化多元、文化間對話與和諧：一種儒家視角[J]，中外法學，2010(3)。

93. 顏炳罡，戊戌變法與中國現代化進程[J]，文史哲，1998(5)。

94. 顏炳罡，洪秀全與儒耶會通[J]，東嶽論叢，2002(11)。

95. 顏炳罡，文化侵略與文化守衛——論 19 世紀後半期儒家反洋教的意義及其教訓[J]，求是學刊，2003(11)。

96. 顏炳罡、孟德凱，儒學與人類文明相處之道[J]，中華文化論壇，2003(2)。

97. 顏炳罡，孔教運動的由來及其評價[J]，齊魯學刊，2004(6)。

98. 顏炳罡，人文教之證成及其意義——兼論牟宗三的儒教說[J]，煙臺大學學報哲學社會科學版，2005(4)。

99. 高旭東、陳炎、吳忠民、鄒廣文、姚文放，孔子精神與基督精神——中西文化五人談[J]，山東大學學報哲學社會科學版，1987(1)。

100. 傅有德，猶太教的彌賽亞觀及其與基督教的分歧[J]，世界宗教研究，1997(2)。

101. 傅有德，東方與西方之間：猶太哲學及其對中國哲學的意義[J]，文史哲，2003(2)。

102. 傅有德，猶太教與儒學三題議[J]，山東大學學報哲學社會科學版，2004(3)。

103. 傅有德，論猶太教與基督教的信與行[J]，文史哲，2005(3)。

104. 傅有德，希伯來先知與儒家聖人比較研究[J]，中國社會科學，2009(6)。

105. 謝文郁、李向平、吳梓明、楊鳳崗、陶飛亞，基督教和當代中國問題筆談[J]，上海大學學報社會科學版，2004(2)。

106. 謝文郁，尋找善的定義：「義利之辨」和「因信稱義」[J]，世界哲學，2005(4)。

107. 謝文郁，建構和解構：耶儒在張力中互動[J]，雲南大學學報社會會科學版，2009(4)。

108. 謝文郁，走出文化盲點：原罪論視角下的性善論[J]，文史哲，2010(2)。

109. 謝文郁，《中庸》君子論：困境和出路[J]，文史哲，2011(4)。

110. 許嘉璐，主張對話、反對衝突是時代的最強音[J]，文史哲，2011(4)。

111. 謝大衛、馮傳濤、李梅，「善」與「善的生活」：孔子與基督[J]，文史哲，2011(4)。

112. 張立文，和合與對話[J]，文史哲，2011(4)。

113. 白詩朗、王強偉、曹峰，儒耶之間對話的可能性[J]，文史哲，

2011(4)。

114. 利特爾、安樂、田芳、曹峰，寬容和多元：基督教和儒學傳統中的良知自由[J]，文史哲，2011(4)。

115. 霍普金斯，儒家文明與基督教文明：和平、富足與和諧[J]，文史哲，2011(6)。

116. 何光滬，中華文化與普世價值[J]，文史哲，2011(6)。

117. 崔英辰、邢麗菊，後現代文明與儒教的宗教性[J]，文史哲，2011(6)。

118. 林安梧，孔子思想與「公民儒學」[J]，文史哲，2011(6)。

119. 黃玉順，中國正義論的重建──生活儒學的制度倫理學思考[J]，文史哲，2011(6)。

120. 田辰山，忠恕與金律：地球村未來之共同原則[J]，文史哲，2012(1)。

121. 陳永濤，倫理的基督論：中國教會神學思想建設中基督論思考一個可能的方向[J]，金陵神學志，2003(1)。

122. 陳永濤，在「神聖」與「世俗」之間──從中國基督徒處理「神聖」與「世俗」關係的不同模式看基督教對中國社會所應有的影響和作用[J]，金陵神學志，2005(4)。

123. 嚴錫禹，半成品，中國神學一個可能的進路[J]，金陵神學志，2004(3)。

124. 嚴錫禹，「君子基督徒」解[J]，金陵神學志，2005(3)。

125. 歐陽文豐，對淡化「因信稱義」的神學思考[J]，金陵神學志，2003(1)。

126. 王光輝，從淡化「因信稱義」看神學思想的調整[J]，金陵神學志，2003(1)。

127. 羅明嘉，關於「因信稱義」的通信[J]，金陵神學志，2004(4)。

128. 肖安平，趙紫宸的宗教人格論[J]，金陵神學志，2005(1)。

129. 駱振芳，趙紫宸神學思想中的智慧（一）[J]，金陵神學志，1993(18)。

130. 萬震靈，淺析趙紫宸創造論中的「惡的存在」[J]，金陵神學志，2007(1)。

131. 劉若民，淺論人具有上帝的形象[J]，金陵神學志，2002(3)。

132. 塗智進，從基督教的人性論看構建和諧的社會[J]，金陵神學志，2005(4)。

133. 王樂山，神學思想建設與基督教在中國的命運[J]，金陵神學志，2004(2)。

134. 王艾明，相遇中的對話——中國基督教神學思想建設聖工之反思[J]，金陵神學志，2004(3)。

135. 趙林，論基督教與猶太教的文化差異[J]，宗教學研究，1997(2)。

136. 張倩紅，從猶太教到儒教：開封猶太人同化的內在因素之研究[J]，世界宗教研究，2007(1)。

137. 郭齊勇，現代新儒家對儒學宗教性問題的反思，[J]，中國哲學史，1999(1)。

138. 周熾成，簡論陳榮捷對儒學的世界性貢獻》[J]，中國哲學史，1999(4)。

139. 蔡德貴，試論美國的儒家學派[J]，中國人民大學學報，2004(5)。

140. 李存山，從「郊社之禮」看儒耶分歧[J]，中國哲學史，2006(1)。

141. 彭國翔，全球視域中當代儒學的重構[J]，中國哲學史，2006(2)。

142. 張祥龍，儒家原文化主導地位之含義——儒家復活的意識前提以及與印第安文化的對比[J]，現代哲學，2010(1)。

143. 周振鶴，誰是黃嘉略？[N]，文匯報‧讀書週報，2004.4.1。

144. 秦暉，儒家是什麼[N]，經濟觀察報，2010.1.25。

145. 秦暉，晚清儒者的「引西救儒」[N]，南方週末，2010.6.17。

146. 顏炳罡，「文明衝突」與化解之道[N]，光明日報，2010.7.26。

147. 遊斌、賴品超，佛耶對話與中國文化下的基督教——香港中文大學宗教學教授賴品超的訪談[N]，中國民族報，2011.8.16。

（三）學位論文

1. 陳登，利瑪竇倫理思想研究——兼論利瑪竇對中西文化的會通[D]，湖南師範大學博士學位論文，2002。

2. 韓華，民初孔教會與國教運動[D]，四川大學博士學位論文，2003。

3. 閔麗，太平天國的宗教信仰與道教關係研究[D]，四川大學博士學位論

文，2003。

4. 魏彩霞，全球化時代中的儒學創新——杜維明的現代新儒學思想[D]，浙江大學博士學位論文，2003。

5. 柴文華，現代新儒家文化觀研究[D]，黑龍江大學博士學位論文，2003。

6. 毛文鳳，近代儒家終極關懷研究——從康有為到熊十力[D]，華東師範大學博士學位論文，2004。

7. 黃子剛，元代基督教研究[D]，暨南大學博士學位論文，2004。

8. 祝薇，論早期現代新儒家的宗教觀[D]，華東師範大學博士學位論文，2006。

9. 方世忠，儒家傳統與現代性——杜維明新儒學思想研究[D]，華東師範大學博士學位論文，2004。

10. 趙傑，兩種生命的學問——孟子與保羅人生觀比較研究[D]，山東大學博士學位論文，2006。

11. 任麗新，儒學與基督教：天人關係、神人關係及其比較研究[D]，山東大學博士學位論文，2006。

12. 趙殿紅，清初耶穌會士在江南的傳教活動[D]，暨南大學博士學位論文，2006。

13. 黃慶林，義和團運動時期清政府守舊派思想研究[D]，北京師範大學博士學位論文，2006。

14. 劉宏，義和團迷信及其社會反應考察[D]，河北師範大學博士學位論文，2007。

15. 張振國，拒斥與吸納：天主教對中國民間信仰的應對——以明末鴉片戰爭為限[D]，山東大學博士學位論文，2008。

16. 鄭秋月，以杜維明和成中英為例的波士頓儒學與夏威夷儒學思想研究[D]，黑龍江大學博士學位論文，2009。

17. 吳倩，儒家超越之路的現代探尋——以羅光、牟宗三為中心[D]，南開大學博士學位論文，2010。

18. 周紅，儒學宗教性問題研究[D]，黑龍江大學博士學位論文，2010。

19. 陳振慧，跨文化傳播語境下的理雅各《尚書》譯本研究[D]，揚州大學

博士學位論文，2010。

20. 彭春凌，儒教轉型與文化新命——以康有為、章太炎為中心（1898-1927）[D]，北京大學博士學位論文，2011。

21. 崔宇，近代孔教思潮研究——康有為孔教思想[D]，河北大學博士學位論文，2011。

國家圖書館出版品預行編目資料

中國哲學視域下的耶儒互動研究

李細成著. – 初版. – 臺北市：臺灣學生，2018.08
面；公分

ISBN 978-957-15-1771-1 (平裝)

1. 中國哲學　2. 基督教與儒教

121　　　　　　　　　　　　　　　107010664

中國哲學視域下的耶儒互動研究

著　作　者	李細成
出　版　者	臺灣學生書局有限公司
發　行　人	楊雲龍
發　行　所	臺灣學生書局有限公司
地　　　址	臺北市和平東路一段 75 巷 11 號
劃 撥 帳 號	00024668
電　　　話	(02)23928185
傳　　　眞	(02)23928105
E - m a i l	student.book@msa.hinet.net
網　　　址	www.studentbook.com.tw
登記證字號	行政院新聞局局版北市業字第玖捌壹號
定　　　價	新臺幣五〇〇元
出 版 日 期	二〇一八年八月初版
I S B N	978-957-15-1771-1

12167　　　　有著作權‧侵害必究